住房租赁契约管制研究

戴炜 著

中国社会科学出版社

图书在版编目(CIP)数据

住房租赁契约管制研究 / 戴炜著 . —北京：中国社会科学出版社，2017.12

ISBN 978-7-5203-1691-0

Ⅰ.①住… Ⅱ.①戴… Ⅲ.①房屋-租赁-合同法-研究-中国 Ⅳ.①D922.181.4

中国版本图书馆 CIP 数据核字(2017)第 306643 号

出 版 人	赵剑英
责任编辑	梁剑琴
责任校对	赵雪姣
责任印制	李寡寡

出　版	中国社会科学出版社
社　址	北京鼓楼西大街甲 158 号
邮　编	100720
网　址	http://www.csspw.cn
发行部	010-84083685
门市部	010-84029450
经　销	新华书店及其他书店

印刷装订	北京君升印刷有限公司
版　次	2017 年 12 月第 1 版
印　次	2017 年 12 月第 1 次印刷

开　本	710×1000　1/16
印　张	16
插　页	2
字　数	263 千字
定　价	68.00 元

凡购买中国社会科学出版社图书，如有质量问题请与本社营销中心联系调换
电话：010-84083683
版权所有　侵权必究

序

  本书是一本讨论我国住房租赁法律管制的专业著作。

  早在西方国家工业化、城镇化初期，因蜂拥而至的人口向城市集中而出现了许多人租住一室带来的疾病、瘟疫流行等一系列新的社会问题，国际权威医学杂志《柳叶刀》首次将城镇化的概念以及问题推向社会并引起了广泛关注。之后，西方各国有关住房租赁市场管制的相关法律逐渐完善并形成体系。

  我国住房租赁市场起步较晚。快速的工业化与城镇化进程中，大量需要在城市里寻找安身之处又没有自有住房的人选择租赁房屋居住，住房租赁成为普遍现象并出现一系列法律问题。住房租赁从本质上来说是出租人与承租人之间的合同关系，对租赁关系的调整应本着契约自由的原则。但是，住房租赁合同呈现出不同于一般合同关系的特点，租赁双方在经济、社会地位等方面的实力悬殊客观上造成了双方合同关系实质上的不平等。同时，住房租赁关系着承租家庭的人身、财产安全与健康。对住房租赁契约管制也是公民住房权实现的要求与体现。2016年6月国务院办公厅发布《关于加快培育和发展住房租赁市场的若干意见》，明确"以建立购租并举的住房制度为主要方向"；党的十九大上习近平总书记提出建立"租购并举"的住房制度。本书的研究契合了当前的形势。

  本书结合我国当前的社会背景，在深刻剖析与借鉴西方国家住房租赁合同法律管制理论与实践的历史演进、法律原则、法律制度等基础上认为，我国目前看似形式上平等的住房租赁合同法律不能为在租赁关系中处于弱势地位的承租人提供平等的保护。为此，作者提出了对我国住房租赁实行契约管制改革的思路与实践路径，并建构了我国住房租赁契约管制的具体方案。相较于以往对住房租赁法律的研究大多集中于住房租赁合同法律关系调整，本书的选题与研究视角具有一定的开拓性。

综观全书可以看出，作者试图以我国住房租赁法律为视角，努力探索一条大陆法系传统意义上的合同法与英美法系相关制度相融合的可行路径，这一创新的尝试不仅能够及于住房租赁领域，对两大法系其他相关制度的兼容并收也提供了一种范式；其研究成果对于建设与完善我国住房租赁法律制度体系，应对当前住房租赁市场出现的矛盾和问题亦提供了及时的法理支持。基于此，我非常乐意向法律界同仁推荐这本书，希望读者能够从中获得启发与共鸣。

是为序。

南京大学　金俭
2017 年 10 月 1 日于南京

内 容 摘 要

从契约自由和契约管制的历史演进上看，契约管制的崛起和契约自由的衰落是并立而行的。契约管制最初在合同法中表现为对缔约形式方面自由之限制和对缔约内容方面自由之限制。对缔约形式方面自由之限制体现为格式契约的出现和缔约形式主义的产生；对缔约内容方面自由之限制则体现为强制缔约制度的适用、诚实信用原则的确立、情势变更原则的适用、客观解释原则的适用和契约中社会因素的加强等。而从实践来看，契约管制在国内外其他领域中也都有一个兴起和发展的过程，基本上都经历了首先在垄断行业适用，然后逐渐拓展到劳动法和消费者权益保护法等方面。由于契约管制是对本来属于私法范畴的合同给予一种来自公法的约束，实质上是对私权利进行限制，因此，找到据以对契约进行管制的理论依据是非常必要的。而经济学上的国家干预理论、法学上法律父爱主义理论、法哲学上形式公正和实质公正理论为契约管制的理论展开提供了强有力的理论支撑。在发达国家住房租赁契约管制的产生和发展中，城市化所引起的住房供求矛盾成为住房租赁契约管制产生的社会经济背景；第二次世界大战之后的住房矛盾加剧是促使这些国家对住房租赁采取管制措施的强大动力；社会化思潮所引起的所有权和租赁领域内的社会化则是促进住房租赁契约管制的理论渊源。

考察国外住房租赁契约管制的具体制度，大体上可以分为私法制度和公法制度，如买卖不破租赁、优先购买权、解约限制、租金控制、房屋租赁登记等主要建构在民法体系上的制度，还有租金管制、适住性管制、解约管制、押金管制等主要体现为管制法的制度。这些制度由于管制手段和效果上的差异，因而有互相借鉴和融合的必要。通过对大陆法系以契约法为主的住房租赁法律制度和英美法系以管制法为主的住房租赁法律制度的比较考察，可以看出大陆法系住房租赁法律制度主要沿袭大陆法系的民法传统，受权利平等、契约自由等理念影响深厚，住房租赁法律制度体系大部分建构在合同法的体例之上，形成以私法为主、公法为辅的制度格局；而英美法系住房租赁法律制度由于受承租人优位和"福利之邦"的社会本位理念的影响，则形成了以管制法为主的住房租赁法律制度体系。由于受传统私法理论的禁锢和任意法强制力不足的约束，大陆法系住房租赁法律体系的实践效果不尽如人意，这使其在"契约"的基础上融入英美法系住房租赁法律体系中的"管制"因素成为迫切需要，而两大法系基于经济一体化所生发的个人本位向社会本位转变的法律价值取向为两大法系住房租赁法律制度中"契约"和"管制"的融合提供了可能性。对住房租赁契约管制进行一般的理论基础构造，应当以自由、正义、秩序、效率为其价值选择标准，并在此基础上构建对公民住宅权保护原则、坚持社会本位理念原则、坚持效益均衡原则、适住性原则和对承租人保护原则为主体的原则体系。

在此一般理论基础上对我国近现代住房租赁法律控制制度的考察，我们发现我国现行住房租赁法律制度延续了大陆法系以合同法为主体的住房租赁法律控制的特点。这些制度虽然还有不尽完善的地方，但毕竟为我国形成契约管制理论下的住房租赁法律奠定了生成基础；而对住房租赁社会经济效果的需求、国家行使职能的需要、我国实施住房租赁管制的法律和物理障碍为契约管制在我国住房租赁领域的法律展开提出了必要性。在住房租赁契约管制理论下，我国的住房租赁法律制度可以突破大陆法系传统民法中契约自由原则、所有权绝对原则、合同双方权利义务平等原则、债的相对性原理等原则和理论的束缚，建构新型的住房租赁契约管制制度。契约管制理论下我国住房租赁法律控制应当以对承租人保护为其立法宗旨、以公私结合为其法律性质特点，并形成以适住性管制、租金管制、解约管制、押金管制、房屋租赁登记备案制度、群租管制为主要内容的法律制度体系。

目　　录

绪论 ……………………………………………………………… （1）
 一　问题的提出 ………………………………………………… （1）
 二　研究意义 …………………………………………………… （4）
 三　文献梳理 …………………………………………………… （5）
 四　研究思路与研究框架 ……………………………………… （18）
 五　本书研究范围的界定 ……………………………………… （20）

第一章　住房租赁契约管制源流 …………………………………… （23）
 第一节　相关概念的厘定 ……………………………………… （23）
  一　管制与契约管制 ………………………………………… （23）
  二　契约管制与契约限制 …………………………………… （25）
  三　住房租赁契约管制 ……………………………………… （26）
  四　关于"控制" …………………………………………… （26）
 第二节　契约自由与契约管制的历史演进 …………………… （27）
  一　契约自由的兴起 ………………………………………… （27）
  二　契约自由的衰落 ………………………………………… （30）
  三　契约管制的崛起 ………………………………………… （32）
 第三节　据以对契约进行管制的理论依据 …………………… （44）
  一　经济学上的国家干预理论 ……………………………… （44）
  二　法理学上的法律父爱主义 ……………………………… （46）
  三　法哲学上的形式与实质公正 …………………………… （54）
 第四节　住房租赁契约管制的产生发展过程 ………………… （56）
  一　城市化是住房租赁契约管制的社会经济原因 ………… （56）
  二　战后住房紧缺是推动大规模住房租赁契约管制的主要
    力量 ……………………………………………………… （59）

三　社会化是住房租赁契约管制的理论渊源 …………………… (61)
　本章小结 ………………………………………………………………… (65)

第二章　域外住房租赁契约管制的发展演进 ………………………… (68)
　第一节　域外住房租赁契约私法管制的实践 ………………………… (68)
　　　一　买卖不破租赁 …………………………………………………… (68)
　　　二　优先购买权 ……………………………………………………… (75)
　　　三　解约限制 ………………………………………………………… (79)
　　　四　租金控制 ………………………………………………………… (83)
　　　五　房屋租赁登记 …………………………………………………… (87)
　　　六　终止保护制度 …………………………………………………… (93)
　第二节　域外住房租赁契约公法管制的实践 ………………………… (95)
　　　一　租金管制 ………………………………………………………… (95)
　　　二　适住性管制 ……………………………………………………… (99)
　　　三　解约管制 ………………………………………………………… (102)
　　　四　押金管制 ………………………………………………………… (105)
　第三节　域外住房租赁契约管制的差异和借鉴 ……………………… (106)
　　　一　两大法系住房租赁契约管制的差异 ………………………… (106)
　　　二　两大法系住房租赁契约管制的相互借鉴 …………………… (116)
　本章小结 ………………………………………………………………… (118)

第三章　住房租赁契约管制的价值与原则 …………………………… (120)
　第一节　住房租赁契约管制的价值 …………………………………… (120)
　　　一　住房租赁契约管制的自由价值 ……………………………… (121)
　　　二　住房租赁契约管制的正义价值 ……………………………… (122)
　　　三　住房租赁契约管制的秩序价值 ……………………………… (124)
　　　四　住房租赁契约管制的效率价值 ……………………………… (125)
　第二节　住房租赁契约管制的原则 …………………………………… (127)
　　　一　公民住宅权保护原则 ………………………………………… (127)
　　　二　坚持社会本位理念原则 ……………………………………… (139)
　　　三　坚持效益均衡原则 …………………………………………… (142)
　　　四　适住性原则 …………………………………………………… (146)
　　　五　承租人保护原则 ……………………………………………… (158)

本章小结 …………………………………………………………（167）

第四章 住房租赁契约管制在我国的生成基础与需求……………（169）
  第一节 住房租赁契约管制在我国的生成基础 …………………（169）
    一 我国住房租赁法律控制的历史回顾 …………………（169）
    二 我国现行住房租赁的法律控制 ………………………（176）
  第二节 我国住房租赁契约管制的必要性分析 …………………（190）
    一 住房租赁社会经济效果的需求 ………………………（190）
    二 国家行使职能的需要 …………………………………（195）
    三 我国住房租赁管制实施的法理障碍 …………………（196）
    四 我国住房租赁管制实施的物理障碍 …………………（199）
  本章小结 …………………………………………………………（200）

第五章 住房租赁契约管制在我国的建构………………………（202）
  第一节 我国住房租赁契约管制的确立 …………………………（202）
    一 我国住房租赁契约管制的立法宗旨 …………………（202）
    二 我国住房租赁法律的性质 ……………………………（203）
  第二节 适住性管制制度 …………………………………………（205）
    一 我国关于适住性管制的现有规定 ……………………（205）
    二 关于我国适住性管制的完善建议 ……………………（206）
  第三节 租金管制制度 ……………………………………………（207）
    一 我国实施租金管制的必要性 …………………………（207）
    二 关于我国实施租金管制的制度构想 …………………（208）
  第四节 解约管制制度 ……………………………………………（208）
    一 我国完善解约管制的必要性 …………………………（208）
    二 关于我国解约管制的完善建议 ………………………（211）
  第五节 押金管制制度 ……………………………………………（211）
    一 我国关于押金管制的习惯做法 ………………………（211）
    二 关于我国押金管制的制度设计 ………………………（212）
  第六节 房屋租赁登记备案制度 …………………………………（213）
    一 我国房屋租赁登记备案制度的性质与功能 …………（213）
    二 我国房屋租赁登记制度的价值取向 …………………（216）
  第七节 群租管制 …………………………………………………（218）

一　我国关于群租问题面临的法律困境 …………………………（218）
　二　关于我国群租管制的制度设计 ……………………………（223）
　本章小结 ……………………………………………………………（224）

结语 …………………………………………………………………（226）

参考文献 ……………………………………………………………（227）

后记 …………………………………………………………………（244）

绪　　论

2016年6月3日，国务院办公厅发布《关于加快培育和发展住房租赁市场的若干意见》（以下简称《意见》），全面部署加快培育和发展住房租赁市场工作。《意见》明确"以建立购租并举的住房制度为主要方向，健全以市场配置为主、政府提供基本保障的住房租赁体系"和"支持住房租赁消费，促进住房租赁市场健康发展"的指导思想，提出"到2020年，基本形成供应主体多元、经营服务规范、租赁关系稳定的住房租赁市场体系，基本形成保基本、促公平、可持续的公共租赁住房保障体系，基本形成市场规则明晰、政府监管有力、权益保障充分的住房租赁法规制度体系，推动实现城镇居民住有所居"的发展目标。《意见》还在培育市场供应主体、鼓励住房租赁消费、完善公共租赁住房、支持租赁住房建设、加大政策支持力度、加强住房租赁监管六个方面作了细致部署。从《意见》可以看出，培育和发展住房租赁市场将是近期我国住房市场改革和建设的一个重要方面。可以想见，国家的这一政策目标也将为住房租赁法律理论的发展注入新的生机和活力。本书在这里欲借助这一契机，从法律的视角对我国当前住房租赁法律理论进行探索性研究，并以此为起点，结合大陆法系和英美法系住房租赁法律制度的发展和现状，尝试性地提出住房租赁契约管制理论作为我国住房租赁法律体系改革和创新的思路，借以为我国住房租赁市场建设的理论探讨和实践展开贡献自己的绵薄之力。

一　问题的提出

进入21世纪，我国经济高速发展和城镇化的深入使得城市人口过于集中，住房需求与供给之间发生了矛盾，加之房价上涨偏离大多数人的支付能力，一些中低收入阶层希望通过支付较购买房屋更少的成本解决自己的住房问题，于是住房租赁成为这其中大多数人解决自身居住问题的选择，住房租赁市场已经成为当前我国房地产市场的一个重要组成部分，并且在当前我国国情和住房状况之下，对缓解住房紧张、保障公民居住条件、促进整个房地产市场的良性运作起着较为关键的作用。

然而，由于我国房地产市场是在改革开放之后才逐渐起步发育的，国家对包括住房租赁市场在内的整个房地产市场还没有积累到足够的管理经验，目前住房租赁市场还存在很多问题，集中表现为：（1）承租人在住房租赁关系中常常受到不平等对待。由于承租人在社会、经济等方面往往处于较为弱势一方，加之对住房的迫切需求，因此在租赁关系中缺少话语权，出租人经常会乘机减轻自己在租赁合同关系中的义务、增加承租人的负担，比如对出租住宅逃避适住性义务、安全保障义务、维修义务等，利用自己在合同中的强势地位任意抬高租价、加收押金等，承租人难以获得作为合同当事人的平等对待。（2）隐形住房租赁市场的存在。住房租赁隐形市场是指隐蔽的、不公开或半公开的，不受法律约束和政府监管的市场，坊间称为"黑市"。由于我国城市房屋租赁登记备案制度不完备，现实中大量商品住宅租赁基于规避管理的考虑，都是当事人私下交易，不进行登记。因此市场上大量的住房租赁行为缺乏法律的有效约束和监管，这种情况从宏观层面看，扭曲了市场信号，逃避了政府和法律的监管，影响了国家税收；从微观层面看，由于是租赁双方当事人私下签订合同，缺乏法律的直接保护，合同内容即使违背公平原则也无法得到矫正，租赁纠纷不断，当事人尤其是承租人的权益受到严重侵害，这也成为影响社会安定的潜在因素。（3）承租人的居住权益难以获得保障。居住权又称为适足居住权，指获得适宜与充分住房的权利，它是每个公民在社会上生存和发展的必需条件，也是公民最基本的权利和基本人权，其内容包括可居住性、舒适权、公共基础设施享有权、在费用上可负担得起并享有获得与实现的权利、公平权、隐私权、住房不受非法侵犯的权利、处分权、住房司法救济权。[①] 我国《宪法》第 33 条第 3 款规定"国家

---

① 金俭：《论公民居住权的实现与政府责任》，《西北大学学报》（哲学社会科学版）2011年第 3 期。金俭教授的这篇文章将公民居住权的内容概括为九点：第一，可居住性。第二，安全健康的住房与适宜的地点——安全与健康权（或称舒适权）。第三，获得物质设备和基础服务设施的权利——公共基础设施享有权。第四，在费用上可负担得起并享有获得与实现的权利。第五，不受歧视的公平居住权——公平权。第六，住房秘密不受侵犯——隐私权。第七，住房不受任何组织与个人非法侵犯的权利。第八，处分住房的权利。第九，住房司法救济权。

尊重和保障人权"，因而公民居住权是受宪法保护的。但是由于我国目前对住房租赁缺乏有效监管，对租金、出租房居住条件、合同规范行为等没有很切实严格的规制，除了上面谈到的出租人随意抬价、出租房居住条件恶劣、随意解约等现象普遍存在之外，隐形市场和群租房的出现又加剧了这种情况的蔓延。处于弱势地位的承租人因为缺乏政府和法律的直接保护，其作为公民所应享有的人权意义上的居住权无从谈起。(4) 群租等现象丛生。由于房价和房租不断攀升，近年来在一些租赁住房需求量比较大的城市，群租现象愈演愈烈。客观上说，群租确实在一定程度上缓解了城市低收入群体的住房问题，但是也给居住社区造成安全管理、噪声、卫生、消防、生活设施透支使用等诸多问题，而且群租本身恶劣的居住条件也使承租人的居住权益难以获得保障。近年来，因群租引发的纠纷和事故不断，我国目前已有的住房租赁法律还无法对其施行有效约束和监管，即群租基本上处于无法可依的状态。综上所述，我国目前的住房租赁市场确实存在颇多问题，这些问题既对整个房地产市场的运转造成了不利影响，又与我国现阶段经济发展所需要的持续健康稳定的经济环境不相符合。

美国社会法学派创始人庞德在其《通过法律的社会控制》一书中提出"社会控制理论"来表达法律和社会生活之间的关系，即运用法律对社会生活进行控制和管理。住房租赁也属于社会生活的一个方面，鉴于我国住房租赁市场的表现，可知我国当前亟须构建法律监管体系对其进行有效控制和监管。那么，在当前的形势下，建立一个什么样的住房租赁法律控制监管体系才是有效的呢？由于我国房地产市场整体起步较晚，还没有积累起足够的管理经验，因而我国关于住房租赁的相关配套法规还不健全，基本上沿袭大陆法系传统。大陆法系国家的住房租赁法律制度主要建构于合同法基础之上，合同法遵循权利平等、契约自由、债的相对性等原则或原理，形式上赋予住房租赁双方当事人平等地位。但现实中承租人由于受社会、经济条件等限制，其在合同中很难取得和出租人对等的地位。如果要矫正承租人在合同中的弱势地位，赋予其较多的权利，则必然要对出租人的合同自由进行限制。也就是说，一向被视为自由主义产物的合同要受到外界强加于其的管制。这虽然有违契约自由原则，但对于现代的住房租赁市场来说，也是一种现实需要。我国和大多数大陆法系国家相类似，在住房租赁法律制度中设立了买卖不破租赁、优先购买权、解约限制等制度。但是这些制度一方面面临与大陆法系传统理论的背离，另一方面由于其私法的任意性，实践效果也不尽如人意。而英美法系的住房租赁法律制度虽然在私法范畴里已经从财产法属性过渡到合同法属性，但是合同制度并不是其住房租赁制度的核心，英美法系国家在对住房租赁进行管理的过程中形成了有体系的管制法律，而这种住房租赁管制法律在实践中也取得了很好的效果。我国在住房租赁法律制度的完善过程中，一方面需要对原有的住房租赁合同制度予以突破，对合同加以管制；另一方面又需要借鉴英美等国对于住房租赁的先进管理经验，建构住房租赁管制法律。简言之，我们需要对我国住房租赁原有的以合同为主的法律体制赋予一种管制力量。基于此，本书提出住房租赁契约管制理论，并且希望通过对这一理论研究的展开，为我国住房租赁的理论和实践发展作一些力所能及的贡献。

二 研究意义

（一）理论意义

我国住房租赁法律制度基本上是在合同法的体系框架之下建构起来的，而我国的合同法体系又大体沿袭大陆法系的私法传统。大陆法系的合同法秉承合同当事人之间权利平等、契约自由、债的相对性原理等原则和理论，但是建构于大陆法系合同法体系下的住房租赁法律里又设置了买卖不破租赁、优先购买权、解约限制等制度，对承租人给予倾斜性保护。显然，这些适用于住房租赁领域的具体制度是与传统合同法原则和理论相背离的。如何在传统合同法领域里为这些制度找到理论依据？这是我们当前遇到的一个关键问题。通过对我国当下住房租赁法律制度的研究，我们发现：时至今日，我国住房租赁市场出现的矛盾已经不是传统大陆法系的合同法所能承载得了的，这些矛盾的化解需要更多的制度去支持，然而制度的创新期待理论上的突破，我们需要一个理论平台去解释已有的制度，去创建新的制度。本书希望通过对住房租赁契约管制理论的探索，尝试一种理论的突破，为我国现有的住房租赁制度找到一个足以证成其正当性的理论支撑，并且为其今后的制度创新寻求一个理论突破口。

随着世界经济一体化的发展，各国的经济交往日趋频繁，大陆法系和英美法系的民商法在经济一体化影响下，趋同化也日益明显。而我国在迈入这种经济大潮的同时，同样需要对大陆法系和英美法系的精华兼收并蓄。然而，大陆法系和英美法系各自有其产生的根源和历史背景，而传统大陆法系在融合英美法系制度的同时，必然产生相斥性，问题是：我们怎样去解决这种相斥性的问题？就住房租赁而言，英美法系的住房租赁制度有其精华的一面，需要我们去学习、去借鉴，可是我们怎样去解决建构在合同法基础上的大陆法系住房租赁制度与英美法系相关制度融合的问题，换言之，我们能否找到一个使大陆法系传统意义上的合同法与英美法系相关制度融合的路径。本书也希望以我国住房租赁法律研究为视角，摸索一种将两大法系相关制度兼容并收的范式，使其能够成为以此为起点并且扩及至其他领域的思路。

（二）实践意义

伴随着我国城市化的加快，住房租赁市场反映出很多问题，而在一些住房租赁需求量较大的城市，更是矛盾重重：住房租赁双方当事人在合同中地位实质上的不平等、出租人任意抬高租金、随意解除合同、出租房居住条件恶劣、承租人居住权益难以获得保障、群租盛行，等等，这些现象使得市场矛盾激增。然而，由于我国的住房租赁市场起步较晚，市场管理水平有待提高，相关住房租赁法律制度不健全，目前的法律制度体系还无法应对市场上的诸多矛盾，这些矛盾已然成为我国当前住房租赁法律体系不可承受之重。我国现有住房租赁法律制度主要建构在合同法体系之上，换言之，我国目前对于住房租赁进行调整的法律以私法为主，而私法的任意性和"软法"特点使其在对当前我国住房租赁市场的调整中举步维艰；而法律本身的局限性更是使某些市场现象缺乏法律依据。总之，我国住房租赁法律体制亟待进行完善和改革。从对英美法系住房租赁法律制度的考察结果上看，其对住房租赁市场的管理积累了丰富的经验，形成了自己独有的法律管制模式，有很多值得我们借鉴的东西。本书的研究就是希望学习和引介国外的先进管制经验，充实我国住房租赁法律制度体系，应对住房租赁市场的矛盾和问题。本书也希望通过对住房租赁领域内契约管制理论的研究，充实我国相关法律制度体系的内容，为提高我国在此领域内的管理水平助一臂之力。

三 文献梳理

住房租赁于现代国家房地产市场的发展来说，是一个既古老又年轻的命题。说其古老，因为自从工业化革命以来，住房租赁在工业化发展较早国家的住房政策中就扮演着一个很重要的角色；说其年轻，因为随着经济、政治因素的变化，各国的住房租赁也处于不断调整、变化中，成为住房政策中一个比较活跃的部分，不时地会融入新的元素、新的变化。对于本书所提出的"住房租赁契约管制"研究来说，涉及的文献既包括专门就住房租赁的法律规制进行研究的著述，也不乏对"契约""管制"以及"契约管制"等问题加以分析的文章。如此数量庞大而内容交错复杂的文献资料给本书即将展开的体系化的文献梳理提出了巨大挑战。有鉴于此，本书在做文献综述时将对"住房租赁契约管制"这一命题进行分割，对"住房租赁的法律制度"和"契约管制"两个关键问题展开单元式的文献梳理，力求在此基础上形成围绕本书命题的完整的文献综述。

（一）住房租赁的法律制度

针对住房租赁市场出现的一系列问题，国内外理论界对其展开了积极有益的探索，学者们从不同角度对国外住房租赁制度作了大量引介，这些文献对我们了解国外住房租赁制度的发展、反思我国的住房租赁制度改革都是大有助益的。

我国台湾学者谢哲胜所著的《房租管制法律与政策》是比较早并且比较系统研究房屋租赁管制的法律及相关政策、从学理上提出房屋租赁管制理念的著作。[1] 该书从比较法的角度，分别对我国台湾、日本和美国的房屋租赁管制立法进行了系统和翔实的分析；对房屋租赁管制反对者和赞成者的观点进行梳理；对房屋租赁管制法律违宪之审查、经济分析、政治经济生态、采行管制政策之影响评估等进行了系统的讨论；为政府进行房屋租赁管制提出了基本立法架构；对关于房屋租赁的相关争论问题，分别作出了理论回应。该书所得出的核心观点是对房屋租赁进行管制是必要而且可行的。正如谢哲胜先生所提出的房屋租赁管制立法应当因地制宜一样，笔者认为该书对房屋租赁管制理论作出的贡献不在于其提出了房租管制的构架、从而对其他国家有所借鉴，而在于其以客观耐心的态度对房租管制中的各种观点予以回应，并且从各种不同角度对房屋租赁管制进行系统的论述。这为后来者的研究提供了思路框架和切入点。

学者许德风在《住房租赁合同的社会控制》一文中对美国的租金管制和德国的解约限制两种宽严模式作了较为系统的介绍[2]，他认为：租金

---

[1] 参见谢哲胜《房租管制法律与政策》，台湾五南图书出版公司1996年版。
[2] 许德风：《住房租赁合同的社会控制》，《中国社会科学》2009年第3期。

管制是一种较为严格的住房租赁控制形式，有助于保障住宅权及基本人权，避免贫富聚居而导致的贫富分化，而由于这种管制能够使承租人获得一个相对稳定的居住环境，因而有助于增进社区以及社会的和谐。而解约限制则顺应了市场经济规律，以市场为导向，因而是一种"有效率的安排"；而且这种解约限制因为制约了出租人解除合同的权利，还有稳定租赁关系的效果，可以有效地减少租赁合同当事人的机会主义行为。这篇文章还指出，中国目前城市里自有住房的比例相对较高，但现有的住房并不足以满足城市化迅速扩张的需要，所以不适合采取严格的租金控制手段；目前，我国应该通过修改和制定城市房地产管理法和合同法，限制出租人的解约权利，并且规定关于租金的市场指导价，对租金的调整进行指导；通过以上方法，能够稳定住房租赁合同关系，减少租赁双方当事人基于对对方行为的预期而采取应对策略，降低因为续约而产生的议价成本，增进社会福利。该文进一步指出：目前在我国，对住房租赁合同进行一定的市场化控制即限制出租人的解约权是必要的和可行的，在特殊情况下，即承租人比例急剧上升时还可适当采取租金管制。《住房租赁合同的社会控制》中提到的租金管制和解约限制也是目前世界上对住房租赁进行控制的国家所采取的最重要的两种方法。该文对这两种方法进行比较分析的同时，指出美国的租金管制社会化程度较高，国家对住房租赁采取较为强制性的手段，即使是对住房租赁合同这一本来自治化程度较高的领域，国家也参与其中，形成了较为系统的管制性法律；德国作为民法法系的典型代表国家，坚守私法自治的传统，国家对住房租赁合同的参与有限，只是对出租人的解约权进行适当限制，而这种限制也基本是在私法自治的范围内，不属于管制性的法律。总之，《住房租赁合同的社会控制》一文为理论上进行大陆法系和英美法系住房租赁法律控制的类型化研究奠定了研究基础。

学者宋丽敏所著《住房租赁合同的社会控制研究——兼与许德风博士商榷》一文站在合同自由主义的立场，对许德风博士的观点进行了反方论证[1]，文章认为：合同自由主义是合同法的基本原则，不应当被抛弃；而所谓的住房租赁合同的社会控制未必能达到改善承租人的境况、增加社会

---

[1] 宋丽敏：《住房租赁合同的社会控制研究——兼与许德风博士商榷》，《东方法学》2011年第4期。

福利的效果；我国现行合同法中租赁合同的相关规定，秉承了合同自由主义的理念和要求，顺应了我国市场经济的发展，并且符合我国的具体国情，应予坚持。这些观点的碰撞迸发出智慧的火花，更加引人深思。

学者周珺在这方面的著述颇丰。[①] 从研究内容上，可以将其成果分为两类：一类是对住宅租赁法的立法宗旨和制度建构进行基础理论研究；另一类是对各国住房租赁法律制度进行了大量的引介，其中尤以对美国住房租赁法律制度的研究和引介最为系统。周珺指出，当代"住房租赁法强调对承租人的利益予以一定程度的倾斜性保护，强调以法律的直接规定替代当事人之间的自由约定，这与传统民法的标志性特征（主体平等、意思自治、价值中立）似乎格格不入"[②]。应当说，周珺是国内比较早并且比较系统总结研究当代住房租赁法的立法宗旨、价值本位和性质特点的学者，同时，他也注意到国外住房租赁制度比较健全的国家都比较重视对承租人利益的保护，并通过各种政策措施来提升承租人的法律地位；他围绕现代住房租赁法"承租人优位"的特点作了大量的理论和实证研究，比如对现代住房租赁合同理论中"承租人优先购买权"（2014年）、"买卖不破租赁"（2013年）、"抵押权实现"（2013年）、"出租人留置权"（2012年）、"押金返还"（2011年）、"优先承租权"（2012年）等制度和规则进行的系统深入的研究，以及对欧美国家尤其是美国的住房租赁具体制度措施如"正当理由规则"（2013年）、"租金管制政策"（2012年）、"可

---

① 周珺：1.《住房租赁法的立法宗旨与制度建构》，中国政法大学出版社2013年版。2.《美国住房租赁法的转型：从出租人优位到承租人优位》，中国法制出版社2011年版。3.《论保障性住房租赁合同的特殊性》，《甘肃社会科学》2016年第5期。4.《承租人优先购买权否定论》，《政法论丛》2014年第6期。5.《论"买卖不破租赁"规则的适用对象》，《青海社会科学》2013年第3期。6.《抵押权实现过程中承租人的保护——美国法的新近发展及其借鉴意义》，《甘肃社会科学》2013年第3期。7.《我国住房租赁法立法宗旨的选择——美、德两国立法例的启示》，《江西社会科学》2013年第4期。8.《住房租赁法中的正当理由规则及其借鉴意义》，《湖北社会科学》2013年第1期。9.《美国租金管制政策的流变及对我国的启示》，《学术论坛》2012年第8期。10.《论我国出租人留置权制度的存废》，《政治与法律》2012年第8期。11.《优先承租权的立法定位及其法律规制》，《湖北社会科学》2012年第7期。12.《论可居住性默示担保规则及其启示》，《求索》2011年第7期。13.《美国住宅租赁法的转型及对我国的启示》，《河北法学》2011年第4期。14.《押金之返还与承租人之保护——以美国法为中心》，《武汉大学学报》（哲学社会科学版）2011年第2期。

② 周珺：《住房租赁法的立法宗旨与制度建构》，中国政法大学出版社2013年版，第3页。

居住性默示担保规则"（2011年）等制度的分析和引介，为国内相关理论研究和实践的深入奠定了基础。

学术界对于住房租赁法律控制的研究不仅止于以上三位学者的成果，学者包振宇[①]、凌维慈[②]、余南平[③]、施继元[④]、郑宇劼[⑤]、廖治宇[⑥]、张江涛[⑦]、孙丹[⑧]、张延群[⑨]、崔裴[⑩]、胡光志[⑪]、吴立范[⑫]等对住房租赁法律范畴内的或者相关领域的研究，不仅为国内相关理论与实证研究提供了丰富

[①] 包振宇：1.《印度的租金管制政策》，《上海房地》2012年第5期。2.《论现行法上房屋租赁的担保制度》，《上海房地》2011年第1期。3.《论房东对租赁住宅的适住性担保责任》，《特区经济》2011年第3期。4.《论住宅租赁立法体系和性质定位》，《上海房地》2011年第6期。5.《直面生活世界中的居住需求——整体性权利视野中的住宅租赁权》，《云南大学学报》（法学版）2011年第3期。6.《日本住宅租赁判例与调停制度研究》，《日本研究》2011年第1期。7.《简论住宅租赁关系的社会控制》，《上海房地》2011年第8期。8.《从"居有其屋"到"住有所居"——简析南非住宅租赁政策》，《上海房地》2011年第10期。9.《美国住宅租赁法律制度研究——以承租人住宅权保障为例》，《美国研究》2010年第1期。10.《日本住宅租赁特别立法研究——以承租人权利保障为中心》，《日本研究》2010年第3期。

[②] 凌维慈：1.《论居住保障与财产限制——以日本房屋租赁法上的"正当事由制度"为例》，《政治与法律》2008年第2期。2.《规制抑或调控：我国房地产市场的国家干预》，《华东政法大学学报》2017年第1期。

[③] 余南平、凌维慈：《试论住宅权保障——从我国当前的住宅问题出发》，《社会科学战线》2008年第3期。

[④] 施继元、李涛、李婧骅：《国外住房租赁管理经验及对我国的启示》，《软科学》2013年第1期。

[⑤] 郑宇劼、张欢欢：《发达国家居民住房租赁市场的经验及借鉴——以德国、日本、美国为例》，《开放导报》2012年第2期。

[⑥] 廖治宇：《荷兰社会住房租赁体系及其对我国的启示》，《价格理论与实践》2015年第6期。

[⑦] 张江涛、尹中立：1.《"存租"：韩国独特的住房租赁方式》，《中国党政干部论坛》2011年第11期。2.《奇特的韩国住房租赁市场》，《城市开发》2010年第24期。

[⑧] 孙丹：《发展住房租赁市场的国际比较与政策建议》，《金融与经济》2011年第8期。

[⑨] 张延群：《德国公租房政策对我国的启示》，《中国经贸导刊》2011年第14期。

[⑩] 崔裴、胡金星、周申龙：《房地产租赁市场与房地产租买两重机制——基于发达国家住房市场的实证分析》，《华东师范大学学报》（哲学社会科学版）2014年第1期。

[⑪] 胡光志、张剑波：《中国租房法律问题探讨——现代住房租住制度对我国的启示》，《中国软科学》2012年第1期。

[⑫] 参见吴立范编著《美英住房政策比较》，经济科学出版社2009年版。

的研究素材，而且其中思想火花的碰撞为本书研究主题与思路的形成起到了一定的启发作用。从以上学者的著述，可以总结出英国、美国、德国、荷兰等国家住房租赁管理的经验和特点，主要表现为：（1）这些国家住房租赁市场的健康平稳依赖于完善的法律制度。德国制定有《住房租赁法》和《租金水平法》（张延群，2011年），《德国民法典》第二编第八章第五节专门设置了第二目"住房租赁"（崔裴等，2014年）；美国有统一的《美国统一住房租赁法》，此外，还有三十多个州制定有自己的住房租赁法（崔裴等，2014年）；英国在1980年推出《住房法》，其中有对住房租赁制度的规定。可见，发达国家大都比较重视法制在住房租赁市场管理中的作用；而且，为了实现住房租赁市场的有效运行目标，政府一般通过立法来确立对住房租赁的管理体制。（2）建构了比较完善的制度体系。发达国家为了应对住房租赁市场上存在的问题，采取了很多制度、规则和措施，很多国家都有针对中低收入群体的住房保障制度，比如荷兰专门建有社会福利保障性质的社会住房来满足中低收入群体的住房需求，规定只有中低收入群体可以享有社会住房的优先租赁权（廖治宇，2015年）。还有很多国家形成了有效的住房租赁制度体系，很多国家比较广泛地实行了租金管制、财政补贴、押金制度、对终止租赁关系的限制制度、适住性要求、可居住性默示担保规则等，这些制度都服务于本国的住房租赁市场，起到了有效稳定市场的作用。（3）比较注重对承租人的保护。以美国和德国为例，两国都对承租人进行了倾斜性的保护，美国更是将保护承租人利益的相关规则作为强行性规定，禁止通过约定排除适用（崔裴等，2014年）。事实上，盛行于欧美国家住房租赁市场的很多制度规则，如上所说的租金控制、租金补贴、解除权限制、适住性要求、可居住性默示担保规则等相关制度，表面上是对住房租赁市场的管理，其实这些制度都起到了保护承租人的作用。（4）这些国家的住房租赁管理制度很大程度上都带有社会福利的性质。很多国家住房租赁制度的主要服务对象就是中低收入群体（施继元等，2013年），相关制度也具有保护弱势群体的意义，这些制度本身都具有增进社会福利的意味。比如英国奉行福利之邦的社会哲学，其所建构的租金管制、住房补贴等制度，既是对弱势群体的保护，也增进了社会福利（吴立范，2009年）。

此外，一些外国学者如戴维·莫林斯[①]、约翰·艾克豪夫[②]、阿列克斯·施瓦兹[③]、平山洋介[④]等对国外住房政策的介绍使我们得以对国外住房租赁法的社会背景有一个相对客观、全面的把握，因而对不同国家关于住房租赁法律制度所具有的特点有一个较为深刻的理解。拉伦茨在《德国民法通论》中第三章"民法的现代发展"谈到"合同法中社会因素的加强"[⑤]，其中"对承租人的保护"就是合同法中社会因素加强的一个表现。这段描述不仅反映了德国住房租赁法律制度发展的过程，其实也影射了欧美工业发达国家住房租赁法上的发展脉络。从以上学者的研究中，基本上可以总结出以美国为代表的英美法系国家和以德国为代表的大陆法系国家对住房租赁进行法律控制的基本特点，即以美国为代表的英美法系国家以较强的国家干预为主，而以德国为代表的大陆法系国家秉承私法自治的传统、辅之以适当的国家干预。这两种特点为我国住房租赁契约管制理论的确立提供了可资借鉴的经验。

关于我国住房租赁制度的历史沿革，学者赵津[⑥]、张群[⑦]、金俭[⑧]等在这方面提供了较为翔实的历史资料，其他相关历史文献也为相关研究提供了可资考察的依据。[⑨]

（二）契约管制

关于契约管制的文献不仅仅是契约管制概念本身，还应包括围绕着与

[①] 参见［英］戴维·莫林斯、艾伦·穆里《英国住房政策》，陈中立译，中国建筑工业出版社2012年版。

[②] 参见［德］约翰·艾克豪夫《德国住房政策》，毕宇珠、丁宇译，中国建筑工业出版社2012年版。

[③] 参见［美］阿列克斯·施瓦兹《美国住房政策》（第二版），陈中立译，中国社会科学出版社2012年版。

[④] 参见［日］平山洋介《日本住宅政策的问题——展望"自有房产社会"的将来》，丁恒译，中国建筑工业出版社2012年版。

[⑤] ［德］卡尔·拉伦茨：《德国民法通论》（上），王晓晔、邵建东等译，法律出版社2003年版，第74—82页。

[⑥] 参见赵津《中国城市房地产业史论（1840—1849）》，南开大学出版社1994年版。

[⑦] 张群：1.《民国时期房租管制立法考略——从住宅权的角度》，《政法论坛》2008年第2期。2.《住房制度改革30年：从法律史角度的考虑》，《法商研究》2009年第1期。

[⑧] 参见金俭《中国住宅法研究》，法律出版社2004年版。

[⑨] 参见王铁崖《中外旧约章汇编》（第一册），生活·读书·新知三联书店1957年版。

其相关的契约自由、契约管制的发展、契约管制的理论支撑等内容。

1. 契约自由与契约管制

"契约"在大陆法系和英美法系中都被认为是公民自治范围内的事情，契约的成立由当事人自由意志来决定，每个人都有依其自己的意志订立契约的权利，其他人包括国家都不能干涉。契约管制的反对者们提出的最基本理由是契约管制对当事人的契约自由进行了限制，违背了经济规律，因而是不合理的。具体到住房租赁契约管制，反对者则认为：（1）契约管制对出租人构成了准征收[①]，侵犯了出租人的财产权，而政府对这种民间经济活动的干预以及对财产权这种宪法所保护的公民基本权利的限制常常会使人们对这种政府行为产生违宪的质疑。（2）契约管制限制了当事人的契约自由。（3）契约管制干扰了市场经济规律，影响了经济效率。（4）契约管制可能会加剧当事人之间的不公平。"契约管制"表面上是为了保护承租人的利益，但是实践中很难保证经济条件最差的承租人住在租金最低的房子里，或者经济条件最差的出租人能够将房子租出最高的租金，因而这种对契约的人为干预反倒可能加剧当事人间的不公平。（5）契约管制会抑制出租房屋的供给。对于住房租赁的契约管制而言，最典型的管制措施就是租金管制，租金管制必然会使出租人的利益受损，并使那些兴建出租住宅的潜在投资者望而却步，因而这一措施会打击出租住宅供给者的积极性，抑制出租房屋的供给。（6）确定合理租金指导价格比较困难。租金管制需要对租金预先有一个指导价格，政府按照这个指导价格对租金进行管制和调整。这个指导价格的确定需要参照房屋建造成本、区位、质量、面积、设施等多种因素。显然，要制定出一个合理的租金标准是极其复杂而艰难的。（7）契约管制可能会导致秘密契约横行。租金管制使出租人利益受损，他可能转而会利用自己在租赁关系中的优势地位，强迫承租人给予其合同外的利益，这种合同外利益也可以被称为秘密契约，它严重损害承租人利益。[②] 基于对契约管制有以上诸多质疑，当下我们该如何证成契约管制以及住房租赁契约管制是正当的呢？这确实是

---

① 在现代社会，国家为了公共利益的需要对公民私有财产权的剥夺就是征收。而准征收是指对公民私有财产权的限制。一般认为，对财产的准征收构成了对财产权的实质剥夺。参见金俭、张先贵《财产权准征收的判定基准》，《比较法研究》2014年第2期。

② 谢哲胜：《房租管制法律与政策》，台湾五南图书出版公司1996年版，第84—95页。

绪　论

一个庞大而复杂的问题，在此，作者希望借助其他学者的研究成果来完成对这一问题的梳理。

"契约自由思想的萌生，始于以平等和私法自治为终极关怀的罗马法。"① "从古代罗马到近代法的历史表明：契约自由是契约应有的语境，两者之间犹如'心'与'体'的关系，没有了'自由'，契约就成了没有灵魂的'行尸走肉'，这样的契约必然是'强制'和'命令'的同义语。所谓的'契约'也不再是契约。"② 在人文主义作为其价值基础、代议制民主政体作为其政治保障、市场经济作为其根植土壤的条件下，契约自由原则在近代法中得以形成。③ 而契约自由的历史价值在于其使人们摆脱身份限制，自由参与市场竞争、使人文主义的伦理观得以进一步发展、促进经济的迅速发展。④

但是，契约自由在经历了两个世纪的发展之后，暴露出许多缺陷和弊端，已经不完全符合契约正义的要求，因而发生失衡。当缔约主体形式上的平等与实质上的平等处于一种分离对立状态的时候，平等的理想状态被打破，契约自由就有可能出现失衡。而契约自由失衡的主要原因就在于缔约主体经济实力事实上的差异。⑤ 美国私法学界泰斗格兰特·吉尔莫认识到了这种深刻变化，他在《契约的死亡》一书中引述弗里德曼教授一段话："在现代生活中，已发生了于契约法有重大意义的最富有戏剧性的变化。这种变化不是由契约法本身的内在发展所致，而是由于公共政策对契约法对象的系统性'掠夺'所造成的……例如，劳动法、反托拉斯法、保险法、商业规则和社会福利立法等。这些特殊形态的公共政策的发展，把原本属于'契约法'范畴的许多交易和境况，划归到自己的调整范围之中……"⑥ 由此，吉尔莫进一步指出：随着古典契约理论中"约因理论"的衰落和"允诺不得反悔原则"的产生，古典

---

① 姚新华：《契约自由论》，《比较法研究》1997年第1期。
② 同上。
③ 同上。
④ 苏号朋：《论契约自由兴起的历史背景及其价值》，《法律科学》1995年第5期。
⑤ 李声炜：《契约自由失衡之初探》，《河北法学》2000年第2期。
⑥ [美] 弗里德曼：《美国契约法》，转引自[美] 格兰特·吉尔莫《契约的死亡》，曹士兵等译，中国法制出版社2005年版，第6—7页。

契约理论逐渐走向衰亡。① 在这样的背景下，古典契约理论下契约绝对自由的状况将发生变化。学者王丽萍认为，自由资本主义时期的契约自由绝对化建构在完全竞争市场的理论预设之下，但是市场经济总有失灵的时候，因而这种完全竞争的理想状态在实践中是无法实现的。随着垄断资本主义经济的发展，政府对经济的干预代替完全市场调节成为垄断资本主义的重要特征，各主要资本主义国家采取国家干预主义的政策主张，契约自由绝对化也受到限制。但这并不意味着契约自由的衰落和消亡。相反，对契约自由进行适当的限制和国家干预是契约理论在新的历史时期的新发展。②

拉伦茨在《德国民法通论》中对契约自治向契约管制的发展过程有一个详细的描述。他指出，在私法自治的情况下，合同当事人经过协商达成一致的合同规则对双方都具有约束效力，合同必须得到遵守，即"有约必守原则"。有约必守原则就是合同的一种自我约束，这种约束力并不是来源于法律，而是来源于道德。③ 但是，"仅凭合同中的自我约束，还无法促使当事人在道德上和法律上遵守约定……必要时依靠法律制度来强制当事人遵守合同……"④ 即使是私法自治，也一样要受到限制。因此，信赖保护原则、合同中的均衡与公平原则等都是很重要的原则。现代民法的发展，已经从强调极端的个人自由，转向强调"社会义务和责任，强调信赖原则，强调了对居民中的社会弱者的保护"⑤，除了之前那些传统原则之外，现代民法还在适用一个新的原则——社会原则。"社会原则要求法律给那些依赖于订立合同，但由于经济实力弱或缺乏业务经验而无法以特有方式充分地维护自身利益的人提供法律保护。"⑥ 在这样的大背景下，一些部门法从原有的私法部门里分立出来，劳动法从私法中的分立就是一个典型的例证。此外，合同法中社会因素的加强也成为一个很重要的特

---

① 参见［美］格兰特·吉尔莫《契约的死亡》，曹士兵等译，中国法制出版社2005年版。

② 王丽萍：《对契约自由及其限制的理性思考》，《山东大学学报》（哲学社会科学版）2006年第6期。

③ ［德］卡尔·拉伦茨：《德国民法通论》（上），王晓晔、邵建东等译，法律出版社2003年版，第54—55页。

④ 同上书，第55页。

⑤ 同上书，第68页。

⑥ 同上书，第69页。

点。合同法中社会因素的加强主要表现在房屋租赁中对承租人的保护、在分期付款买卖行为等领域对买受人的保护、法院对一般交易条款的监督等。而这种合同法中社会因素加强的另一个结果就是国家或者政府开始介入之前完全属于私人自治的合同关系中。

台湾学者谢哲胜专门著有《契约自治与管制》一文。文中阐述基于契约自由存在着独占、公共财、外部性的缺陷以及公平性的需要，如果要通过契约自由达到福祉最大化，有必要对契约加以管制。[①] 此外，李永军[②]、黄名述[③]、江平[④]、孙学致[⑤]、马俊驹[⑥]、郑云瑞[⑦]、凌艳传[⑧]、徐步林[⑨]等学者的著述里都有关于契约自由、契约自由的发展演变以及对契约进行限制等论述，他们的系统阐释使我们对其有了一个全面的认识。

2. 契约管制的发展

当绝对的契约自由已经不能维护社会公平正义的时候，国家开始加强对契约的管制。对契约进行管制并不是对契约自由的全面否定，而是为了弥补绝对契约自由的不足，破除其弊端，以矫正社会公平和正义。苏永钦教授认为，在当代，私法自治与政府管制的辩证发展发生了很微妙的变化，"管制常常倒过来成为自治的工具，管制的目的只是为了让私法自治

[①] 谢哲胜：《契约自治与管制》，《河南省政法管理干部学院学报》2006年第4期。谢哲胜先生在该文中指出，对契约自由加以管制，可以通过司法裁判和行政行为来实现。这与本书所要阐述的契约管制的途径可能有所不同。

[②] 参见李永军以下文献：1.《合同法》，法律出版社2010年版。2.《从契约自由原则的基础看其在现代合同法上的地位》，《比较法研究》2002年第4期。

[③] 参见黄名述、张玉敏《罗马契约制度与现代合同法研究》，中国检察出版社2006年版。

[④] 参见江平以下文献：1. 江平、米健：《罗马法基础》（修订本第三版），中国政法大学出版社2004年版。2. 江平、程合红、申卫星：《新合同法中的合同自由原则与诚实信用原则》，《政法论坛》1999年第1期。

[⑤] 参见孙学致《唯契约自由论——契约法的精神逻辑导论》，吉林人民出版社2007年版。

[⑥] 马俊驹、陈本寒：《罗马法契约自由思想的形成及对后世法律的影响》，《武汉大学学报》（哲学社会科学版）1995年第1期。

[⑦] 郑云瑞：《西方契约理论的起源》，《比较法研究》1997年第3期。

[⑧] 凌艳传、林平：《试论契约自由原则》，《学术探索》2001年第6期。

[⑨] 徐步林：《契约自由与限制》，《河南工程学院学报》（社会科学版）2011年第3期。

有更大的发挥空间,颠覆了长期以来'管制等于排除自治'的共识"①。按照这个理论,在现代住房租赁中,管制已经成为私法自治中不可或缺的部分。

  随着自由资本主义向垄断资本主义过渡,公权力开始介入合同领域,对合同进行管制。由于垄断企业拥有雄厚的经济实力和较强的市场力量,足以对市场价格形成垄断,所以有必要对垄断定价加以规制,因此,较早进行合同管制的是垄断行业或者公用事业行业,如水、电、公路、铁路等垄断部门。比如我国学者吴杰等②、美国学者西达克等人就曾对美国公用事业行业的契约管制进行过详尽的描述。③ 随着19世纪社会经济的飞速发展,垄断引发的不平等问题越来越突出,合同双方经济社会地位差异较大,强势一方往往利用自己在合同中的优势地位,使弱势一方屈从于自己的地位,造成合同双方权利义务失衡的状态,从而导致合同双方权利义务事实上的不平等,而且这种现象波及其他行业和领域,比如雇佣合同关系、消费合同关系以及房屋租赁关系。为了矫正这种事实上的不公平现象,尽可能地实现实质平等,国家和政府需要对这些不平等关系进行强制性的干预。契约管制逐渐深入到住房租赁领域是这段时期契约管制的一个重要特点。我国台湾学者王泽鉴在其著述《债法原理》中就谈到因为民生或保护经济上弱者的需要等原因,法律强令合同一方强制缔约的义务,即强制缔约。这也是国家对合同进行强制性干预的一种表现。④ 德国学者拉伦茨,我国台湾学者谢哲胜,大陆学者许德风、周珺等对于住房租赁领域内的合同管制也都有较为详尽的叙述。拉伦茨在《德国民法通论》里"合同法中社会因素的加强"中,对住房租赁领域里因为要对承租人加以保护而进行的合同管制形成过程都有描述。⑤ 谢哲胜在《房租管制法律与政

---

  ① 苏永钦:《走入新世纪的私法自治》,中国政法大学出版社2002年版,"自序"第1—2页。

  ② 吴杰、董超:《美国天然气管制的历史及启示》,《石油大学学报》(社会科学版) 2001年第3期。

  ③ 参见[美]J.格里高利·西达克、丹尼尔·F.史普博《美国公用事业的竞争转型——放松管制与管制契约》,宋华琳、李鸻等译,世纪出版集团、上海人民出版社2012年版。

  ④ 王泽鉴:《债法原理》(第一册),中国政法大学出版社2001年版,第77—78页。

  ⑤ [德]卡尔·拉伦茨:《德国民法通论》(上),王晓晔、邵建东等译,法律出版社2003年版,第74—77页。

策》一书中,对房屋租赁管制进行了系统论证。许德风、周珺直接以住房租赁为视角,对国外住房租赁管制进行引介,将管制的探讨具体到住房租赁领域。

3. 契约管制的理论支撑

契约管制涉及公权力对私权利的限制,那么公权力如何能对私权利进行限制呢?仅仅是对失衡的公平正义的矫正就能成为国家权力干涉公民私权利的理由吗?这个理由显然有些牵强。因此在这里,我们需要为契约管制寻求一个理论支点。

金俭教授在《不动产财产权自由与限制研究》一书中从经济学、法哲学、法理和宪法基础等方面探讨了对不动产财产权进行限制的理论依据[①],而作为本书主题住房租赁来说,虽说是一个合同,但它是关于一个重要不动产的合同,金俭教授的思路对本书寻找住房租赁契约管制的理论支点有很大的启发。

经济学上,已经成熟的国家干预理论为契约管制提供了一个理论支点。在法律方面,法律父爱主义为契约管制提供了正当性理由。凭借国内郭春镇[②]、孙笑侠[③]、吴元元[④]、黄文艺[⑤]、郑玉双[⑥]、张文显[⑦]、舒国滢[⑧]、孙莉[⑨]、唐忠民[⑩]、晋运锋[⑪]等学者在这方面的研究,以及国外 John Hospers[⑫]、

---

① 参见金俭《不动产财产权自由与限制研究》,法律出版社 2007 年版。

② 参见郭春镇以下文献:1.《法律父爱主义及其对基本权利的限制》,法律出版社 2010 年版。2.《论法律父爱主义的正当性》,《浙江社会科学》2013 年第 6 期。

③ 孙笑侠、郭春镇:《法律父爱主义在中国的适用》,《中国社会科学》2006 年第 1 期。

④ 吴元元:《法律父爱主义与侵权法之失》,《华东政法大学学报》2010 年第 3 期。

⑤ 黄文艺:《作为一种法律干预模式的家长主义》,《法学研究》2010 年第 5 期。

⑥ 郑玉双:《自我损害行为的惩罚——给予法律家长主义的辩护与实践》,《法制与社会发展》2016 年第 3 期。

⑦ 张文显:《二十世纪西方法哲学思潮研究》,法律出版社 2006 年版,第 463—466 页。

⑧ 舒国滢:《权利的法哲学思考》,《政法论坛》1995 年第 3 期。

⑨ 孙莉:《德治与法治正当性分析——兼及中国与东南亚文化传统之检省》,《中国社会科学》2002 年第 6 期。

⑩ 唐忠民、王继春:《论公民基本权利限制的基本原则》,《西南大学学报》(人文社会科学版) 2007 年第 2 期。

⑪ 晋运锋:《当代西方功利主义研究评述》,《哲学动态》2010 年第 10 期。

⑫ John Hospers, "Libertarianism and Legal Paternalism", *The Journal of Libertarian Studies*, Vol. 4, No. 3, Summer 1980.

Gerald Dworkin[①]、Anthony T. Kronman[②]、David L. Shapir[③] 等学者的成果，本书得以从功效主义、个人自由提升、社会价值等角度对法律父爱主义运用于解释契约管制的正当性进行论证；而从法哲学的层面，以既有的"形式公正与实质公正"的理论为视角，依赖何建华[④]、梁慧星[⑤]、晏芳[⑥]、江帆[⑦]、康德[⑧]等学者的研究成果，我们得以从"对实质公正的追求与实现的角度"为契约管制找到又一个理论支点。

以上学者们丝丝入扣的论证，启发出一个又一个问题：在市场化的今天，我们是应该秉承合同自由主义的理念还是应该抛弃？学者们所引介的租金控制、解约权限制等住房租赁相关制度是否属于对合同的控制？发源于欧美的这些制度是纯属政府的社会管理还是专属于法律制度？这些制度怎样才能在我国完成本土化塑造？而被学者们称为"管制"抑或"控制"抑或"社会控制"的相关制度是内生于传统合同法中对合同的限制还是其他？如果不是，它的理论依据又在哪里？是否有一个理论为这些制度在我国的存在提供一个合理化解释？

综上所述，本书在这里，欲借鉴相关研究成果，提出"住房租赁合同契约管制理论"。本书希望通过对这个理论的探讨，解释其正当性来源，进而解决国外住房租赁相关制度与传统民法合同理论如何对接以及在我国如何进行本土化塑造的问题。

四 研究思路与研究框架

在研究"住房租赁契约管制法律问题"时，首先需要对"住房租赁

---

① Gerald Dworkin, "Paternalism", *The Monist*, Vol. 56, No. 1, January, 1972.

② Anthony T. Kronman, "Paternalism and the Law of Contracts", *The Yale Law Journal*, Vol. 9, No. 5, April 1983.

③ David L. Shapir, "Courts, Legislature, and Paternalism", *Virginia Law Review*, Vol. 74, 1988.

④ 何建华：《走向形式公正与实质公正的统一——西方公正观演进的现实启示》，《伦理学研究》2012 年第 5 期。

⑤ 梁慧星：《从近代民法到现代民法——二十世纪民法回顾》，《中外法学》1997 年第 2 期。

⑥ 晏芳：《以实质公平理念规制契约自由——以格式合同为例证》，《西南政法大学学报》2014 年第 4 期。

⑦ 江帆：《经济法实质正义及其实现机制》，《环球法律评论》2007 年第 6 期。

⑧ 参见［德］康德《法的形而上学原理》，沈叔平译，商务印书馆 1991 年版。

契约管制理论的源流"进行阐释，即对"契约管制"本身应当具有的理论构架进行深入研究。至于提出住房租赁契约管制理论，这个思路本身来源于国外住房租赁相关法律制度的启发，因此需要对国外住房租赁契约管制的实践和效果进行系统介绍。当这个思路初步形成之后，应该对住房租赁契约管制的理论基础作一系统阐释。研究住房租赁契约管制法律理论，归根结底是要以这个理论服务于我国自己的住房租赁市场，因此，对于这个理论在我国的生成基础和需求的研究也是必要的。而理论终究是为实践服务的，对住房租赁契约管制理论追根溯源的目的是完善我国的住房租赁法律制度，发展我国的住房租赁市场，因此，还需要对住房租赁契约管制制度在我国的建构予以讨论。

基于上述思路，本书拟对研究框架作以下安排：

首先，对住房租赁契约管制的理论源流进行系统阐释。本书提出的住房租赁契约管制是建构在契约管制的理论基础之上的，契约管制是住房租赁契约管制的理论内核。在住房租赁契约管制理论展开之前，需要对契约管制本身进行一个理论阐释。本书在这里，先对契约管制进行一个本体论研究。由于契约管制是伴随着契约自由的衰落并立而行的，本书在这里意欲循着契约自由的兴起、衰落的线索把握契约管制的脉络，从而表现契约自由与契约管制的历史演进。同时，本书还将从经济学、法理学和法哲学的视角对契约管制的理论依据进行分析。最后，本书将对住房租赁契约管制的产生和发展的基础条件包括社会经济背景、推动力量以及其产生的思想理论渊源进行探讨。

其次，从私法和公法的角度对国外住房租赁契约管制的具体制度进行考察。本部分将以公法和私法的分类方法对住房租赁契约管制制度进行具体分析介绍。从这个角度可以看出大陆法系以契约法为主体的住房租赁管制法律的特点和实践效果以及英美法系以管制法为主体的住房租赁管制法律的特点和实践效果。以此为基础，对两大法系住房租赁"契约"和"管制"相融合的需求与可能性进行探讨，为理论上提出住房租赁契约管制理论作一个实证铺垫。

再次，对住房租赁契约管制的理论基础构造进行剖析。住房租赁契约管制作为一个理论的存在，应当包括基本的价值选择和原则作为其理论构造基础。本书在这里将结合国外的相关立法经验和国内的实践与现实状况，逐一分析住房租赁契约管制理论应当遵循的价值标准和基本原则。

复次，对我国住房租赁契约管制理论的生成基础和需求进行探讨。本部分将从纵向的角度对我国近代房地产业的发展和住房租赁控制进行梳理，并从私法和公法的角度对我国现行住房租赁的法律原则和制度进行具体分析，同时总结出我国现行住房租赁法律控制制度的特点。同时，本书在这里还将对住房租赁契约管制理论在我国展开的必要性进行分析。

最后，对住房租赁契约管制在我国的制度建构进行阐述。在本部分，本书将对住房租赁契约管制理论在我国的确立即契约管制理论下我国住房租赁法律控制的立法宗旨和性质进行总结；对住房租赁适住性管制、租金管制、解约限制管制、押金管制制度、房屋租赁登记备案制度以及群租管制等在我国住房租赁法律制度体系中的建构和完善进行具体分析，以期为我国住房租赁法律体系的完善提出一个具体方案。

五　本书研究范围的界定

首先，本书的研究对象是"住房租赁"而不是笼统的"房屋租赁"。

本书要研究的是"住房"租赁，而不是"房屋"租赁。房屋可以用于住宿、生产、教育、医疗、商业、办公等，因此房屋的范围要比住房大得多。不同房屋的用途，其租赁行为所要遵循的原则、考虑的因素会不一样。比如，对于住宿所用的住房租赁，可能要考虑出租的房屋是否适合居住等条件，而对于生产所用的厂房，则更多要考虑所处位置是否安全、交通是否便利、是否会对周围环境造成影响等。因此，不同用途的房屋租赁，其所考虑的问题是不同的。学者包振宇、许德风、周珺等著有多部著作或论文，专门就"住房租赁"或者"住宅租赁"进行探讨，可见住房租赁已经形成了具有自己特点的理论体系。本书在这里只把住房租赁作为研究对象。

其次，本书所研究的住房租赁是发生在城市区域内的住房租赁。

城市区域内的住房租赁包括国有土地上建造住房的租赁，也包括集体土地上建造住房的租赁。城市区域内绝大部分的土地所有权属于国家，但也有一部分属于集体，比如还未进行城中村改造的集体土地。城中村是城市化进程中的一种特有现象。它是由于城市的扩大、原来城市周边的农村村落被城市所包围、农村集体的全部或大部分耕地被国家征收、农民因而转为城市居民但仍然居住在原村落而演变成的居民区。虽然农民转为城市居民，但是集体的土地并没有因此转变为国家所有，很多村民仍然以之前的宅基地为基础扩建、改建自己的住房,并把多余的住房出租出去,房屋出租已经成为大多数城中村村民的主要家庭收入来源。我国很多城市的城中村,由于城市规划面积的扩大,已经成为城市的中心地段,周边配套齐全,交通方便。而城中村的出租房由于租金低廉,也吸引了大量低收入阶层如农民工、外来务工者和城市里的无房户等,城中村里由于人员混杂、缺乏集中规划、基础设施不完善等而存在居住环境差、治安形势严峻、消防和卫生存在隐患等一系列社会问题。而城中村的住房租赁也是城市管理者需要重视的问题。基于此,本书在研究城市区域内的住房租赁时,将城中村的住房租赁也纳入其研究范围。

再次,本书所研究的住房租赁包括商品房租赁,不包括保障房租赁和福利房租赁。

一般来说,城市里国有土地上的住房租赁按照房屋产权类型的不同,可分为商品房租赁、保障房租赁和福利房租赁。所谓商品房,是指在通过出让方式取得使用权的国有土地上建造的房屋,一般来说,这类住房可以在市场上流通。商品房租赁是本书所要研究的住房租赁类型。所谓保障房,顾名思义是指具有社会保障性质的住房,保障房是与商品房相对应的一个概念,它是政府为保障城市低收入群体的住房权益、解决其住房困难问题而提供的一种特殊类型住房。这类住房的管理是根据国家福利保障方面的专门政策以及法律法规的规定,由政府统一规划、统筹的,它与城市中可以依据市场流通规则运作的房屋在法律依据和政策上有所不同,比如商品房流通是可以以民法等具有私法性质的法律规范作为其依据,而保障房的运作则依据保障法,保障法兼具公法和社会法的性质,本书不以保障住房的租赁为研究对象。所谓福利房是我国历史遗留的问题,我国在开放房地产市场、进行房地产改革之前,土地使用权并没有从土地所有权中分离出来,土地无法在市场上进行流转,政府机关、企事业单位使用的土地都是通过行政划拨方式获得,城市居民获得住房都是通过福利分房的方式:有的居民依靠单位在原行政划拨用地上建造住房获得单位福利性质的住房;有的居民依靠居民身份通过房地产管理局获得福利性质的住房,而这些居民需要支付房费才能居住。所谓房费,其实就是房租,但在计划经济时代,房租被认为是与社会主义不相符的事物,因此被称作房费。计划经济时代的房费也确实不能完全反映房租的实际价值,居住人交付的房费比房租本该体现的价值少很多。直到房地产改革之后,虽然有的单位通过集资建房等方式进行了房改，使单位职工以支付对价的方式获得部分房屋产权，但集资建房所获得的房地产权是不完全的，原因在于这些集资建房用地仍然是行政划拨用地，并没有给国家缴纳土地使用权出让金。按照我国法律规定，原划拨土地使用权人将在此土地上建造的房屋出租，应将租金中相当于土地收益的那部分利润上缴国家，从而使国家实现对土地的有偿使用。[①]但实践中，真正通过这种福利住房途径获得住房的产权人将房屋出租，并未按照法律规定将租金上缴国家，而法律对这一方面问题的监管也出现了盲区，生活实践中单位福利房所产生的问题基本上依照国家政策来处理，司法一般不介入因单位福利房产生的纠纷。因此，对于福利房出租所产生的问题我们这里也不探讨。

最后，本书所探讨的商品房屋租赁仅仅指商品房中用作住宅用房的租赁，即住房租赁或住宅租赁，不包括用作商业经营的经营用房租赁。

一般来说，经营用房租赁的承租人往往是有一定经济实力的主体，其和出租人在社会地位、经济实力、社会能力等方面也难分伯仲。比如，某经济实力雄厚的银行租赁某大厦临街门面房作为自己的分行或支行，很难说作为承租人的这家银行和作为出租人的这个大厦主人在经济实力上谁高谁低。而且对经营用房来说，其承租房屋的用途是商业经营，并非满足其自身的居住利益和权益，法律对这些经营用房的租赁关系采取公平、自愿、等价有偿、契约自由等私法原则。经营用房租赁承租人和住房租赁承租人也有着很明显的区别。住房租赁的承租人往往是城市中的中低收入阶层，即我们通常说的"弱势群体"，这些人在社会地位、经济实力、社会能力等方面显然属于弱势，很容易在租赁关系中受到不公平待遇。而且这些弱势群体租赁房屋的目的是满足其最基本的生活条件即居住所用。而公民的居住权是人权的最基本的组成部分。从世界各国的法律实践来看，法律对住房租赁的承租人一方一般会给予公法上的倾斜性保护。因此，经营用房租赁和住房租赁的法律保护特点是不同的，本书仅仅探讨住房租赁的法律特点。

综上所述，本书的研究范围不是住房租赁市场的全景，而是发生在城市中的、运用市场规则进行调节并且源于住房需求的那一部分租赁。

[①] 《城市房地产管理法》第56条：以营利为目的，房屋所有权人将以划拨方式取得使用权的国有土地上建成的房屋出租的，应当将租金中所含土地收益上缴国家。具体办法由国务院规定。

第一章

住房租赁契约管制源流

住房租赁契约管制，之所以将其归为"契约"，是因为不论是大陆法系国家还是英美法系国家，抑或是我国，基本上都认为住房租赁就是一个契约或者合同行为。[①] 正如前文所说，契约管制是本书所提出的住房租赁契约管制的理论内核。因此，我们有必要首先对契约管制这一理论内核进行梳理。

第一节 相关概念的厘定

一 管制与契约管制

管制，字面意思是管理和制约。契约管制的字面意思就是指对契约进

---

① 理论上，有学者倾向于认为"契约"与"合同"是两个概念，因而将"契约"与"合同"加以辨析。参见以下文献：1.俞江：《"契约"与"合同"之辩——以清代契约文书为出发点》，《中国社会科学》2003年第6期。2.贺卫方：《"契约"与"合同"的辨析》，《法学研究》1992年第2期。还有学者认为"契约"与"合同"没有区别，对"契约"与"合同"的使用完全遵从于长期形成的表述习惯。参见以下文献：1.陈训敬：《海峡两岸合同（契约）立法的比较》，《法律科学》（西北政法大学学报）1994年第2期。2. 孙笑侠：《契约下的行政——从行政合同本质到现代行政法功能的再解释》，《比较法研究》1997年第3期。3. 胡绪雨：《〈鹿特丹规则〉下批量合同中的契约自由》，《法律科学》（西北政法大学学报）2015年第6期。本书即采后一种观点。

行管理和制约。很多学者倾向于将管制理解为政府的行政管理行为。[①] 那么，在这样的语境下，契约管制就是指政府以行政性的手段对契约进行干预。台湾学者谢哲胜认为契约管制不限于行政手段，还包括司法手段。[②] 在台湾学者苏永钦看来，管制与自治是相对的，在苏先生所著的《走入新世纪的私法自治》一书中，管制通常作为私法自治的相对一方出现，比如"私法自治和政府管制的辩证发展"[③] "管制常常倒过来成为自治的工具，管制的目的只是为了让私法自治有更大的发展空间"[④] "跨越管制与自治"[⑤] "私法自治与公平法的管制"[⑥] 等，因为"管制"这个词里通常有"管理"的意味，而且常常是管制前面会有"政府"二字，因此对其语义和语境进行分析，貌似管制更多地带有以公权力对私权利进行管理和制约的意味。但是，我们在其后的研究中会发现，我们所说的住房租赁契约"管制"的方式有很多种，比如买卖不破租赁、优先购买权、解约限制等，还比如拉伦茨在《德国民法通论》里谈到的"对承租人的保护"[⑦] 等，不仅仅指公权力对私权利进行的制约，还包括私法内部本身对契约进行的制约。因此，把"契约管制"简单地归纳为公权力对私权利进行的管制和制约未免过于偏颇。笔者认为，本书所说的住房租赁中的"契约管制"是指外力对契约进行的管理和制约，这种外力有公权力，也有私权利。

[①] 关于讨论这方面的文献有：1. 解亘：《论管制规范在侵权行为法上的意义》，《中国法学》2009 年第 4 期。2. 宋亚辉：《环境管制标准在侵权法上的效力解释》，《法学研究》2013 年第 3 期。3. 宋华琳：《论政府规制与侵权法的交错——以药品规制为例证》，《比较法研究》2008 年第 2 期，等等。以上这些文章都将"管制规范"界定为"行政法规范"的下位概念，在这种语境下，管制行为也就是政府行政机关作出的行政行为。

[②] 谢哲胜：《契约自治与管制》，《河南省政法管理干部学院学报》2006 年第 4 期。谢哲胜先生在这篇文章中写道："无论是以司法或行政的手段，对契约自由加以限制，都构成对契约的管制……"

[③] 苏永钦：《走入新世纪的私法自治》，中国政法大学出版社 2002 年版，"自序"第 1 页。

[④] 同上书，"自序"第 2 页。

[⑤] 同上书，第 61 页。

[⑥] 同上书，第 147 页。

[⑦] [德] 卡尔·拉伦茨：《德国民法通论》（上），王晓晔、邵建东等译，法律出版社 2003 年版，第 74—77 页。

二 契约管制与契约限制

在民法语境中,"契约限制"这个词经常出现。20世纪,资本主义从自由竞争阶段过渡到垄断资本主义阶段。垄断资本主义的发展引起了合同的发展和变化:首先,垄断企业的出现使其有能力单方制订合同条款,因而合同出现定型化趋势,但这种合同常常使对方当事人没有选择余地,只能被动屈从合同条款,即"附从合同",这种合同于相对弱势一方是不公平的。其次,垄断的进一步发展使作为雇主的垄断企业与雇佣工人之间的矛盾加剧,雇佣合同转变为"服从合同",使得双方矛盾日益加深,促使劳动者联合和资本家联合开始签订劳动团体协议。为了避免垄断加剧给自由竞争带来的破坏性和盲目性,资本主义国家改变之前对于私人事务不加干预的态度,开始对经济进行干预。基于以上情况,现代合同法发生了很大的变化,即合同自由被限制。这种限制主要表现为以下几个方面:第一,对合同当事人订立合同的自由进行限制,比如当事人是否订立合同以及在选择合同相对人时所享有的自由,甚至于有时法院会以发布禁令和判决的方式强制当事人订立合同。第二,设定强制性合同条款,规定当事人必须遵守并不得排除适用。第三,由专门的行政机关对合同进行监管。如英国的《公平交易法》和美国的《反托拉斯法》等。第四,确立禁止权利滥用原则、诚实信用原则和情势变更原则等弹性条款对合同自由进行限制。由此,垄断资本主义国家通过一系列立法对合同自由进行限制。笔者以为,"限制"这个词在这里更多的是强调一种效果,即被限制或者是被约束的状态。而理论界之所以经常用"限制"这个词,大概是因为私法自有它自己的边界,在私法语境内的主体应该是完全自由、平等的,无法解释为什么权利会被限制、约束或干预,而限制这个词正好能回避某些特殊情况下一方主体的权利被约束、被干预而暴露出的平等和自由受到破坏的状况,因而限制这个词具有更好的表达效果。当然,契约限制并非仅仅指来自契约外部的限制。至少在拉伦茨认为,基于道德的有约必守原则就构成了契约内部的自我约束。[1] 即契约当事人基于道德与公序良俗在合同订立和履行过程中对自我行为进行约束。梁慧星先生认为,这种限制"包

---

[1] [德]卡尔·拉伦茨:《德国民法通论》(上),王晓晔、邵建东等译,法律出版社2003年版,第54—56页。

括公法上对交易的规制，即所谓'私法的公法化'，在民法上则通过诚实信用原则、公序良俗原则对私法自治或契约自由进行限制，以及由法律直接规定某些契约条款无效等"[①]。因此，笔者认为，契约管制和契约限制本质上没有区别，只是从语境上讲，契约管制通常是在公法语境下使用的，常被用于公权力对私权利进行管理和约束的场合，契约限制通常是在私法语境下使用的，常被用于平等主体间制约和约束的场合。另外，契约管制可能更强调主体的存在，即某一主体对契约进行制约和约束，而契约限制可能更强调权利被制约或约束的状态或是结果，即契约被制约或者被约束。

三　住房租赁契约管制

本书所探讨的住房租赁契约管制，其实就是指对住房租赁关系进行的管制。因为不论是在大陆法系还是英美法系，住房租赁关系都被认为是一种合同关系。尽管我们从后面的论述中会发现大陆法系和英美法系对住房租赁契约关系进行管制的方法是不同的，大陆法系对住房租赁进行管制主要是在合同法内部设置一些制度，对合同当事人尤其是出租人的合同权利进行约束和限制，英美法系主要是通过制定管制法在合同外部对合同当事人的权利进行约束和限制，但是两种管制作用的客体和功能都是相同的。即都是对住房租赁合同关系进行制约，对合同关系中当事人实质上不平等的权利义务格局进行矫正。因此，我们这里的住房租赁契约管制既包括大陆法系以私法为特点的调整，也包括英美法系以管制法为特点的调整。

四　关于"控制"

这里，我们还需要对本书后面将会使用的"控制"一词作一说明。"控制"这个概念在相关著述里都有使用，例如庞德所著《通过法律的社会控制》[②]、许德风所著《住房租赁合同的社会控制》[③]、宋丽敏所著《住

[①] 梁慧星：《从近代民法到现代民法——二十世纪民法回顾》，《中外法学》1997年第2期。

[②] 参见[美]罗斯科·庞德《通过法律的社会控制》，沈宗灵译，楼邦彦校，商务印书馆2008年版。

[③] 许德风：《住房租赁合同的社会控制》，《中国社会科学》2009年第3期。

房租赁合同的社会控制研究——兼与许德风博士商榷》[1]、班健波和黄茂钦所著《论房屋租赁的社会控制》[2]、黄曦所著《融资租赁中的风险控制》[3]、胡晓媛所著《融资租赁出租人风险承担及其控制》[4]，等等，而这些仅仅是冰山一角。"控制"这个概念应用之广泛，已经不专属于法学、经济学、管理学甚至整个社会科学。"控制"字面意思是指掌握住对象不使其任意活动或超出范围，或者使其按照控制者的意愿活动。对于住房租赁来说，控制的方法有法律、经济、行政管理等多种方式，而就法律控制方法来说，还有公法控制和私法控制。可以看出，控制这个词的适用范围要远远大于管制。本书在之后的论述中，在尚未厘清公法管制或是私法管制的场合，将概括地使用"控制"这个词作为权宜之表述。

第二节 契约自由与契约管制的历史演进

一 契约自由的兴起

契约自由一直是私法最重要的理念、精神和原则，契约自由原则的确立，对近代民法的发展甚至经济、社会的发展和进步都起到了巨大的推动作用。契约自由理念最早可以追溯到罗马法。罗马法中构筑契约自由的基本内容是形式自由和意思自由，这种摆脱契约形式主义的传统以及对个人意思的充分尊重等思想即使到现在也仍然焕发着其不朽的生命力。但是由于当时欧洲还处于奴隶制社会时期，私法主体受宗法等级和人身依附关系的约束，加之当时自给自足的自然经济难以形成商品交换，所以罗马法还不具备形成现代契约自由原则的完备条件。

伴随着漫长中世纪里教会法的传统，契约自由原则缓慢地发展着。契约自由原则得以在近代飞速发展，源于当时的经济、政治和思想理论

---

[1] 宋丽敏：《住房租赁合同的社会控制研究——兼与许德风博士商榷》，《东方法学》2011年第4期。

[2] 班健波、黄茂钦：《论房屋租赁的社会控制》，载刘云生主编《中国不动产法研究》第7卷，法律出版社2012年版，第72—84页。

[3] 黄曦：《融资租赁中的风险控制》，《法学》2012年第7期。

[4] 胡晓媛：《融资租赁出租人风险承担及其控制》，《法学》2011年第1期。

条件：

第一是经济基础。18、19世纪，西方的工业革命极大地促进了生产力的发展，工场手工业逐渐进入机器工业阶段。工业革命的蓬勃发展带动了工业生产部门的形成和社会分工，资本主义国家之间开始了经济交往，自由贸易随之扩大。西方主要国家开始了市场经济。当时的市场经济是一个自由竞争的经济，自由竞争的市场要求市场主体能够平等、自主地进行交易，这就要求人们脱离一切封建等级特权的限制。契约自由赋予了经济主体自主、平等的权利，正好符合了人们当时对自己经济地位的法律要求。正如劳伦斯·弗里德曼所言："古典的抽象契约法是现实主义的。与当时的社会相适应……与自由的市场大致吻合。很明显，契约法巧妙地配合了19世纪自由经济的发展……都把其当事人当作个体经济单位看待，他们在理论上都享有完全的自主权和自由决定权。"①

第二是政治环境。随着17、18世纪资产阶级革命的胜利，一批资产阶级国家纷纷建立。人们从封建社会的等级特权束缚中解放出来。新型的资产阶级建立起一批资产阶级国家，同时为了巩固革命的胜利果实、发展生产力的需要，代表先进生产力的资产阶级按照社会契约理论，建立了代议民主政体。社会契约理论认为每个人对于自由和财产都拥有与生俱来的权利，但是，作为单个的个体而言，并不能通过自身的能力来保障这些自由和财产的安全。因此，如果要捍卫自己的权利，就应该形成一个合同，组建政府和国家，由其代表人民行使控制权。这个政府就是代议制政府。社会契约理论将国家和政府产生的法律依据归为人民自愿订立的社会契约，把遵守社会契约和保障人民的自由权利作为国家义不容辞的责任。国家如果否定契约自由，就是一种"违约行为"，也就意味着国家否定自己存在的法律基础。② 因此，在代议制政府中，政府的责任就是捍卫契约自由赋予人民的自由权利，代议制政体也是作为契约自由的政治保证而存在。

第三是理论基础。(1) 古典自然法学的形成及影响。古典自然法学于17、18世纪在反对封建主义的启蒙运动中得以成立，它最根本的特

---

① [美] 弗里德曼：《美国契约法》，转引自 [美] 格兰特·吉尔莫《契约的死亡》，曹士兵等译，中国法制出版社2005年版，第6页。

② 姚新华：《契约自由论》，《比较法研究》1997年第1期。

点在于它是理性主义的。① 自然法学家认为契约行为就是人类在理性指导下作出的正确选择，而这种理性也是在一种自由状态下作出的，因此契约自由就是人类理性发展的产物；古典自然法还提倡个人主义，尊重个人的自由意志、平等和权力，而契约自由恰恰要求人与人之间必须是平等的，因为任何不平等就意味着某些人拥有损害别人的特权，因而被损害的人是不自由的，每一个人只有在平等的条件下才有可能享受到自由。此外，契约自由需要人们在进行市场行为时具备自由意志和权利观念，而古典自然法学就倡导"天赋人权""私有财产不可剥夺"等理念，这些理念正好与契约自由的要求相一致。（2）人文主义精神的影响。人文主义是在文艺复兴时期、新兴资产阶级反对封建教会的斗争中形成的。人文主义强调以人为本，提倡个性解放，追求自由平等；人文主义肯定人的自由意志、人的平等和人的权利，反对君主专制主义②；人文主义希望把人们从宗教神学的枷锁中解放出来，唤醒人们的个人意识，而这也是契约自由所要求的。契约自由原则随后在市场上确立的平等、自由、权利等观念正是人文主义精神逻辑演进的结果。（3）自由主义经济理论的影响。16世纪开始，随着资本主义的发展，资产阶级在经济上要求摆脱限制、实现自由竞争的呼声愈见高涨。与此同时，古典自由主义经济理论诞生。该理论的代表人物亚当·斯密提出"经济人"的假设，他认为市场主体就是"经济人"，"经济人"基于对自身利益的关怀和追求，自己会理性调整自己的经济行为，并且这种调整会自发地保护经济的平衡。同时，社会整体利益是社会中所有人个别利益的总和，人们在按照自己的意愿自由追求个人利益的同时，客观上也使社会整体利益得以增长。③ 亚当·斯密认为这种经济上的自发调节是一只看不见的手，它可以自发地调节经济，政府和国家不应过多地限制和约束，而应当仅仅作为保护者和看守人，任由经济自己发展。这就是自由主义经济学说。契约自由正是这种学说在法律上的反映，它体现了自由竞争时期资本主义生产关系的必然要求。④

---

① 苏号朋：《论契约自由兴起的历史背景及其价值》，《法律科学》1999年第5期。
② 姚新华：《契约自由论》，《比较法研究》1997年第1期。
③ 尹田：《法国现代合同法——契约自由与社会公正的冲突与平衡》，法律出版社2009年版，第26—27页。
④ 苏号朋：《论契约自由兴起的历史背景及其价值》，《法律科学》1999年第5期。

综上所述，由于合同自由原则处处体现着法的人文主义关怀，天然地蕴含着人们天性中所尊崇和希冀的自由、平等、安全、反抗压迫等美好的东西，替人们传达了对等级特权的憎恨，赋予人们经济理性人地位的信任和假设，一时间合同自由等同于正义，被公众广为推崇。于是，孕育着契约自由理念的经济规则带领西方社会创造了经济的辉煌，到了19世纪下半期，契约自由原则也迈入其最辉煌的时期。

二 契约自由的衰落

进入20世纪，随着西方资本主义国家从自由经济阶段向垄断经济阶段过渡，契约自由也逐渐反映出不适性，慢慢地走向衰落，其衰落的具体原因如下：

首先，契约自由赖以存在的经济、政治和思想理论基础开始松动。19世纪末20世纪初，自由放任资本主义在迅猛发展中积累下来的病症开始爆发：一方面，经济无序的发展形成了垄断，而垄断又反过来严重阻碍了市场经济的进一步发展。从1825年英国发生第一次经济危机之后，资本主义国家开始爆发周期性的经济危机。经济上接二连三的打击，使人们开始反思纯粹的契约自治是否符合市场经济发展的要求。另一方面，资本主义在完成原始积累之后，市场主体也在发生变化，以前的主体是个人，现在的主体演变为公司、企业或垄断组织，这些主体占有社会绝对多数的财富，在市场交易中占据绝对优势，使得资产阶级和无产阶级的贫富差距急剧拉大，双方矛盾加剧，不公平现象比比皆是。垄断资本主义的发展，使得劳动者与雇主、大企业与消费者、出租人与承租人之间力量对比悬殊，而在先前契约自由环境下得以实现的"契约正义"遭受到挑战，契约自由所追求的公平正义也徒具形式意义，资本主义国家开始广泛质疑自由主义和私法自治。梁慧星先生认为，由于作为民法前提条件的互换性和对等性已经消失，民法的理念也从形式正义向实质正义转变。[①] 于是，立法者、法官、学者等开始正视市场主体间在社会、经济等方面力量的变化，逐渐抛弃形式正义而向实质正义转变，人们开始对亚当·斯密的经济自由主义思想产生怀疑，凯恩斯的国家干预经济学说受到人们的重视，契约自由所赖以存在的基础也发生了变化。

---

① 梁慧星：《从近代民法到现代民法——二十世纪民法回顾》，《中外法学》1997年第2期。

其次，契约自由本身的理论假设也存在缺陷。契约自由原则形成于自由资本主义高度发展时期，其所依赖的理论假设有两点：(1) 主体地位平等。即市场上的每一个主体都可以平等地表达自己的意愿。(2) 完全自由市场。完全自由市场的条件为：第一，契约严格的相对性，即契约不涉及除当事人之外的任何第三人的利益；第二，充分的信息，即在完全竞争的市场中，当事人了解所有有关缔约的信息；第三，有足够选择的缔约相对人，以排除垄断。① 比照这两个理论假设，我们发现其存在以下问题：(1) 对于"主体地位平等"假设而言，19世纪的自由资本主义时期，市场主体的平等还是较为普遍的，但这种平等是资产阶级宣扬的"天赋人权"的平等，并非契约场合下市场主体平等表达意愿的权利，尤其是到了自由资本主义后期垄断开始形成的时候，由于贫富悬殊，市场主体的经济社会地位发生很大变化，在契约关系中平等协商的能力自然也拉开差距。(2) 对于"完全竞争市场"的假设，在早期的较为简单的资本主义自由经济时期，市场状况比较简单，这些条件可能会达到，但是到了垄断时期，市场变得异常复杂，社会分工的加剧使契约不涉及第三人的情况变得不可能，市场的交错关系使信息的获取变得异常艰难，行业垄断导致一些领域难以找到多余的相对人。总之，契约自由的理论假设在当时的市场状况下已经变得不太实际。

综上所述，契约自由和放任主义的经济政策已不能适应高度发达的资本主义垄断经济的发展。契约自由必然要受到限制，原本盛行一时的契约自由逐渐走向衰落。近代契约自由衰落的表现，就是对契约自由进行立法上和司法上的限制和干预。比如在劳动法中对劳动契约的缔结、条件、解除等方面作出规制以保护劳动者；在保护消费者的立法中，对消费者与经营者缔约能力的矫正、对格式合同的立法干预等；在司法审判中创设诚实信用原则、情事变更原则、契约解释规则等判例规则以追求实质正义等。② 正如弗里德曼所说的：现代契约法的这种重要变化所产生的原因不是来自契约法的内部，而是由于公共政策对契约法律关系的影响所造成，劳动法、反托拉斯法、保险法、

---

① 晏芳：《以实质公平理念规制契约自由——以格式合同为例证》，《西南政法大学学报》2014年第4期。

② 李永军：《合同法》，法律出版社2005年版，第62—72页。

商业规则和社会福利立法等特殊公共政策的发展，把以前属于"契约法"调整的许多交易行为，划归于特殊公共政策的调整范围里。① 伴随着经济法、社会法以及福利国家理论的发展，契约法的范围越来越受到挤压，而且即使在原有契约法的领地内，契约自由的理念也受到冲击，国家和政府运用法律对缔约自由、契约内容的自由加以限制，契约自由理论与经济放任主义理论走向衰落。

三　契约管制的崛起

契约管制的崛起与契约自由的衰落是并立而行的，本书在这里将从私法的角度来阐述契约自由衰落之时契约管制之表现。②

以罗马法为传统的私法理论强调私法和公法泾渭分明，在私法领域内，国家和政府所掌管的公权力不得干预私人的事务，只能消极地确认和保护私法权利。传统私法的内在核心是倡导权利本位的人文主义精神。这种权利本位意识在契约法中的表现就是契约自由的思想，其包括两方面的含义：契约是当事人相互之间协议的结果；契约是自由选择的结果。③ 也就是说，在契约自由的领域里，契约完全是当事人运用自己权利相互同意和自由选择的结果，任何其他人不能干涉。这就是契约自由在兴盛时期的表现。现代法的发展，逐渐出现了反人文的趋势，"国家在私法领域内强行推行以形式主义为代表的国家和社会价值判断"④。反人文趋势影响下，以个人权利为本位的私权神圣已然不是私法中对当事人行为要求中绝对的判断标准，国家和社会价值也逐渐成为对当事人行为要求的价值判断标准，并且呈蔓延的趋势。个人利益不再是唯一的判断标准，国家利益、公共利益和社会利益成为考量的附加因素。公权力基于这三项利益的需要，可以对私权利进行制约。具体到契约领域，则是对当事人的契约自由进行限制。本书在这里，将对契约管制崛起的历程进行多角度的描述：第一，从

---

① ［美］弗里德曼：《美国契约法》，转引自［美］格兰特·吉尔莫《契约的死亡》，曹士兵等译，中国法制出版社2005年版，第6—7页。

② 在有些学者的著述里，契约管制在这个场合也被称作契约限制，为了配合本书住房租赁契约管制的论题，本书在这里将契约限制称为契约管制。

③ ［英］P. S. 阿蒂亚：《合同法概论》，程正康等译，法律出版社1982年版，第5页。

④ 李永军：《私法中的人文主义及其衰落》，《中国法学》2002年第4期。

合同法的角度来展示契约管制崛起的历程；第二，从部门法实践的角度来展示契约管制崛起的历程。

（一）契约管制在合同法中的演进

1. 对缔约形式方面的契约自由之限制

第一，格式契约的出现。随着经济贸易的发展扩大和商业交往的频繁，传统一对一签订合同的方式反映出经济效率低下、交易成本高的问题。人们需要一种能够提高经济效率、减少交易成本的缔约方式，格式契约在此背景下产生。格式契约是指契约内容由契约一方事先拟订好，缔约相对人只需要认可契约内容而此契约即告成立的合同。格式契约可以反复、规模化适用，这种缔约方式使传统方式发生变化。格式契约产生之时主要应用于一些公用事业领域，比如铁路、公路、电力、邮电等，后来，格式合同逐渐适用于银行、保险等金融领域，这些行业部门交易量大，传统缔约方式无法满足其需求。但是格式合同在提高效率、限制契约自由的同时，也可能对契约的公平正义带来损害。由于适用行业的特殊性，拟订格式合同的一方往往是法人甚至是垄断行业的法人，处于强势地位。这些行业部门事先拟订好格式合同，缔约相对人即消费者没有与其协议和商量的机会。契约中有关双方权利义务以及免责条款等内容往往对于消费者非常不公平，甚至有些专业知识和名词，消费者也不甚了解。因此，很多国家通过立法对格式契约或条款进行限制，比如对格式条款做有利于缔约相对人的解释、法律强制格式契约中必须具备保护相对人的默示条款、格式条款必须经过有权部门审核等。

第二，缔约形式主义的产生。传统私法按照契约自由原则，当事人订立契约时只要双方意思表达一致，契约即告成立；如果对订立契约的形式加以强制要求，即视为对契约自由原则的触犯。因此，各国民法对于订立契约的立法都有重内容轻形式的现象。可是这种过于随意的契约订立方式又会影响交易安全。所以，现代民法普遍对于契约的法定方式、成立生效条件作了特殊要求。比如英国的《欺诈行为法》（1677年）就规定只有采取书面形式订立并经当事人签字的协议或约定才能提起诉讼，我国《合同法》第10条、第44条、第197条、第238条和第270条等对于合同的订立方式、成立生效条件等所作规定就属此类。① 缔约形式主义的产生和发展，主要是为了维护交易的安全。由于特定契约关系中有时会涉及重大财产或利益，而且现代社会信息非常庞杂，契约当事人在缔约过程中即使非常小心，也很难获取关于契约的详细信息，因此，通过对缔约形式的硬性要求，一方面可以维护交易安全，另一方面可以鼓励契约当事人以法律方式维护自身利益。

2. 对缔约内容方面的契约自由之限制

第一，强制缔约制度的适用。所谓强制缔约，是指个人或企业负有应相对人的请求，与其订立契约的义务。② 即对于相对人请求订立合同的要约，非有正当理由不得拒绝。通常情况下，依照契约自由订立的合同不会给当事人带来不利后果。但在特殊情形下，如果任由当事人行使合同上的自由权利，会发生与契约自由内在价值完全背离的后果。比如供水、供电、供气等关系国计民生的公用企业如果拒绝和相对人缔结合同并为其提供服务，后者就别无选择。因此，基于公共利益的考虑，要以法律的直接规定或政府行为来取代当事人的意思，使其负有强制缔约义务。即对于相对人的要约，负有强制缔约义务的企业没有正当理由不得拒绝承诺。③ 强制性缔约义务的规定，要么对当事人订立契约的自由进行限制，要么对当事人选择相对人的自由进行限制。但不会完全对两方面都进行限定，即"仍然没有完全以法律替代当事人之间的意思表示，当事人之间的意志仍然在一定范围内起作用，故契约自由仍有适用的余地"④。

---

① 《合同法》第10条：当事人订立合同，有书面形式、口头形式和其他形式。法律、行政法规规定采用书面形式的，应当采用书面形式。当事人约定采用书面形式的，应当采用书面形式。

第44条：依法成立的合同，自成立时生效。法律、行政法规规定应当办理批准、登记等手续生效的，依照其规定。

第197条：借款合同采用书面形式，但自然人之间借款另有约定的除外。借款合同的内容包括借款种类、币种、用途、数额、利率、期限和还款方式等条款。

第238条：融资租赁合同的内容包括租赁物名称、数量、规格、技术性能、检验方法、租赁期限、租金构成及其支付期限和方式、币种、租赁期间届满租赁物的归属等条款。融资租赁合同应当采用书面形式。

第270条：建设工程合同应当采用书面形式。

② 王泽鉴：《债法原理》（第一册），中国政法大学出版社2001年版，第77页。

③ 姚新华：《契约自由论》，《比较法研究》1997年第1期。

④ 李永军：《合同法》，法律出版社2010年版，第51页。

第二，诚实信用原则的确立。诚实信用原则在现代民法中被称为"帝王条款"或"一般条款"，即要求民事关系当事人在交易中严格履行承诺、诚实不欺。对于契约关系来说，则要求契约关系人在缔结契约时根据现实条件诚实承诺，契约缔结后自觉履行契约。诚实信用原则是一个抽象的、"在很大程度上不确定、意义有待充实的概念"[1]，理论界对其具体内容也探讨不一，但对其功能的论述基本形成普遍观点：一是造法的功能。现实中的事物千变万化，当已经存在的制定法不能解决新问题时，诚实信用原则能够承担一定的创造新法的功能。二是衡平功能。现实生活中有时依据制定法难以达到实质公平，诚实信用原则使某些活动依据制定法以外的根据进行调整，以此实现公平正义。三是修正法律的功能。法的滞后性和有限性必然会导致具体制定法存在遗漏和矛盾，诚实信用原则作为一项法律原则，可以起到弥补法律漏洞、修正法律不足的作用，以此实现法律目的。诚实信用原则的确立要求民事活动当事人在行使自己权利时不得损害他人的利益，要力求达到个人、他人和社会三者利益的平衡。这项原则的确立，"标志着个人本位向社会本位的转化，契约法从形式正义向实质正义的转化"[2]，作为契约正义的实现手段，有其存在的价值。

第三，情势变更原则的适用。契约自由原则要求契约成立后，任何客观异常变动都不能阻碍契约的效力，不能成为当事人未严格履行契约、实现契约权利义务的理由，这就是契约必须严格遵守原则。在这一原则影响下，近代各国民法典都没有直接规定情势变更原则。但是，由于现代社会生活的巨变，人们要在缔结契约时就预见到未来可能会发生的所有事情并将处理方式写入契约中，显然是难以办到的。然而一旦情势发生变更，当事人在缔结契约时没有预见到的事由发生，且这一事由不可归责于当事人，如果严格按照契约必守原则，必然会损及当事人的利益，这就使契约自由与契约正义两种价值之间发生了矛盾。因为基于不可归责于契约当事人的事由而要由此当事人承担不利的后果显然是违背正义原则的。为了保护当事人的利益，法律确定了情势变更原则。西方国家最早在14世纪后期将情势变更原则确立为一项基本制度，但是之后对于情势变更原则的过

---

[1] [德]海尔穆特·库勒尔：《〈德国民法典〉的过去与现在》，孙宪忠译，载梁慧星主编《民商法论丛》第2卷，法律出版社1994年版，第217—249页。

[2] 李永军：《合同法》，法律出版社2010年版，第59页。

度援引危及法律秩序，理论界、执政者逐渐降低了对情势变更原则的关注程度。第二次世界大战后，由于战争期间飞涨的物价，致使很多合同发生履行不能或者即使履行也有违公正的状况，西方各国面临众多合同纠纷难以解决的困境。在这种情况下，大陆法系的德国最早在合同审判实践中确立了情势变更原则。情势变更原则在合同法中的确立，说明国家权力已经开始介入市民生活，也是对市民社会私法自治和契约自由的干涉。

第四，客观解释原则的适用。古典契约法理论认为，根据契约自由的规定条件，在契约中对权利义务关系的建立起决定作用的应当是契约当事人的意思，所以法律要求法官在解释契约时，应当以当事人的客观真实意思为原则来进行法律解释。然而，19世纪以来，随着价值理念由个人为中心向社会为中心转变，加之保障交易安全和维护社会正义的需要，国家在对契约内容进行解释的时候开始采用客观解释原则。大陆法系和英美法系对契约都采取了客观公正解释原则。法国的法官在解释合同时，往往将自己所希望的法律效果强加于合同之上，而并不刻意关注合同当事人的真实意图。即使当事人在合同中的意思表达得比较模糊、欠缺，法官也是推定当事人希望订立一个公正的、符合社会利益的合同，以此对合同进行解释。英美法系关于契约内容的客观解释原则理论的发展经历了两个时期。古典合同时代的末期，对契约内容的客观解释原则在英美法律界已经基本达成了共识。在当时，法官认为自己没有权利通过法律解释为当事人制定合同，他们尝试用合同法的规则反映当事人的意图，"依靠采用这种方法，法院感觉他们不是强加规则于当事人，而只是明示当事人自己已选择做某事的暗示"[1]。而对于现代合同法，完全的合同自由已不存在，法官开始"承认合同纠纷的解决方法有时是强加于当事人的"[2]。对于这一时期契约内容的客观解释原则的理解，阿狄亚认为"法院最终强加的解决方法实质上不是基于当事人的意向，而只是基于一个像任何其他法律规则一样的法律规则"[3]。总结英美法系对契约内容的客观解释原则，就是"用

---

[1] ［英］P. S. 阿狄亚：《合同法导论》（第五版），赵旭东等译，法律出版社2002年版，第10页。

[2] 李永军：《合同法》，法律出版社2010年版，第62页。

[3] ［英］P. S. 阿狄亚：《合同法导论》（第五版），赵旭东等译，法律出版社2002年版，第21页。

一个通情达理的人作为标准来解决模棱两可的问题"①。即判断当事人的内心意思表示时不需要探究、揣测当事人的真实想法，而是从一个理性人的角度通过当事人的语言和行为来判断其是否达成了协议。

从两大法系对契约内容的客观解释原则的发展变化来看，虽然两者对于合同进行客观解释所依据的"客观标准"有所不同，但是这一原则在两大法系契约法中占据了重要地位这一点上已经是不争的事实。

第五，契约中社会因素的加强。阿狄亚曾经指出："19世纪的后半期当事人意向的重要性已经开始减弱，并存在一定的法律技术原因。这些原因之一是法律正在向复杂化发展的简单事实。"② 阿狄亚的这段话说明当事人的意思自治正在受到限制，这种限制当然表现在合同法上。产生这种局面的原因不单单是法律方面的，而可能是法律和其他因素的结合，即法律正在向复杂化发展。那么，法律和什么因素结合会导致法律向复杂化发展呢？笔者以为，社会因素的加强是其中的一个原因。

契约中社会因素的加强突出表现在一些特别法上，如劳动法、住房租赁法、消费者保护法等方面。工业革命以来，一些社会关系发生了重大变化，产业工人成为一个新兴的社会阶层。"在劳动法领域中对契约自由的规制主要是在承认雇主和劳动者之间的地位差别的前提下，为保护劳动者的利益而对劳动契约的缔结、条件、契约的解除等作出的规制。"③ 为此，各国法律均规定，雇主在与劳动者签订劳动契约时，必须保障劳动者享有法律规定的工资待遇、工作时间、工作条件和劳动保护等内容。在签订劳动合同时，作为劳工代表的工会与企业主商议合同条款，这种以团体协议缔结劳动合同的方式被称为劳动契约的社会化。④ 在房屋租赁法方面，也经历了和劳动法一样的变化。为了保护处于弱势地位的承租人，很多国家

---

① 沈达明：《英美合同法引论》，对外贸易教育出版社1993年版，第52页。

② ［英］P.S.阿狄亚：《合同法导论》（第五版），赵旭东等译，法律出版社2002年版，第17—18页。

③ 李永军：《合同法》，法律出版社2010年版，第55页。

④ 为了使劳动契约体现契约正义，使劳动者获得的条件尽可能地代表其意愿，以济劳动契约之不足，劳动契约采取团体契约的方式缔结，称为劳动契约的社会化。在缔结时，由代表劳工一方的工会与企业主商谈各项条款。由于具有法人资格，又有众多的工人为后盾，在必要时还可组织工人行使罢工权，所以在谈判时，在地位上能与企业主抗衡。故团体劳动契约比个别磋商的劳动契约，更为充分地体现了劳动者利益，这也正是劳动契约社会化之正义所在。参见姚新华《契约自由论》，《比较法研究》1997年第1期。

出台法律，禁止房主随意提高租金或者限制房主提高租金的范围，并且限制房主任意终止合同的权利，甚至授权行政机关，强制房屋所有人或管理人订立房屋租赁合同，为需要住房的人安排住房。在保护消费者的立法方面，很多国家都注意到消费者在缔结合同时的劣势地位越来越明显，不能享有真正的缔约自由和公平正义，因此，为了保护消费者，各国纷纷出台保护消费者的立法对当事人的缔约能力予以矫正，以此干预契约订立过程，消除商品经营者和消费者之间因为社会地位、经济等方面的差别而造成的实质上的不平等。而对消费者缔约能力的矫正，则主要通过加重经营者的责任和义务来进行，例如规定了经营者的告知义务和加重的赔偿责任等。① 此外，有的国家如德国还制定了《反对限制竞争法》。在当时，有个别企业或企业联合以其经济上的优势地位获得了某个市场的支配或垄断地位，这些企业依仗其垄断地位排挤其他竞争者，甚至于将有些竞争者排挤出市场。企业的过度集中使得企业在平等环境下进行竞争成为不可能，这样，被排挤的市场竞争者就失去了竞争自由，失去竞争自由的企业显然也失去了契约自由。德国为了禁止这种垄断竞争现象，以民法和反对限制竞争法来阻止企业过分集中，防止垄断和卡特尔的形成，反对那些足以消除市场竞争的协议，禁止企业或者企业之间订立的通过限制竞争对市场产生影响的合同，以此维护以公平竞争为基础的市场经济的正常运行。

很多国家都注意到了古典契约法中当事人之间由于契约不自由而导致的缔约能力不平等的事实，这种现象不是单纯由法律问题造成的，而是有许多社会因素在里面，因而对于契约法的调整，除了私法自治、诚实信用原则、公平均衡原则以外，还加入了社会原则。"社会原则要求法律给那些依赖于订立合同，但由于经济实力弱或缺乏业务经验而无法以特有方式充分地维护自身利益的人提供法律保护。……今天，个人在经济上的保障，与其说依靠自己的努力以及由他们自己采取的预防措施，更多地靠的是某个集体、国家或社会保险公司所提供的给付。因此，对许多人来说，私法规则的意义已没有'社会法'规则的意义大了。"② 总之，无论是社会因素还是社会原则，都是注意到了契约关系中社会因素对当事人中弱势

---

① 李永军：《合同法》，法律出版社2010年版，第56—57页。
② [德]卡尔·拉伦茨：《德国民法通论》（上），王晓晔、邵建东等译，法律出版社2003年版，第69—71页。

一方契约自由能力的影响,从而在法律中加以社会因素和社会原则的矫正,表面上是对当事人契约形式自由的管制,实质上提升了弱势一方当事人的实质契约自由。

以上是契约管制在合同法中的演进过程,而这一过程反映了契约管制崛起的一个方面。以下,本书将从部门法实践的角度对契约管制的崛起展开论述。

(二) 契约管制在部门法中实践的演进

对住房租赁由国家进行管制在国外的实践中已经较为普遍,但是对住房租赁合同进行管制的理论体系还未形成。对于大陆法系和英美法系中较为普遍的买卖不破租赁至今未有一个较合理的解释,一般只认为出于对弱势一方承租人的保护对出租人进行限制,而这种限制是由谁作出的?其内在的逻辑是什么?似乎没有一个确定的答案。但是,国内外在其他领域对契约进行管制的实践早已开始,我们不妨对契约管制在国内外部门法中演进的过程进行梳理,以探索在住房租赁领域进行契约管制的可行性。

1. 契约管制在国外部门法中实践的演进

资本主义发展到垄断阶段,垄断企业主导着市场,掌握着市场定价权,市场有脱离价格机制自由配置的危险。垄断企业个体追逐个人利益最大化的目标和社会整体福利之间产生冲突。为了防止垄断企业随意定价而导致市场失灵,发达资本主义国家在一些关系国计民生的公用事业领域,如自来水、电业、铁路、公路、天然气等部门进行了契约管制。因为这些部门所提供的产品与人民生活息息相关,而供货企业如果以选择相对人为由拒绝为某些消费者提供服务,那将对消费者极为不利。于是,为了保护消费者权益,政府制定了强制缔约义务的立法,"以法律的直接规定或政府的行为来取代当事人的意思,使其负有强制缔约的义务"[1]。"对相对人的要约,非有正当理由不得拒绝承诺。"[2] 19 世纪初,英国在能源、自来水等领域采取合同管制,由政府和企业签订合同并赋予企业某些特殊权利。但是作为权利交换,政府要对企业进行价格、质量、成本等方面的管制。由于 20 世纪垄断经济的进一步发展带来社会经济变化,发达国家在

---

[1] 姚新华:《契约自由论》,《比较法研究》1997 年第 1 期。
[2] 王泽鉴:《债法原理》(第一册),中国政法大学出版社 2001 年版,第 77 页。

公用事业领域的合同管制已经非常普遍，比如美国在20世纪30年代开始对天然气领域进行合同管制。一方面赋予这些企业经营的权利，另一方面在价格、强制缔约等方面进行限制。

资本主义国家合同管制的后续推进主要反映在向其他领域的拓展上，拉伦茨认为，现代民法除了强调对居民中的社会弱者进行保护，还更加注重一种社会因素，除了私法自治、信赖保护、均衡与公平原则之外，还在适用一种社会原则，即法律应该给那些无法以特有方式维护自身利益的弱势群体在订立合同时提供法律保护。[①] 如合同管制向劳动法和消费者权益保障领域的拓展。在劳动法领域，人们开始意识到雇主与劳动者在社会经济地位等方面存在差别，出于保护弱势地位的劳动者的需要，在劳动合同的缔结、条件、契约的解除等方面作出特别的规制。当时，劳动者们联合起来组成工会，工会通过各种方法为劳动者争取更好的劳动条件和工资，同时，工会还与雇主或雇主协会签订劳资协定，"劳资协定对所有适用这些协定的劳动关系而言都是有拘束力的规范。在单个的劳动合同中对这些规范所作的变更，必须在有利于雇工利益的情况下才有效，否则无效"[②]。这个被称为劳动契约的社会化。法律还赋予雇工其他受保护的权利，如即使生病休假时还能继续享受工资待遇，妇女怀孕时可以享受特殊照顾，有些大企业的雇工还可以享受解雇保护等，这又体现为一种社会福利原则。总之，劳动法领域的合同已经不似传统领域内的合同，其体现的社会原则反映了对合同的管制。在消费者权益保护方面，为保护处于弱势地位的消费者，各国纷纷通过立法来矫正消费者与商家之间关系的不平衡，对消费领域内出现的格式合同进行立法干预。比如强调经营者的告知义务、加重其赔偿责任，通过这种方式加重其责任，来矫正消费者和经营者之间缔约能力的不平等。此外，在消费者权益保障领域，还出现了对格式合同的立法干预。按照严格意义上的契约自由原则，当事人的合意是合同成立的唯一条件，不必在形式上苛求。但是到了现代合同法发展阶段，为了保护交易安全以及消费者的利益，各国开始对合同的订立形式提出很多要求。并

[①] [德]卡尔·拉伦茨：《德国民法通论》（上册），王晓晔、邵建东等译，法律出版社2003年版，第69页。

[②] 同上书，第73—74页。

且，按照合同规则，没有合同就没有义务，即使有义务也不是合同法上的义务。① 但是，为了保障消费者，国家对消费领域内的合同以诚实信用原则为依据，对合同义务进行了扩张。"义务的扩张也相当于强加义务给不愿接受它们的当事人"。② 通过义务扩张，政府强制商家履行通知、协助、保密等义务。英国由于认为在电子资金划拨合同中，一些条款对消费者不公平，于是出台了一些对其进行管制的制定法，比如1973年《货物提供（默示条款）法》、1974年《消费信用法》和1977年《不公平合同条款法》等有关保护消费者的法律。③ 由此可见，在劳动法和消费者保护法领域，也出现了契约管制。需要补充的是，在英国，这种对于合同的管制在住房租赁领域也非常普遍。20世纪50年代，英国法律规定，在某些情况下，住房租赁交易之前应当赋予承租人一个特权，即旧的合同期满后，有权要求订立一个新的合同。1985年英国《房产法》规定：市政会有义务将其房屋卖给答应某些简单条件的市政会的承租人。非但如此，这种对房东进行限制的趋势还在不断加强。1993年通过的《租赁改革、房屋和城市发展法》规定：某些情况下即使房东不同意，承租人也可买下租赁的房屋。④ 可见，对契约的管制也逐渐扩及住房租赁领域。

2. 契约管制在我国部门法中实践的演进

我国对于契约管制的法律实践早已有之。我国原《涉外经济合同法》就规定在订立涉外经济合同时，必须遵守我国法律，并不得损害我国的社会公共利益。⑤ 根据该条规定，当事人在订立涉外经济合同时，必须遵守相关的合同管制立法，如海关法、税法、外汇管理法、外贸管理法等，无论这一合同适用的是国内法律，还是国外法律，国内合同管制立法均对其

---

① 李永军：《合同法》，法律出版社2005年版，第67页。

② ［英］P. S. 阿狄亚：《合同法导论》（第五版），赵旭东等译，法律出版社2002年版，第24页。

③ 刘颖：《英国对消费者电子资金划拨不公平合同条款的管制》，《商业研究》2002年第24期。

④ ［英］P. S. 阿狄亚：《合同法导论》（第五版），赵旭东等译，法律出版社2002年版，第22页。

⑤ 《涉外经济合同法》于1985年3月21日颁布，1985年7月1日开始实施，1999年10月1日失效。其中第4条规定：订立合同，必须遵守中华人民共和国法律，并不得损害中华人民共和国的社会公共利益。

具有强制约束力。《涉外经济合同法》的这个规定，是一个典型的合同管制规范。改革开放以来，我国在自来水、电力、交通、天然气、道路、园林绿化、垃圾处理等几乎所有公用事业领域进行市场化改革，由以前计划经济条件下政府命令性管制向合同管制转变。在我国立法中规定的适用于格式条款的规则，也是契约管制的一个主要现象：如1993年《消费者权益保护法》第24条[①]，2013年《消费者权益保护法》第26条[②]，1995年《保险法》第16条、第17条[③]，2009年《保险法》第17条[④]，《合同法》

[①] 1993年《消费者权益保护法》第24条：经营者不得以格式合同、通知、声明、店堂告示等方式作出对消费者不公平、不合理的规定，或者减轻、免除其损害消费者合法权益应当承担的民事责任。格式合同、通知、声明、店堂告示等含有前款所列内容的，其内容无效。

[②] 2013年《消费者权益保护法》第26条：经营者在经营活动中使用格式条款的，应当以显著方式提请消费者注意商品或者服务的数量和质量、价款或者费用、履行期限和方式、安全注意事项和风险警示、售后服务、民事责任等与消费者有重大利害关系的内容，并按照消费者的要求予以说明。经营者不得以格式条款、通知、声明、店堂告示等方式，作出排除或者限制消费者权利、减轻或者免除经营者责任、加重消费者责任等对消费者不公平、不合理的规定，不得利用格式条款并借助技术手段强制交易。格式条款、通知、声明、店堂告示等含有前款所列内容的，其内容无效。

[③] 1995年《保险法》第16条：订立保险合同，保险人应当向投保人说明保险合同的条款内容，并可以就保险标的或者被保险人的有关情况提出询问，投保人应当如实告知。投保人故意隐瞒事实，不履行如实告知义务的，或者因过失未履行如实告知义务，足以影响保险人决定是否同意承保或者提高保险费率的，保险人有权解除保险合同。投保人故意不履行如实告知义务的，保险人对于保险合同解除前发生的保险事故，不承担赔偿或者给付保险金的责任，并不退还保险费。投保人因过失未履行如实告知义务，对保险事故的发生有严重影响的，保险人对于保险合同解除前发生的保险事故，不承担赔偿或者给付保险金的责任，但可以退还保险费。保险事故是指保险合同约定的保险责任范围内的事故。
第17条：保险合同中规定关于保险人责任免除条款的，保险人在订立保险合同时应当向投保人明确说明，未明确说明的，该条款不产生效力。

[④] 2009年《保险法》第17条：订立保险合同，采用保险人提供的格式条款的，保险人向投保人提供的投保单应当附格式条款，保险人应当向投保人说明合同的内容。对保险合同中免除保险人责任的条款，保险人在订立合同时应当在投保单、保险单或者其他保险凭证上作出足以引起投保人注意的提示，并对该条款的内容以书面或者口头形式向投保人作出明确说明；未作提示或者明确说明的，该条款不产生效力。

第39条、第40条、第41条①，此外，《旅游法》《反不正当竞争法》和《反垄断法》中都有关于格式合同条款的规则规定，这些对格式条款的规制也是契约管制的另一个表现。此外，我国《劳动法》第1条把保护劳动者的合法权益作为《劳动法》的目标之一，反映了我国《劳动法》对处于弱势一方的劳动者倾斜、对弱者给予强于强者的关怀，这也反映了《劳动法》的社会化趋势，而这种社会化使之前建立在形式平等条件下的雇佣契约演变为劳动契约。我国《合同法》第42条、第58条规定的被认为是违反前合同义务的有关合同订立过程中的赔偿责任、合同无效或者被撤销后的赔偿责任等，第92条规定的当事人根据诚实信用原则和交易习惯履行通知、协助、保密等后合同义务属于契约义务的扩张范畴，也是对契约进行管制的一种方式。②③

学者徐崇利将合同管制的立法分为两大类：一类是具有明显"公法"性质的专门立法，比如税法、外汇管制法、反托拉斯法等；另一类是"半公法半私法"性质的立法，这些立法都是传统合同公法化的产物，即私法公法化，比如那些最低免责条件、最低工资标准等方面的条款④，这些立

---

① 《合同法》第39条：采用格式条款订立合同的，提供格式条款的一方应当遵循公平原则确定当事人之间的权利和义务，并采取合理的方式提请对方注意免除或者限制其责任的条款，按照对方的要求，对该条款予以说明。格式条款是当事人为了重复使用而预先拟定，并在订立合同时未与对方协商的条款。

第40条：格式条款具有本法第五十二条和第五十三条规定情形的，或者提供格式条款一方免除其责任、加重对方责任、排除对方主要权利的，该条款无效。

第41条：对格式条款的理解发生争议的，应当按照通常理解予以解释。对格式条款有两种以上解释的，应当作出不利于提供格式条款一方的解释。格式条款和非格式条款不一致的，应当采用非格式条款。

② 《合同法》第42条：当事人在订立合同过程中有下列情形之一，给对方造成损失的，应当承担损害赔偿责任：（一）假借订立合同，恶意进行磋商；（二）故意隐瞒与订立合同有关的重要事实或者提供虚假情况；（三）有其他违背诚实信用原则的行为。

第58条：合同无效或被撤销后，因该合同取得的财产，应当予以返还；不能返还或者没有必要返还的，应当折价补偿。有过错的一方应当赔偿对方因此所受到的损失，双方都有过错的，应当各自承担相应的责任。

第92条：合同的权利义务终止后，当事人应当遵循诚实信用原则，根据交易习惯履行通知、协助、保密等义务。

③ 李永军：《合同法》，法律出版社2005年版，第67—68页。

④ 徐崇利：《试论涉外经济合同管制立法的适用问题》，《比较法研究》1993年第4期。

法具有社会法因素，或者体现政府利益和社会政策，或者保护合同关系中在经济社会地位上处于弱势一方的当事人利益，比如消费合同中的保护消费者利益、劳动合同中的保护雇工利益等。

综上所述，我国以往不仅存在契约管制立法的实践，而且这些契约管制立法也反映出一种社会因素和保护社会弱势群体的立法目的。这与当前我国住房租赁法律控制的立法目的是吻合的。因此，从比较法的角度看，将契约管制理念引入我国住房租赁合同领域，进行"私法公法化"的改革和创新，从立法经验、法律秩序的稳定、实现进路上看都是可行的。

第三节　据以对契约进行管制的理论依据

对于契约管制的产生和发展，除了适应经济发展的需求之外，其合理性有赖于理论背景的支撑，本书现从经济理论、法律理论、法哲学理论等多个方面对契约管制的理论支点进行分析。

一　经济学上的国家干预理论

19世纪末20世纪初自由资本主义向垄断资本主义转变，并初步形成了垄断资本主义。垄断资本主义条件下市场经济的格局已经不似先前自由经济下市场经济的格局，此时的市场经济主体由自由经济条件下的小业主、小手工业者等个体演变为企业、公司或垄断组织等强势主体，而且成为市场的主导力量。自由经济下市场主体的平等性在垄断经济下已经不复存在。主体差距的扩大、社会不公愈发明显，契约自由所追求的契约正义徒具形式。20世纪30年代爆发了席卷全球的经济危机，此前积聚的社会矛盾日益突出，完全竞争的理想状态模型被证明在当时的条件下是不可能实现的，因为垄断造成的贫富差距已经使主体地位平等的条件成为不可能。人们开始质疑亚当·斯密"看不见的手"的理论，并且亟须一种新的理论来取而代之。也就在此时，凯恩斯的经济干预学说受到人们的推崇。

凯恩斯反对正统的新古典经济学的理论。新古典经济学的理论要点有以下几个方面：（1）新古典经济学认为"供给创造需求"，即社会总供给总是等于社会总需求，不会发生生产过剩的危机。这就是著名的"萨伊定律"。(2) 市场可以自动调节经济使其趋向充分就业。(3) 利息率可以引导人们自动调节储蓄和投资,使货币市场总是处于均衡状态。(4) 工资可以调节劳动力市场的供给和需求,使其达到均衡状态。(5) 货币不会对社会的实际就业量和产量发生作用,但会对价格水平等名义变量产生作用,因而它是中性的。(6) 市场机制在充分竞争下能够自己发挥作用,使经济达到均衡状态。综上所述,政府应当对除货币供给以外的其他经济活动采取自由放任态度,不需要加以干预。总之,新古典经济学家认为,在完全自由竞争的市场中,资源配置基本通过市场自我调节就可以达到自我均衡,因此他们主张实行自由放任的经济自由主义,国家不需要对经济进行干预。

凯恩斯主义是在对新古典经济学理论的批判中建立起来的,凯恩斯以经济现实批判了"萨伊定律",提出"有效需求理论",即在现实市场经济条件下,国民收入主要受需求水平的制约。他认为,由于"资本边际效率""流动性偏好"和"边际消费倾向"这三大心理规律的作用,在正常情况下仅靠市场自动调节不足以使经济达到充分就业的均衡。因此,必须借助政府干预手段来弥补有效需求缺口,使供给和需求在社会最充分的水平上达到均衡,即达到充分就业的均衡。凯恩斯主义还认为,市场机制的自动调节不能始终有效发挥作用,为了弥补这一缺陷,应该抛弃新古典经济学所主张的自由放任原则,采取政府干预理论,实行扩张性的财政和货币政策,增加社会需求,提高就业和产出水平。[①]

由于 20 世纪 30 年代资本主义经济危机,使新古典经济学的市场自动调节理论和经济自由主义面临困境,凯恩斯主义适应垄断经济发展提出的国家干预经济政策受到西方资本主义国家的认同,并对西方资本主义国家的经济政策产生了深远影响。即使到了 20 世纪 70 年代之后,随着资本主义固有矛盾的加深,加之西方国家普遍陷入通货膨胀和经济衰退的经济困境,凯恩斯主义理论面临危机,西方经济学家提出"后凯恩斯主流经济学"(也称新古典综合派)和"后凯恩斯经济学"试图修补凯恩斯主义,但凯恩斯主义"国家干预经济"的核心观点并未发生根本变化。

凯恩斯主义产生的 20 世纪 30 年代,自由资本主义市场的"经济自由主义"理论和观念遭到质疑。同一时期的法学领域,由于私法自治和契约

[①] 王志伟:《现代西方经济学流派》,北京大学出版社 2002 年版,第 3—11 页。

自由带来的不公平现象越发明显，也引发了人们在政治和思想文化领域对私法自治和契约自由理念进行变革的需求。众所周知，契约自由原则是经济自由主义在法律上的表现，而契约自由原则在从自由资本主义向垄断资本主义过渡的过程中暴露出很多弊端，为了弥补契约自由主义的不足、矫正绝对契约自由下的社会不公平和不正义，经济领域内"国家干预"理念渗透于法律领域内，国家以公权力对契约自由进行限制，契约管制开始出现。从这个角度看，国家干预理论是契约管制在经济领域内的一个强有力的理论支点。

二 法理学上的法律父爱主义

（一）法律家长主义的内涵及特征

父爱主义（paternalism），国内许多学者的论著中将其称为家长主义。[1]"父爱主义"来自拉丁语，是指对待他人的方式就像父亲保护孩子免受伤害和危险那样，比如拉开孩子使其远离正在飞奔行驶的汽车，或是从悬崖边拉开孩子使其免受坠落的危险。按照这个比喻，国家不仅应该保护公民免受和别人冲突带来的危害，而且应该保护公民因为自己的行为带来的危害。[2] 杰拉尔德·德沃金（Gerald Dworkin）举出一个最典型的关于父爱主义的例子就是立法规定骑摩托的人必须佩戴头盔。[3] 传统上公民和政府之间的关系是公民对政府享有消极的防御性权利。公民自由权就是消极防御性权利，也就是国家不需要对公民的自由采取任何行动，即"个人排除国家介入私人领域，以确保个人自由决定于自由行动的权利"[4]。

---

[1] 将父爱主义称为家长主义的代表性论著主要有：1. 张文显：《二十世纪西方法哲学思潮研究》，法律出版社2006年版，第463页。2. 舒国滢：《权利的法哲学思考》，《政法论坛》1995年第3期。3. 孙莉：《德治与法治正当性分析——兼及中国与东南亚文化传统之检省》，《中国社会科学》2002年第6期。学者郭春镇基于概念内涵的考虑，将其称为"父爱主义"。参见郭春镇《法律父爱主义及其对基本权利的限制》，法律出版社2010年版。奴隶社会和封建社会就有家长制的家庭组织形式，但是在一般父权制社会中，父亲更能代表家庭的权威，父亲在这里是一个能够概括代表家庭权威的中性词。本文即采此称谓。

[2] John Hospers, "Libertarianism and Legal Paternalism", *The Journal of Libertarian Studies*, Vol. 4, No. 3, Summer 1980.

[3] Gerald Dworkin, "Paternalism", *The Monist*, Vol. 56, No. 1, January 1972.

[4] 唐忠民、王继春：《论公民基本权利限制的基本原则》，《西南大学学报》（人文社会科学版）2007年第2期。

一般来说，国家基于维护社会公共利益和国家安全的需要，可以对公民的自由进行限制，这也是国家对公民自由进行限制的基本理由。但是随着社会的发展变迁，人们在完全脱离于国家和社会的条件下难以过上满意的生活，由此产生公民希望政府行使某些特定行为的积极权利。因为权利与义务是对等的，所以政府在获得这些权利的同时必然要承担某些积极的义务，这使政府更加广泛地介入公民的生活，同时公民个人自由也受到国家的限制。国家不再是"守夜人"的身份，而更像是严厉而慈祥的家长或父亲那样，出于对公民的爱而限制他们的自由，这就是通常人们说的家长主义或父爱主义。法律父爱主义认为法律应当至少有时用那种使人们免受他们自己的行为所带来的不受欢迎后果的方法，要求人们为了他们自己的利益违背自己的意志去行动。①

基于父爱主义的伦理和法律上的讨论发轫于启蒙时期，西方学者普遍认为法律父爱主义即为了保护行为人利益的法律干预，也就是为了保护行为人的利益而干预行为人的行为。② 杰拉尔德·德沃金（Gerald Dworkin）将父爱主义描述为干扰一个人的行动自由，而这种干扰行为因为强制赋予某一个人福利、良善、快乐、需求、利益或价值而被认为是正当的。③ 安东尼·T. 克罗曼（Anthony T. Kronman）认为：任何禁止基于与行为人利益冲突的行为的规定都属于家长式的。而中心目的是限制立约人行使法律判定与其自身利益相矛盾之事的能力的，就是父爱主义。④ 简言之，法律父爱主义即公权力主体因为对公民个体利益保护的需要，使其远离伤害或促进其利益的增加，而以强制性的手段对其行为予以法律上的限制。这也可以演绎为"政府对于公民强制的爱"⑤。通过德沃金和波普对家长主义的阐述，可以将法律父爱主义的构成要件归纳为两点：法律父爱主义的目

---

① John Hospers, "Libertarianism and Legal Paternalism", *The Journal of Libertarian Studies*, Vol. 4, No. 3, Summer 1980.

② 黄文艺:《作为一种法律干预模式的家长主义》,《法学研究》2010 年第 5 期。

③ Gerald Dworkin, "Paternalism", *The Monist*, Vol. 56, No. 1, January 1972.

④ Anthony T. Kronman, "Paternalism and the Law of Contracts", *The Yale Law Journal*, Vol. 9, No. 5, April 1983.

⑤ 孙笑侠、郭春镇:《法律父爱主义在中国的适用》,《中国社会科学》2006 年第 1 期。

的是保护行为人的利益，法律父爱主义干预的方式是限制行为人的自由。①

法律父爱主义可以分为软父爱主义和硬父爱主义，也有学者称为弱父爱主义和强父爱主义。公民作出某些行为选择时往往是基于其能力和经验所产生的认知能力，当其因为认知能力欠缺时也许不能就自己的利益作出最佳选择。这时法律强制性地为其作出当其认知障碍移除时定会赞成的决定，这就是软父爱主义。② 软父爱主义的核心是尊重人们的真实意志，这种真实意志是指在认知和意志上没有受到干扰时所表现出来的。它只对因为受到某些干扰而作出的违背自己真实意志的决定进行限制和干预。密尔曾经举出一个软父爱主义的典型例子：一个人要过一座很危险的桥时，旁人将他抓住并且拉回来，这个旁边人的行为并没有真正侵害过桥人的自由，因为过桥人自己也不想堕入水中。在过桥人不清楚这座桥是否安全的情况下，他自己无法估计过桥这一行为的后果，因此他作出的这个行为并非自己真实意志的反映，也不一定是自由的或是自治的。从这个角度讲，法律父爱主义作了一个假设的预知，即假设当事人认知障碍消除后会作出某种利于自己的选择，而法律已经先为其作出这种选择。③ 硬父爱主义不考虑当事人的主观意志，只要管理者认为其所作出的决定是为增加当事人的福利或者使其免于伤害，就会采取限制其自由的方法。"倘若无论选择是否出于人们的清醒认知，只要法律为防止其作出有悖于自身利益的选择

---

① 杰拉尔德·德沃金在其撰写的《剑桥哲学辞典》"家长主义"词条中，提出构成家长主义的三个条件：（1）作出干预行为的人是出于使被干预者避免某种危害或维护其某种利益；（2）行为干预者和被干预者的偏好、意愿或价值观相反或相关；（3）干预行为是对被干预者的自主或自由的限制。另一位美国学者波普在德沃金的基础上进一步提出强式家长主义（hard paternalism）的四个条件：（1）干预者限制他人自由的行为是有意识的；（2）干预者出于善意；（3）干预者未考虑对方当时的偏好；（4）干预者不考虑对方的意愿或是有意识地限制对方意欲实施的行为。德沃金和波普所界定的都是私域的家长主义，非常强调干预者的意图，但由于干预者内心的真实意图难以揣摩，以此作为判断干预者是否构成家长主义很难操作，所以在私域里，干预者意图并不构成家长主义行为的必要条件。而对于公域的家长主义，由于干预者不是自然人，其主观意图更是难以判断。因此，干预者意图不成为法律家长主义的构成要件。参见黄文艺《作为一种法律干预模式的家长主义》，《法学研究》2010年第5期。

② David L. Shapir, "Courts, Legislature, and Paternalism", *Virginia Law Review*, Vol. 74, 1988.

③ 孙笑侠、郭春镇：《法律父爱主义在中国的适用》，《中国社会科学》2006年第1期。

而径直限制人们的行动,就是强父爱主义的体现。"①

学者孙笑侠、郭春镇将法律父爱主义的特征总结为以下三点:第一,其目的是增进或满足公民或相对人的福利、需要和利益。达到这个目的需要通过两种方式,一种是增进公民的利益,使公民利益处于积极的增长状态;另一种是促使公民自我保护和免受伤害,防止公民自我伤害而造成的利益受损,这种状态下即使公民利益没有积极地增长,但至少处于消极的不受损或少受损的状态。第二,其措施必然是对受益当事人和相对人的自由和权利进行限制。杰拉尔德·德沃金将法律父爱主义分为纯粹父爱主义和非纯粹父爱主义两种类型。在纯粹父爱主义里,自由被限制的人和受益人是同一的,比如法律判令自杀者为罪犯、要求骑摩托的人佩戴头盔、禁止没有救生员时在公共水域游泳;而在非纯粹父爱主义里,除了受益人,受益人以外的人的自由也受到了限制,比如禁止烟草商继续生产香烟以防止给吸烟的人带来疾病,这一措施主要是作用于烟草商即施害人,而希望保护的却是烟民即受害人。第三,这种方法在客观上会达到增进公共利益的效果。从个体角度看,法律父爱主义通过增进公民个体利益或者禁止公民自我伤害而防止其利益受损的方式,达到公民个体利益最大化的效果;而从社会角度看,单个公民利益的最大化必然促使公共福祉的最大化,因此,法律父爱主义的措施具有增进公共利益的效果。②法律父爱主义的干预涉及立法权这一国家公权力的行使,而对于现代法治国家来说,对于公权力的行使和运行方式尤其要给予足够审慎的态度,所以父爱主义这一干预模式的立法原则与理念必须要经受现代政治法律哲学的检验。③

(二) 法律父爱主义的正当性

综上所述,法律父爱主义表面上看是对自治和自由的限制。近代以来,"自治、自由与权力被视为人的基本价值之一,任何试图对它们施加的限制都要承担论证责任"④,加之自治是作为人的福祉的结构性要素⑤,因此,在现代法治社会提倡法律父爱主义必须有其理论依据的证成。

---

① 吴元元:《法律父爱主义与侵权法之失》,《华东政法大学学报》2010年第3期。
② 孙笑侠、郭春镇:《法律父爱主义在中国的适用》,《中国社会科学》2006年第1期。
③ 郭春镇:《论法律父爱主义的正当性》,《浙江社会科学》2013年第6期。
④ 孙笑侠、郭春镇:《法律父爱主义在中国的适用》,《中国社会科学》2006年第1期。
⑤ 郑玉双:《自我损害行为的惩罚——给予法律家长主义的辩护与实践》,《法制与社会发展》2016年第3期。

1. 功效主义的角度

18世纪英国功利主义哲学创立者边沁创立了"最大幸福原理"[①]，通常也被称为"功效主义"或"功利主义"[②]。功效主义可以分为行为功效主义和规则功效主义，由于本书讨论的对象是法律规则，因而我们将从规则功效主义讨论法律父爱主义的正当性。

规则功效主义主张"一个规则功利主义者认为正确的行为是被道德规范所允许的行为，这种道德规范对主体所属的社会来说是最优的。一种最优的规范是被设计成最大化福利或善"[③]。也就是说，规则功效主义客观上要求最优的规范应该能达到福利最大化。福利最大化使规则功效主义和价值具有通约的意味。在法律父爱主义情境下，公民个体的自由和自治不再是最受尊重的价值，表面上看来，个体自由和自治被限制必然使个体利益受到损害，但实际上通过对公民自由和自治的强制和干涉，不仅提升和保障了公民个体自由和自治的价值，而且也增进了社会利益总量。具体而言，当事人起先因为信息不对称或真实意志被扭曲而可能作出某种损害自己的行为，在旁观者强制干预下，可以保护当事人不受损害，于是其功效或福利增加，此时当事人的真实意志并没有被违背，因为其一旦移除使其真实意志遭受蒙蔽的障碍时，他会认同此干预行为的。这种干预是软父爱主义式的强制规则，这种软父爱主义式干预的正当性很容易被证立。

相对于软父爱主义，强父爱主义是公民的真实主观意志并未遇到障碍、即使能够预见到可能对自己产生不利后果、仍然愿意从事某种损害自

[①] 边沁的伦理价值判断是基于一种唯乐主义的功利原则及这种道德观点是否能立足于实践。而他的功利原则就是："善"就是最大地增加了幸福的总量，并且引起了最少的痛楚；"恶"则反之。而这种快乐和痛楚，边沁将他们同时定义为在肉体和精神上的。边沁认为，自然将人置于乐和苦两大主宰之下，由此决定我们应当做什么，将会做什么。这种影响体现在两方面：一方面是是非准则，另一方面则是人行为的因果关系链。基于这种基础，他以功利原则的价值判断为基石，认为：快乐就是好的，痛苦就是坏的，因为人的行为都趋利避害。所以任何正确的行动和政治方针都必须做到产生最大多数人的最大幸福，并且将痛苦缩减到最少，甚至在必要情况下可以牺牲少部分人的利益。这就是著名的"最大的幸福原则"。

[②] "功效主义"和"功利主义"都是由英文utilitarianism翻译而来，由于"功利"这个词带有极强的褒贬评判色彩，而"功效"这个词体现了哲学意义的目的论色彩，并且客观性强，因此本文采用"功效主义"这个词。

[③] [美] R.B. 布兰特：《功利主义的问题：真正的和所谓的》，晋运锋译，《世界哲学》2011年第1期。

己利益的行为时,国家为保护其利益而强行对其自由和自治进行干预的情况。强父爱主义主要体现在诸如最低工资制度、最高工作时间制度、禁止自愿买卖个人的器官乃至自愿为奴等规定上。① 从功效主义的角度很难证成强父爱主义的正当性。以禁止自愿买卖个人器官为例,出卖器官是为了那些身体器官出现衰竭通过移植他人器官保命的人,国家为了保护器官出卖者的身体健康,作出此种禁令。但是需要接受器官移植的人可能因为失去移植器官的机会而丢掉性命。所以从总体上来说,社会的总福利并没有得到提升和增加。而且对于自愿出卖器官者来说,出卖器官并不一定使其丧命,而出卖器官的钱可能是其更需要的,他如果能通过出卖器官改善自己和家人的生活需要,也许会获得更大的利益。至此,功效主义可以证明软父爱主义的正当性,但是很难证明强父爱主义的正当性。

2. 个人自由提升的角度

印度经济学家阿玛蒂亚·森曾经提出实质自由的概念,即某个人基于自己所享有的环境和条件而享受某种理想生活的可行能力。生活在社会中的个人由于性别、年龄、家庭出身、拥有财产、教育程度等的不同,期望达到的生活状态也是多种多样的,而其享受自己理想生活的能力也有所不同。比如对一个穷人来说,他的理想可能就是免受饥饿、经济困顿和病痛,接受基本教育,参与政治生活等基本生活条件,而对一个富人来说可能就有更多的要求,即富人和穷人具有不同的实质自由。而管理者的任务就是帮助公民增强能力、获得更多的自由来达到自己理想的生活,即提升公民的实质自由应该是社会管理的应有之义。② 法律父爱主义可以通过对社会制度进行设计、提供基本物质生活条件、强制公民接受教育等方式来扩展公民的实质自由。比如,给予失业人群强制性的职业培训教育,否则无法得到国家给予的职业上的福利;要求工人必须遵守劳动安全;禁止妇女、儿童从事某些特定职业,等等。这些制度表面上是对当事人自由的限制,但实际上提升了其改善、参与生活的能力,通过弥补贫困者或是弱势群体能力的不足提升这些人实现个人理想的机会。对于那些极度弱势的人

---

① 郭春镇:《论法律父爱主义的正当性》,《浙江社会科学》2013 年第 6 期。
② 参见以下文献:1. 秦国伟:《社会性弱势群体能力贫困及治理——基于阿玛蒂亚·森"可行能力"视角的分析》,《理论界》2010 年第 4 期。2. 黄荟:《阿玛蒂亚·森的贫困概念解析——以他的自由发展观为视域》,《江汉论坛》2010 年第 1 期。

群，父爱主义通过法律设置最低限度的规定，保障这些人享有最低限度的、最基本的人权，引导他们改善对自由的理解，提升其实现理想的可行能力。总之，法律父爱主义通过对公民的自由意志予以否定的方法，限制、减少公民自主抉择的过程，对非均衡状态的社会利益重新进行整合，从而进行社会秩序的再造，这种再造的结果是改善了对社会利益的非均衡状态，使每个公民都具有参与社会资源分配的资格，提升了公民的实质自由。由此，社会中每个个体的利益得到增益，而社会的总效益也得到增加。因此，从个人自由提升的角度看，法律父爱主义确有存在合理性的一面。

3. 从社会价值的角度

很多人认为在这个社会中，为了使每个人都能实现自己的目标，政府不仅仅应当承担维护一个公平良好交易环境的职责，还需要切实为每个公民的发展提供其实现个人目标所需要的各种条件，比如政治、经济、医疗、教育、工作、公平、诚实、互助、利他等，而这些条件客观上也推动了公共道德和社会福利的增强和改善。法律父爱主义通过对相关制度的规制保护公共利益，引导和确认公共道德，保障社会福利，保障社会有效运转，让个人理想和价值得以实现。从这个角度来看，也构成法律父爱主义得以正当化的理由。比如，美国在南北战争之后，取缔了南方的奴隶制度，但是从经济效益的角度看，南方奴隶的待遇要强于北方工人，而且很多南方奴隶自愿为奴，但是美国仍然取缔奴隶制度，理由是奴隶制度把人当做工具和手段，践踏了人的尊严，是严重违反公共道德的行为，而这种行为会"侵蚀公民的责任感和荣誉感及相应地对公共体的认同感"[①]。这是法律父爱主义的表现，可以看出，美国采取这样的制度是对公共道德的提升。法律父爱主义的表现还有，国家通过法律强制公民接受教育、强制公民遵守劳动纪律、规定妇女儿童从事劳动的禁止性规定，即使当事人对这些强制性法律并不情愿，而且按照经济分析的方法，有些规定也未必符合功效主义的原则，甚至和功效主义原则相悖，但是这些带有法律父爱主义精神的规定，客观上使公民的利益受到保护，当每个公民的福利增加之后，社会的总体福利也在增加。现代国家里还有一些财政、税收以及社会福利方面的制度，如国家在教育、医疗、住房和社会保障等社会福利制度

---

① 郭春镇：《论法律父爱主义的正当性》，《浙江社会科学》2013年第6期。

方面对财产进行再分配，向高收入群体缴纳收入调节税，对低收入群体即弱势群体进行财政上的资助和倾斜，比如我国的医疗保险、社会保险、住房公积金、廉租房、经济适用房，等等，这些都是法律父爱主义在社会福利及保障方面的制度延伸。因此，法律父爱主义通过对社会利益的重新整合，塑造和彰显良好的社会道德结构，提高整体的社会福利水平，从这些社会价值的角度来说，这也是其正当性所在。

综上所述，对法律父爱主义通过功效主义、个人自由提升、社会价值等多个角度的考量，其均体现出正当性的特征。法律父爱主义理论自产生以来，人们不断在实际生活中寻找关于法律父爱主义的事例，比如法律规定禁止自杀、要求骑摩托的人必须佩戴头盔、禁止吸毒等。随着法律父爱主义理念的发展，国家开始介入到对私人合同的限制中。许多这样的限制是为了保护第三方的利益，包括公共利益，比如两个邻居不能签订强行掠夺第三方的合同，或者一群商人不能就受法律约束的价格固定协议进行协商。其他的对合同的限制主要是为了保护那些自由受到约束的人，即这种限制是为了保护人们免受因为行为能力受到约束而去签订各种强行性协议的危险。[①] 比如在房屋租赁场合，如果出租的房屋不具备最基本的生活条件，那么法律出于保护承租人利益的考虑，规定承租人可以不支付租金，即使承租人认为这样做没有侵犯到自己的利益或是情愿这么做。

我们的法律体系由于很多原因、用很多方法对合同自由进行限制。其中某些限制被称为父爱主义：他们的目的是保护人们免受由于考虑不充分或者于自己不利的承诺而自我伤害。[②] 现代合同关系中，缔约一方相对人往往由于各种原因处于劣势，于缔约过程中不能充分表达自己的意愿，权益难以保障，比如劳动合同关系中的雇工、消费合同关系中的消费者以及房屋租赁关系中的承租人等。现代房屋租赁中，承租人因为经济、社会地位等各种原因处于相对弱势的地位，在房屋租赁关系中实际上并没有享有实质的自由，法律从父爱主义出发，对租赁合同进行限制，提升承租人的实质自由，矫正承租人在合同中的弱势格局。这就是法律父爱主义对合同尤其是对房屋租赁合同进行限制的表现。事实上，这种限制来源于公权

---

① Anthony T. Kronman, "Paternalism and the Law of Contracts", *The Yale Law Journal*, Vol. 9, No. 5, April 1983.

② Ibid.

力，是国家基于保护弱势群体的初衷对合同当事人的权利进行的限制。而对于国家来说，这种对公民私事进行的干涉和约束是以一种政府行政干预的方式进行的，与其说是限制，毋宁说是管制。因此，法律父爱主义也是契约管制的另一个理论支点。

三 法哲学上的形式与实质公正

公正即公平、正义，西方公正概念的历史也经历了从"伦理学和价值观层面，到权利和制度层面，再到社会政策层面的过程"[①]。从伦理学和价值观的角度，中外思想家们都认为公正社会就是理想社会，而公正也是最高尚的道德，即最大的"善"和"德"。近代资产阶级思想家将公正概念发展到权利和制度层面，认为公正社会是自由和平等的社会。第二次世界大战后，公正发展为社会政策意义上的概念，人们认为通过社会政策可以推动社会发展、促进公正的实现。公平正义在西方经历了一个由形式公正走向实质公正进而两者相统一的演进路径。就契约的形式公正即缔约过程中的程序公正而言，具体指任何人都可自由决定是否缔约、和谁缔约、缔约的内容是什么。而就契约的实质公正而言则是指交易结果的公正，是指真实的和实实在在的公正。

古典契约理论认为，契约自由与契约正义具有兼容性，即人们完全按照自己之自由意志建构的契约关系必定是最为公正，并且可以给社会带来最大利益的。正如康德所说"当事人就他人事务作出决定时，可能存在某种不公正，但他就自己的事务作出决定时，则绝不可能存在任何不公正"[②]。也就是说，理性之人缔结的契约当然不会损害自己的利益，而他自由缔结的契约必然是最好的，对社会最有利的，因而也是最公正的。但是古典契约理论中"契约自由与契约正义的兼容性"建立在"主体平等"和"完全自由市场"的严格假设条件上，这两个条件在资本主义进入垄断资本主义阶段之后，显然难以成立。

19世纪末20世纪初垄断资本主义形成，之后发生了20世纪30年代的全球经济危机、两次世界大战、两大阵营对立等一系列对社会经济环境

[①] 何建华：《走向形式公正与实质公正的统一——西方公正观演进的现实启示》，《伦理学研究》2012年第5期。

[②] [德] 康德：《法的形而上学原理》，沈叔平译，商务印书馆1991年版，第50页。

影响巨大的事件，使主体平等和市场完全竞争两个假设条件失去了存在基础：一方面是主体平等性丧失。垄断的形成使市场经济主体中出现了大企业、大企业联合等垄断企业，垄断企业凭借其雄厚的经济实力在市场中占主导地位，在契约关系中占支配地位，契约双方在合同中支配能力的差异和不平等地位已经成为现实。另一方面完全竞争市场氛围已经不再。自由资本主义经济下形成的严格的契约相对性、充分的信息、足够选择的缔约相对人等条件，在进入垄断资本主义时期已经不复存在。[1] 在垄断资本主义阶段，有些合同已经不是契约双方当事人为自己利益订立的合同，而成为为第三人利益订立的合同，比如人身保险合同；还有的传统合同种类，会出现第三方介入合同关系的情况，比如消费者因质量原因向买卖合同的卖方索赔。这些事实打破了严格的契约相对性。还有，20世纪科技、工业、贸易等迅速发展，市场环境趋于复杂，市场主体对相关信息的掌握受到各种条件的限制，完全自由市场下的充分信息环境已不存在。此外，在安全竞争的大市场下，市场主体是平等的，而垄断的出现使市场主体的地位失衡，市场中相对弱势的主体只能被动地接受垄断企业的支配和挑选，而自己则失去了选择缔约相对人的权利。

总之，垄断的形成使契约自由与契约正义发生了背离。具体说来，垄断条件下的契约自由保障的是垄断资本家的自由，其结果是垄断资本家获得了更多的利益，对于垄断资本家的契约相对人来说是不利益的，即对契约相对人来讲，其结果不能体现契约正义。19世纪末，为了摆脱这种契约自由与契约正义相背离的困境，法律界作出很多变革，正如学者梁慧星所言："发生了深刻变化的社会经济生活条件，迫使20世纪的法官、学者和立法者，正视当事人间经济地位不平等的现实，抛弃形式正义观念而追求实现实质正义。"[2] 为了弥补私法形式正义或者契约形式正义的缺陷，民商法与合同法创立了一系列原则和规则，比如在契约法中引入诚实信用原则、情势变更原则、公序良俗原则等，但是正如"民商法试图通过确立特殊原则或规则以弥补法律形式主义的局限并不十分有效，对于社会利益

---

[1] 晏芳：《以实质公平理念规制契约自由——以格式合同为例证》，《西南政法大学学报》2014年第4期。

[2] 梁慧星：《从近代民法到现代民法》，《律师世界》2002年第5期。

的损害和经济强者与弱者之间的利益失衡,私法救济始终存在难以克服的局限"[1]一样,契约法对于损害社会利益、经济地位悬殊的主体之间的利益失衡也显得无能为力。20世纪50年代,资本主义国家一边在民法领域内进行着实质正义的演变,一边在经济法的领域内进行经济立法。经济法的本质特点是国家干预,作为反思法律形式正义的必然结果,它集中整合了对平等主体之间不平衡的经济利益关系予以优化调整的特别法,体现了实质公平的价值追求。[2] 国家对契约的干预,使得契约在自由创设权利义务、实现特殊合意的同时,还要完成社会普遍意志的转化,实现国家对契约的救济。

"在当代西方,公正的内涵主要是对生存权利的关注和对强者权利意志的约束。"[3] 当今社会,每个人都依靠着社会合作体系获得福利,任何人都不可能在脱离社会合作体系的情况下过满意的生活,因此,国家和社会有责任对社会弱势群体成员给予必要的帮助,使之过上有尊严的生活,并且和其他社会成员一起享受社会发展成果。而在关注弱者的同时,对处于市场强势一方的权利和意志进行有效约束也是现代意义上公正的体现。也正因此,国家通过对契约自由的干预,矫正市场中弱势群体的缔约能力,实现契约中的实质公正。所以我们说,对实质公正的追求与实现也是国家对契约进行管制的又一个理论支点。

第四节 住房租赁契约管制的产生发展过程

一 城市化是住房租赁契约管制的社会经济原因

18世纪中叶发源于欧洲大陆的工业革命带动了资本主义经济的飞速发展。这场革命的表面变化是从工场手工业到机器大工业的过渡,而机器大工业的生产特征是从分散的家庭作坊式的生产到大企业的专业化的集中

---

[1] 江帆:《经济法实质正义及其实现机制》,《环球法律评论》2007年第6期。
[2] 晏芳:《以实质公平理念规制契约自由——以格式合同为例证》,《西南政法大学学报》2014年第4期。
[3] 何建华:《走向形式公正与实质公正的统一——西方公正观演进的现实启示》,《伦理学研究》2012年第5期。

生产。它给城市带来的变化是将散落到各地的家庭作坊式的手工业工场集中到一个相对较大的区域进行集中生产，因而需要相对多的产业工人。大量的产业工人集中到城市，这些人中还有大量的之前属于农村人口的人。这种因为工业发展引起的社会经济关系、人口和生活方式的变化就是城市化。工业革命开始后的一个多世纪，也是欧洲国家城市化迅速发展的时期。城市化带给城市最大的变化就是人口增加，比如在德意志帝国成立之后，德国经历了城市化飞速发展的时期，城市人口的比例从1871年占总人口的36.1%上升到1910年占总人口的60%，其中，在10万人以上的大城市中居住的人口达到总人口的21.3%。[①] 城市建设不能跟上人口增长的步伐，住房矛盾比较突出，住房问题开始受到人们的关注。大量的产业工人集中于城市，这必然给城市的住房带来压力，住房租赁成为这些产业工人解决住房问题的主要途径。住房租赁的集中引起政府的关注，1896年，《德国民法典》颁布时对于房屋租赁作了专门规定[②]，对包括住房租赁在内的房屋租赁进行管制，这部法律经过多次修改一直沿用至今，其中关于房屋租赁的规定也历经修改。到现在已经基本形成了关于房屋租赁的私法规范。而德国对住房租赁进行法律规制的做法就是欧洲国家的一个缩影。英国是工业革命的发源地，在当时，由于工业化的发展与城市化的加快，致使英国滋生了很多社会问题，其中产业工人的住房问题成为一个主要社会问题。由于城市里涌入大量人口，城市中的住房建设还不能有效跟进，产业工人面临住房条件差、购房难和租房压力大等问题，这一社会矛盾十分突出。1885年，英国颁布《工人阶级住房法》，1890年又对该法进行修改，1909年又出台了《住房和规划法》，英国通过这些单行住房法对新住宅建设、住房条件等进行规定，间接地对住房租赁进行规制。19世纪60—90年代，远在太平洋西岸的日本由于受西方资本主义工业文明的冲击，开始了由上而下的、具有资本主义性质的现代化改革运动，即历史上的明治维新。明治维新具有全盘西化的特点，它使日本在亚洲国家中率先走上工业化道路，迈入世界强国之列，于是日本和欧洲国家一样，也经历

[①] 孟钟捷：《德国历史上的住房危机与住房政策（1918—1924）——兼论住房统制模式的有效性与有限性》，《华东师范大学学报》（哲学社会科学版）2011年第2期。

[②] 《德国民法典》关于住房租赁关系的内容规定在第二编"债务关系法"第八章"具体债务关系"第五节"使用租赁合同、用益租赁合同"中。

了城市化历程。而由于日本国土面积狭小,住房矛盾就更加突出。大量的产业工人需要通过房屋租赁解决住房问题,于是日本和这一时期的欧洲国家一样,有了对住房租赁进行管制的基本需求。日本在引进西方先进技术的同时,也继受和借鉴了法国和德国民法典的体例与立法技术,奉行所有权绝对和契约自由原则,所以其中关于住房租赁的制度不能很好地平息住房租赁所引发的社会矛盾。明治四十二年(1909年),日本颁布《建筑物保护法》,对住宅租赁进行管制,以缓和包括住宅租赁在内的不动产租赁的矛盾。而在美国,1812—1814年第二次美英战争的胜利,使美国获得了独立自主发展近代工业的政治前提,加之美国资源丰富、农业繁荣、市场广阔,可以从外来移民或者其他渠道获得欧洲国家的先进技术,以及海运业、商业等行业资本向工业的转移等,美国已然具备了产业革命发展的条件。美国产业革命直接的影响是城市化。南北战争之后到1900年之前,大量的海外移民和农村人口涌入城市,城市原有的平衡和秩序被打破,美国人口较原来增长近三倍,大量人口涌入城市的后果是城市住房需求与供应之间的矛盾,住房租赁成为普遍现象。城市人口由1870年的990万人增长到1920年5020万人,城市数目由1870年的663个增长到1920年的2722个,城市人口占总人口比重由1870年的25%增长到1920年的50.9%。[1] 1880年前后,60%以上的美国工人以租赁住房为主,可见当时的住房自有率很低。1890年,城市租住户的比例,10万人以上的城市是77%,有些城市还超过这个比例,比如纽约达到93.67%,波士顿达到81.57%,新泽西州达到81.20%。但即使是这样,还是无法解决人口增长带来的住房矛盾。据统计,1890年美国每套住房平均人口5.45人,而在辛辛那提那样的大城市可达8.87人,在纽约市可高达18.52人,而且这些房屋质量和居住条件也比较差。[2] 因而在当时,简·亚当斯领导的"贫民区改良运动"得到全美很多城市响应。1879年,纽约市建立了"贫民区法案",倡导建设"哑铃式公寓",到1920年,相继有40多个城市制定了类似法律。"哑铃式公寓"是指采光、通风、卫生和居住面积仅达到

---

[1] 杨荣:《工业革命对美国城市化的影响》,《安庆师范学院学报》(社会科学版)2002年第3期。

[2] 高芳英:《美国城市化初期的贫民住宅——"哑铃公寓"》,《扬州大学学报》(人文社会科学版)2009年第2期。

最低标准的廉租住宅，由于外部造型像哑铃而被称为"哑铃式公寓"。"哑铃式公寓"的租住人群都是城市中的低收入者，因而形成了新的"贫民窟"。但是由于城市人口不断增加，"哑铃式公寓"的合租现象非常普遍，导致居住环境越来越差，因而滋生很多社会问题。19世纪末20世纪初，改革派又开始倡导改造"贫民窟"，发起"进步运动"，以此推动城市住房改革。1901年，纽约市又通过法律，禁止"哑铃公寓"，并以法律形式设定廉租公寓设施标准，以提高租赁住宅的居住条件。[①]

从以上发达国家的经验中我们可以得出这样一个规律：发端于西方工业革命的城市化引起了发达工业国家城市人口增加和住房之间的矛盾，住房租赁是缓解这一矛盾的主要方式。但是早期的住房租赁仍然存在着很多问题，这使社会矛盾滋生。因而这些国家都不约而同地对住房租赁进行管制。总的看来，在国外发达国家，城市化的迅速发展是进行住房租赁契约管制的经济原因，也是最基础的原因。

二 战后住房紧缺是推动大规模住房租赁契约管制的主要力量

两次世界大战的爆发加剧了欧洲各国住房问题的恶化。由于战争期间住房建设被迫停滞，房地产投机行为盛行，无论是地价还是房租都被过分抬高，到战争结束时，这种趋势演化为一场严重的住房危机，表现为住房短缺、房租暴涨和住房条件差等，以至于到了住房租赁关系十分紧张的状态。两次世界大战，欧洲各国和日本等主要参战国，由于战争破坏和大量难民涌入，城市住房奇缺，住房租赁市场矛盾重重。住房供需的不平衡导致市场不合理现象涌现。出租人依赖自己在交易中的优势地位，任意提高租金、解除合同，提供条件恶劣的租住房屋给承租人，而承租人碍于自己对房屋的迫切需求，只能被动接受不合理的租赁条件。因此在民间的住房租赁市场上纠纷不断、矛盾随处可见。

第一次世界大战的爆发加剧了德国住房问题的恶化，由于战争期间住房建设被迫停滞，房地产投机行为盛行，无论是地价还是房租都被过分抬高，以至于到战争结束时，这种趋势演化为一场严重的住房危机。表现为

[①] 高芳英：《美国城市化初期的贫民住宅——"哑铃公寓"》，《扬州大学学报》（人文社会科学版）2009年第2期。

住房短缺、房租暴涨和住房条件差等。第二次世界大战后，德国遭遇严重的住房短缺，原西德地区大量房屋遭受战争摧残，而战后大量的移民和难民又加剧了住房危机。针对这一系列住房租赁危机，政府对住房租赁进行了一些公法上的干预。比如，第一次世界大战期间，为了应对特殊时期下的紧急状况，德国曾经制定特别法令、采取一些紧急措施，魏玛政府曾颁布《保护服役者法》《保护房客法》和《抵制住房短缺法》等[1]，限制房主向服役士兵的家属收回房屋、采取租金管制等。1915年，英国格拉斯哥市的房客为了抵制房东的暴利，发生了集体抗租运动。为了平息这一社会矛盾，英国政府开始采取一系列措施，对住房租赁关系进行管制。英国先后出台了1915年《房租和抵押贷款利率增加（战时限制）法》、1920年《房租和抵押贷款利率增加（战时限制）法》、1923年《房租和抵押贷款利率增加限制法》、1933年《房租和抵押贷款利率限制（修正）法》、1939年《房租和抵押贷款利率限制法》等制定法，对住房租赁进行管制。此外，英国还出台1919年《住房和规划法》（阿迪逊法）、1919年《住房（补充）法》、1923年《住房法》（张伯伦法）、1924年《住房法》（惠特利法）、1930年《住房法》（格林伍德法）、1935年《住房法》、1936年《住房法》、1938年《住房法》、1933年《住房（金融）法》等法律，对包括住房租赁在内的住房市场进行规制。20世纪20年代，日本在第一次世界大战中的胜利，给其带来经济的高速发展，城市住房急缺，引发大量社会矛盾。1921年，在此背景和"社会政策"思潮影响下，日本制定了《借地法》和《借家法》。《借地法》将土地租赁权作了物权化的安排，将其与地上权合并为借地权，使之成为物权的组成部分。[2] 该法规定了以居住为目的的土地租赁法定期限，赋予了承租人续约的权利；同时该法还赋予了当事人在特定情形下可以请求增减租金的权利。以上这些规定，极大地改善了承租人的劣势地位，稳定了租赁关系。在解决土地租

---

[1] 1914年至1918年德意志帝国政府为了保护军人及其家属利益、稳定后方而颁布了3项有关住房的紧急法令，其中《保护服役者法》规定房主不能向士兵家属收回房屋，后者有权延迟3个月交纳房租；《保护房客法》授予住房署规范租房行为、监督房主更改租赁合同的权利；《抵制住房短缺法》阻止房主将住房商用，强迫他们开放空置产业，以安排复员军人。参见孟钟捷《德国历史上的住房危机与住房政策（1918—1924）——兼论住房统制模式的有效性与有限性》，《华东师范大学学报》（哲学社会科学版）2011年第2期。

[2] 刘得宽：《民法诸问题与新展望》，中国政法大学出版社2002年版，第137页。

赁问题的同时，日本还制定了《借家法》；该法确立了买卖不破租赁原则；将解约时的通知期限由之前的 3 个月延长至 6 个月；赋予了承租人增减租金的请求权；首次引入"正当事由条款"，要求出租人提出解除房屋租赁合同时，必须具备正当事由，否则不能解除约定。《借家法》通过这些规定来平抑房屋租赁带来的矛盾。第二次世界大战时期，城市人口急剧增加，包括租金在内的物价飞涨，住宅矛盾再次爆发。为了抑制这一矛盾，1946 年日本颁布了《地租房租统制令》，对土地、房产所有者的最高住房面积、出租价格和总租金收益等都作了统一上限规定。该法作为战时特殊措施，在特定状况消失之后便失去了存在意义，但对租金进行限制的观念却延续下来。在美国，由于经历了 1929 年经济大萧条和第二次世界大战，直接影响是美国停止了早期公租房修建计划，城市住房建设停滞；间接影响是随着外来移民和农村人口的涌入，城市人口超过承受负荷，住房问题成为严重的社会问题。而在住房租赁方面，更是积累了大量的社会矛盾。美国于战后一边制定和修改住宅法案加紧公共住宅的建设，一边又对住房租赁方面积累的社会矛盾采取政府强制干预的方式予以化解，积累了丰富的管理经验。这为 20 世纪 60 年代末美国在住房租赁法律方面"从出租人优位到承租人优位"的价值转型，并构建起既富有特色又有效的现代住房租赁契约管制制度奠定了基础。

综上所述，发达国家现代历史上大规模的住房租赁契约管制基本上集中发生于两次世界大战所引起的住房紧缺的环境刺激之下。可以说，战后住房紧缺是推动发达国家进行大规模住房租赁契约管制的主要力量。

三 社会化是住房租赁契约管制的理论渊源

我们这里讲的社会化是指某项个体不能脱离社会而存在，其个体价值要让位于社会公共利益价值。而对住房租赁契约管制来说，所有权的社会化和住房租赁的社会化是其形成的具体理论渊源。

（一）所有权的社会化

所谓所有权社会化，是指所有权人对其享有所有权的财产的控制和使用应当与社会利益相一致，不得以与社会利益相背离的方式使用其财产。[①]

[①] 马俊驹、江海波：《论私人所有权自由与所有权社会化》，《法学》2004 年第 5 期。

随着自由资本主义向垄断资本主义过渡，生产资料的个人绝对所有权与社会化大生产之间必然会产生矛盾；所有权人滥用权利损害他人、社会利益；所有权人自由行使权利而无视对环境造成的破坏；垄断企业家的财富集中、贫富差距加大、社会矛盾集中；国家为了公共利益而需要对个人所有财产加以限制……20世纪以后，随着生产社会化程度不断提高，绝对个人主义的财产制度已经不能适应经济领域内各种经济组织间的合作需求。显然，绝对所有权制度难以适应社会和经济发展的需要。[1] 自由资本主义时期奉行的所有权绝对原则，造成社会财富集中、贫富悬殊、财富浪费等一系列严重社会问题，社会矛盾空前激化，社会化大生产因而受到阻碍。于此环境下，对个人绝对所有权制度予以声讨的声音愈加高涨，社会所有权思想随之产生。可见，社会经济条件的变化为社会化思想的产生奠定了基础。19世纪末，社会化思潮对民法产生了重要影响，主要表现为限制私人所有权的绝对性，主张个人所有权的行使必须与国家、社会公共利益相一致，所有权必须为增进人类的共同利益而存在。德国学者耶林（Jhering）是最早提出所有权社会化思想的人，他在《法律的目的》一书中指出：所有权的行使不应该仅仅以个人利益为目的，也应当以社会利益为目的，所以当下"个人所有权"制度应当被废除，而代之以"社会所有权"制度。在他之后，德国学者基尔克（Gierke）承继其思想，以日耳曼法传统为立法基石，主张社会所有权思想。他在《德意志私法论》（第2卷）中指出，所有权不是与外界对立的不受任何限制的绝对性权利，相反，所有权人应当受到"法律程序"的制约，其权利的行使还须顾及其财产的性质和目的而有所限制。[2] 法国学者狄骥继之提出了"社会连带说"，即正是因为所有权对于社会的有用性，它才得以为人们所尊重；他同时提出"权利否定说"，即认为所有权原本就不是一种权利，声称人其实在社会中原本是没有自由的，只是为了尽到自己的责任，以顺从社会利益而行动的义务而已。[3] 在日本，源于日本大审院大正八年（1919年）

---

[1] 金俭：《不动产财产权自由与限制研究》，法律出版社2007年版，第83页。
[2] 梁慧星主编：《中国物权法研究》（上），法律出版社1998年版，第249—250页。
[3] 李肇伟：《民法物权》，转引自梁慧星主编《中国物权法研究》（上），法律出版社1998年版，第250页。

"信玄公旗挂松事件"的判决,标志着社会所有权思想在日本正式产生。①受此"大正思潮"与欧陆社会所有权思想的影响,日本的民法学者提出"使所有权社会化"的主张。战后日本修订民法,于修正草案中增列"私权应符合公共利益"②。

总之,19世纪末20世纪初已经形成了所有权的社会化思潮。受此思潮的影响,很多国家的立法中出现了以支持社会利益为理由对所有权予以限制的立法,比如德国就着手修改其民法中原有的个人主义所有权制度,《魏玛宪法》第153条规定:"所有权负有义务,其行使应同时有益于公共利益。"而1949年德国《基本法》第14条第2项规定:"所有权负有义务,它的行使应同时服务于公共利益。"这些规定使所有权人在享有权利的同时也承担社会义务,反映了所有权的社会化特点。这种所有权社会化思想为国家在特殊时期缓解住房危机、限制出租人房屋所有权、解决住房租赁矛盾提供了理论基础。

(二)住房租赁的社会化

除了财产权的社会化,在租赁领域也出现了社会化的需求。我国台湾学者邱聪智指出:"在租赁之现实交易上,由于出租人恒为经济强者,承租人恒为经济弱者,于日常生活上常见之重要租赁类型,极易出现出租人借契约自由压抑承租人之案例。如何本于社会法原理,借契约正义抑止契约自由之滥用,以保护出租人利益,实现出租人与承租人于租赁上之实质平等,乃成为租赁法上重要课题之一。"③

实践中几乎在财产社会化思潮产生的同时,租赁领域的社会化也开始

---

① 该案基本案情是:日本中央线日野春站附近长着一棵名叫"信玄公旗挂松"的松树。由于日本国家铁道公司在距离该松树两米处修筑铁道并设置列车换车站,这棵松树因常年受煤烟影响而枯死。于是松树所有人以国家铁道公司为被告提起损害赔偿诉讼。庭审中被告辩称:国家行使权利的过程中,即使致他人于损害,也不承担损害赔偿责任。日本大审院对此辩护未予理睬,而明确判示:国家行使权利的行为即使属于合法行为,但如果该行为致他人所受的损害超过了社会一般人所能忍受的限度时,也应肯定其逾越了权利行使的正当范围,从而应承担侵权行为的损害赔偿责任。这一判决在当时影响重大,它对当时日本社会正在盛行的个人主义所有权思想带来严重打击。后来的日本所有权发展史表明,这一判决使日本社会开始接受欧陆各国社会的、团体主义的所有权思想。参见梁慧星主编《中国物权法研究》(上),法律出版社1998年版,第251页。

② 梁慧星主编:《中国物权法研究》(上),法律出版社1998年版,第250—254页。

③ 邱聪智:《新订债法各论》(上),中国人民大学出版社2006年版,第229页。

显现。德国学者卡尔·拉伦茨在其《德国民法通论》里就谈到19世纪末20世纪初德国合同法中社会因素的加强以及住房租赁中对承租人的保护。他指出：德国民法强调了对居民中社会弱者的保护，在住房租赁法和分期付款法中，更加注重"社会"因素。拉伦茨指出：除了适用私法自治、信赖保护和均衡、公平原则外，民法还适用社会原则，即通过立法给予那些过分依赖订立合同，但是因为经济条件和业务经验的缺乏而难以获得足够自我保护经验的人以法律上的保护。由于每个人处在一个现代化的大众社会，这个社会为每个人提供社会福利、公共服务、教育培训以及其他均等的机会，保障每一个人都有生存安全的权利。与此同时，个人对社会的依赖也有所提高。以至于今天，个人的生存安全保障更多地依赖于集体、国家或社会组织对个人提供的"角色期待"，因而"社会法"的意义已经超越了私法规则的意义。[①] 也是在这样的前提下，民法中很多领域的发展已经突破了原来私法的范围。劳动法就是一个最典型的表现，其作为一个整体，已不仅仅是私法的一个组成部分，劳动法中很多表现反映出一种社会原则或社会法规则。而合同法中社会因素的加强，也是社会化的一个表现。两次世界大战之后，由于战争期间生产建设停滞、战争破坏以及难民的涌入，住房供需矛盾加剧，住房租赁法方面也发生了巨大变化。为了防止出租人任意提高租金、保证承租人的居住舒适稳定，德国立法只允许出租人具备合理条件时才可以提高租金，并且租金的变动也被限制在一定范围内；法律还规定出租人解除合同要具备正当理由，出租人解除合同还要向法院提出请求；行政机关还被授权强制住房所有人和实际占有人订立租赁合同，为需要房屋的人安排住房。这样，出租人的合同自由以及自由处分其房屋的权利都被取消了。同一时期的日本，由于城市住房紧缺加剧、住房纠纷频频发生、社会矛盾激化等因素，社会政策思潮的作用也日趋明显。[②] 因此，日本开始制定一些特别法来加强对承租人的保护，如1909年的《建筑物保护法》，这是日本在房地产租赁领域对处于弱势地位的承租人进行保护的开端。还有1921年制定的《借地法》和《借家法》，总而

---

① ［德］卡尔·拉伦茨：《德国民法通论》（上册），王晓晔、邵建东等译，法律出版社2003年版，第65—82页。

② ［日］自铃木禄弥：《居住权论：借家法序说》，转引自包振宇《日本住宅租赁特别立法研究——以承租人权利保障为中心》，《日本研究》2010年第3期。

言之，日本在当时社会政策的影响下，通过这些特别法为住房承租人提供了非常充分的保护，而这些特别立法也带有强烈的社会立法性质，使日本的住房租赁立法凸显出社会面向。[①] 英国是西方国家最早发展社会福利的国家，其奉行福利之邦的社会哲学，认为住房这种基本必需品的享有应当属于公民的权利，而对于公民所应承担的义务则相对比较模糊。第二次世界大战后，政府政策的目标更是强调结果公平而忽视机会公平，这也成为英国社会哲学更重要的元素。[②] 英国社会政策在社会管理过程中则起着主要和积极的作用，政府认为为公民提供适宜的住房是社会服务而加以重视，也正因如此，政府对于涉及公民住房利益的事务干预得要多一些。而和这种特点相适应，英国在住房租赁方面制定了《租金法》《住宅法》《不动产租赁法》等法律对住房租赁市场进行干预。英国这种福利之邦的社会哲学虽然不属于所谓纯粹的社会化思潮，但是它和社会化思潮有着千丝万缕的联系，因为社会福利本身就是一个社会化的行为，在国家干预下成为国民普遍分享的一类社会政策。以英国这一时期住房租赁契约管制的表现来看，可以将其定位为这种福利之邦的社会哲学推动了包括租赁在内的住房的社会化。所以说，在英国，社会化的影响对住房租赁契约管制也起到了一定的作用。总体而言，19世纪末20世纪初在发达工业国家形成的住房租赁社会化是住房租赁契约管制的一个不可忽视的力量。

综上所述，所有权和住房租赁社会化的兴起，使得法律对房屋出租人基于所有权人处分房屋的权利和住房租赁合同中合同自由权利的限制有了理论依据，国家据此对住房租赁的合同行为进行管制，住房租赁合同法中出现了一些体现社会原则、社会政策的法律规范。因此，可以说，在19世纪末20世纪初那个特定历史时期，所有权和住房租赁的社会化为住房租赁契约管制提供了思想理论依据。

本章小结

作为以"住房租赁契约管制理论"为主题的开篇，本章对这一理论

[①] 包振宇：《日本住宅租赁特别立法研究——以承租人权利保障为中心》，《日本研究》2010年第3期。

[②] 吴立范编著：《美英住房政策比较》，经济科学出版社2009年版，第17页。

的本体即"契约管制"进行展开式论述。契约限制通常表述的是对契约自由进行约束的结果,契约管制大多是在公法语境下使用的词语,表达政府或者法律对契约自由进行限制的状态,事实上契约限制和契约管制反映的是一件事情。在这种概念构架下的住房租赁契约管制,既包括以公法为手段对契约关系进行的管制,也包括以私法为手段对契约关系进行的管制。本书将以这种通过公法或者私法对住房租赁合同关系进行的约束和限制为研究对象展开论述。伴随着契约自由的衰落,也是契约管制兴起和发展的过程。契约管制在合同法中的演进过程和在国内外部门法中的演进过程可以很形象地展示契约管制是如何兴起、发展起来的。契约管制在合同法中的演进过程可以从两个方面来观察:第一,在合同法中格式契约的出现和缔约形式主义的产生可以反映出契约管制在缔约形式方面的发展过程;第二,在合同法中强制缔约制度、诚实信用原则、情势变更原则和客观解释原则等的确立和适用以及契约中社会因素的加强可以反映出契约管制在缔约内容方面的发展过程。契约管制在部门法中的演进可以从国外和我国两个视角来观察:在国外,基于应对垄断资本主义所带来的弊端,契约管制所涉足的领域基本上是从公用事业领域开始的,然后逐渐波及劳动法和消费者权益保护法等部门法领域,随后又影响到住房租赁法律方面。而在国内,前期也基本上经历了几乎相同的发展轨迹,即从公用事业领域到劳动法、保险法、消费者权益保护法等,只是目前在我国,这种契约管制还没有在住房租赁法律方面有很明显的体现。

  契约管制在国内和国外近乎相同的发展轨迹至少可以诠释一个问题:即使是在市场经济体制下,纯粹依赖市场经济规律对市场行为进行调整也不足够,市场经济也有市场失灵的风险,理想的自由市场经济环境下的市场法则已不能完全应对千变万化的市场状态。于法律来讲,衍生于自由资本主义环境下的法律价值理念和原则已不能完全适应现代市场经济发展的要求,而自由资本主义环境下产生的私法自治、权利平等、契约自由等原则或理念也面临现实冲击,契约自由已经发生松动,在某些部门法领域的契约管制已经成为事实。然而,契约管制毕竟是对传统法律观念、原则和制度的巨大冲击,市场的客观需求不等同于法律上有理有据,实践的顺利展开需要理论上的鼎力支持。因此,我们需要去探究据以对契约进行管制的理论支点。借由经济学上的国家干预理论、法学上的法律父爱主义、法哲学上的形式公正与实质公正的关系等既有成果的支持,我们得以为契约管制找到强有力的理论依据，从而证明契约管制是正当的。

　　住房租赁契约管制作为一个特定的合同管制类型，必然有其产生的经济、历史原因和理论渊源。城市化的发展加剧了城市中的住房供需矛盾，激化了住房租赁中出租人和承租人之间的矛盾，破坏了两者之间的实质公平，国家作为管理者必须予以干预，因而城市化是国外发达国家住房租赁契约管制的社会经济原因；两次世界大战后住房租赁矛盾的升级促使这些国家出台特别法律来应对这种特殊情况，这也是现代史上进行大规模住房租赁契约管制的开端，因而两次世界大战是推动国外发达国家正式开始大规模住房租赁管制的主要力量；19世纪末20世纪初所有权和住房租赁社会化的产生和发展为这些国家进行住房租赁契约管制提供了具体的理论支持，因而这种社会化思潮是推动住房租赁契约管制的理论渊源。

第二章

域外住房租赁契约管制的发展演进

虽然从 20 世纪初开始，很多发达资本主义国家都拉开了本国住房租赁契约管制的序幕，但是由于各国国情和法律传统上的差异，其住房租赁契约管制制度呈现出各自的特点。以德国、日本为代表的大陆法系住房租赁契约管制制度呈现出以私法为主、公法为辅的法律特点。以英国、美国为代表的英美法系的住房租赁契约管制制度呈现出与大陆法系截然不同的特质，主要体现为以管制法为主，类似于大陆法系的公法。[①] 事实上，按其法律性质来分，国外住房租赁契约管制可以分为私法管制和公法管制。以下，我们将从私法和公法两个角度对这些住房租赁契约管制制度展开分析。

第一节　域外住房租赁契约私法管制的实践

一　买卖不破租赁

（一）买卖不破租赁的产生

罗马法中有"买卖使租赁终断"（又称买卖破除租赁）的规则，这个

[①] 关于英美法系和大陆法系的相互影响和趋同，学界早有认识。虽然传统英美法系不作公法和私法的区分，但是在英美法系内部，还是呈现出类似大陆法系里公法和私法并立的特点，英美法系也基本上能看出私法领域和公法领域。这主要来源于两大法系类似的经济生活以及对这种经济规律的认知。英美法系中的管制法类似于大陆法系中的公法，而在信托、公司、合同制度、财产法等领域所体现的特点类似于大陆法系的私法。参见孟勤国、张淞纶《英美法物上负担制度及其借鉴价值》，《环球法律评论》2009 年第 5 期。

规则认为：在物的租赁关系中，出租人占据主导地位，承租人只享有占有租赁物的权利，并且不能干涉出租人出卖租赁物的权利，出租人应当要求买卖契约中的买受人尊重承租人对物的继续租赁使用，但如果买受人违背这一条款，法律保护买受人的权利，承租人也只能针对出租人提起诉讼。[1] 也就是说，买受人仍然可以通过买卖合同获得物的所有权，但是出租人要承担违约责任。罗马法孕育着现代民法中最基本、最朴素的法律理念、法律精神和法律原则，"法律面前，人人平等""契约自由""物权优于债权"等理念作为人类智慧的结晶一直影响着后世的民法。罗马法中"买卖破除租赁"的规则，就是平等原则、契约自由原则、物权优于债权原则的直接逻辑导出：首先，罗马法假定出租人、承租人和买受人的法律地位是平等的，每个人都有基于自己在法律关系中的地位作出一定行为并使这个行为发生法律效力的权利。出租人同时作为房屋的所有权人可以行使自己的所有权、处分自己的房屋；买受人通过买卖行为获得房屋的所有权，这是基于平等而获得的法律上的自由，任何人不可以阻止。其次，罗马法秉承契约自由的理念，每个人都享有契约自由。因此，出租人通过签订契约出卖自己的房屋，也是符合契约自由原则的。最后，受让人通过买卖合同获得房屋的所有权，来对抗承租人的租赁权，根据物权对抗债权的原理，买卖当然是可以破除债权的。也就是说，买卖破除租赁原则是传统民法逻辑的自然导出结果。一方面，依照民法原理，所有权具有绝对性和排他性，出租人是物的所有权人，可以排除一切对其所有权的限制。出租人基于所有权将其所有的物出卖，也是基于所有权的处分权能。出租人将所有权转移，第三人获得物的所有权和排他的权利，可以排除一切对其所有权的限制。而承租人享有的是债权，根据物权的优先性原理，第三人获得的物权有优先获得保护的效力。另一方面，根据债的相对性，承租人与出租人签订租赁合同，出租人因为转移其所有权，可能会造成租赁终断，出租人在这里只应向承租人承担违约责任，承租人只需向出租人追究责任。从这几点来看，买卖破除租赁才是民法原理的逻辑推导结果。根据这项原则，承租人可以就出租人的违约提起诉讼，追究出租人的违约责任。但在现实中，转让租赁物的出租人往往经济状况都很差，况且提起诉讼本

---

[1] ［英］巴里·尼古拉斯：《罗马法概论》（第二版），黄风译，法律出版社 2004 年版，第 199—200 页。

身也是很麻烦的事，因此，承租人很难获得赔偿。所以有些租赁合同当事人在缔约时即附加"出租人如果中途转让租赁物的，应当要求买受人遵守原租赁合同"的条款，或是附加违约罚金条款。但是根据合同相对性原理，买受人仍然不受法律限制。买卖破除租赁不利于保护承租人的利益是显而易见的。及至罗马帝国后期，地奥克莱体亚努斯帝为了维护承租人的利益，规定凡是买卖合同中附有维持租约效力条款的，买受人就有遵守该条款的义务①，买卖破除租赁从而在一定程度上被限制了。这也是从买卖破除租赁向买卖不破租赁发展过程中最初的形态。19世纪中后期，资本主义经历了高度发展的时期，在资本主义工业化背景下，买卖破除租赁因为难以保证交易安全和稳定，已经不适应新的社会生产关系，资产阶级为了维护自己的经济地位，极力倡导新的制度来维护资本主义生产关系。现代民法出于对承租人利益的考量，采取"买卖不破租赁"规则。买卖不破租赁是指在租赁期间，租赁物的所有权如果发生变动，这种变动不会引起租赁关系的解除。从买卖不破租赁的字面意思上看，只有"买卖"引起的租赁物所有权发生变动会导致租赁关系变化，但是随着交易关系的复杂化，实践中赠与、互易或者合伙出资等都可能导致租赁物所有权发生变动。买卖不破租赁作为"债权物权化"最典型的表现，已成为大多数国家关于租赁制度民事立法的通例。

（二）住房租赁之买卖不破租赁在域外的实践

买卖不破租赁制度在大陆法系各国的适用较为普遍一些。1900年《德国民法典》制定之初，即确立了买卖不破租赁原则，这项原则历经上百年，至今未发生任何变化。② 该原则也是最早由德国法学家提出。在《德国民法典》中，这项原则不仅在住房租赁中适用，而且还适用于土地租赁关系、除住房以外的房屋租赁关系和已登记的船舶租赁关系中。《德国民法典》关于房屋租赁中的买卖不破租赁原则有其产生的深刻历史原因：

---

① 周枏：《罗马法原论》（下册），商务印书馆1994年版，第723页。
② 《德国民法典》第566条规定：（1）出租的住房在交付于承租人之后，由出租人出让于第三人的，受让人取代出租人，加入到在自己所有权存续期间由租赁关系产生的权利和义务之中。（2）受让人不履行义务的，出租人对应当由受让人赔偿的损害，负与已经抛弃先诉抗辩权之保证人同样的责任，承租人经出租人通知而知悉所有权移转的，在承租人不予准许终止之第一个期日终止租赁关系时，出租人被免除责任。参见杜景林、卢谌《德国民法典——全条文注释》（上），中国政法大学出版社2015年版，第441页。

1871—1918年的德意志帝国期间，伴随着工业化的发展与人口的急剧增长，德国正在崛起一个崭新的社会阶层——产业工人。产业工人从农村来到城市寻求赚钱的机会，依靠出卖自己的劳动力维持生计，没有自己的土地和其他财产，在城市中没有住房。而在当时，随着德国城市化速度加快，城市人口比例也在迅速上升，住房市场出现紧缺现象，住房问题受到社会各界的关注。为了保障相对弱势的产业工人能够在城市通过租赁获得房屋居住，政府需要向他们提供住房社会保障方面的政策倾斜，这就产生了当时的德国民法向承租人利益倾斜的政策。因此，《德国民法典》于1896年制定时就规定有买卖不破租赁制度。[①] 这项制度产生的原因在于将产业工人视为弱势群体，并对他们提供特殊保护，而这项制度的目的在于保护承租人，使其免受因为出租人将出租房屋转让而带给承租人法律上的不利益。

买卖不破租赁制度自从在《德国民法典》中规定以来，规范内容上并没有发生变化，只是由于《使用租赁法改革法》的颁布，《德国民法典》第566条买卖不破租赁制度的适用范围从一般性地涉及不动产使用租赁缩小为只涉及住房使用租赁，而第578条对其的援引将这一规则的适用对象扩及至土地和房屋，而这里的房屋不区分住房与否，包括住房和营利事业用房。[②] 除了德国，大陆法系的日本也实行不完全的买卖不破租赁制度。根据《日本民法典》第605条规定：租约只有经过登记时，才具有买卖不破租赁的效果。即经过登记的租约，虽然房东通过买卖行为将房屋转卖给第三人，而

[①] 《德国民法典》第一草案采取的是罗马法中的"买卖破坏租赁"规则，其立法理由在于：基于租赁合同产生的承租人权利是一种债权，而非物权，因此出租人的受让人不应受租赁合同的约束，在任何时候他都可以依据其物权请求承租人返还租赁物。但不可否认，这一规则也产生了严重的问题，即其忽视了对承租人利益的保护，尤其是在住房租赁情形中，如果出现住房短缺，就可能产生承租人的生存无法得到保障的问题。由于这一原因，德国法学家基尔克对该立法理由提出了严厉批评。在他看来，在德国的许多城市中，承租人臣服于出租人的专断与高额的租金已经成为严重的社会问题，承租人处于弱势地位，为了保护承租人，法律应当在一定程度上限制合同自由，《德国民法典》第一草案应当强化对承租人的特别保护。基于基尔克的批评，温德沙伊德也改变了自己的观点，认为采纳"买卖不破租赁"规则是必要的，是私法实现其社会任务的要求。因此，最终生效的《德国民法典》第566条确立了"买卖不破租赁"的规则。参见王利明《论买卖不破租赁》，《中州学刊》2013年第9期。

[②] 《德国民法典》第578条：（1）对于土地之租赁关系，相应地适用第550条、第562条至562d条、第566条至567b条以及第570条的规定。（2）对于非为住房之房屋的租赁关系，相应地适用第1款中所列举的规定以及第552条第1款、第554条第1款至第4款和第569条第2款的规定。另外，房屋是用于人之逗留的，相应地适用第569条第1款的规定。参见杜景林、卢谌《德国民法典——全条文注释》（上），中国政法大学出版社2015年版，第461—462页。

之前的租赁关系仍然对买受人有效，房客仍然可以向买受人主张租赁权。① 以此可以推知，租约如果没有经过登记时，则实行"买卖击破租赁"原则，即通过转让合同获得所有权的受让人，可以获得对抗租赁权的效力。此外，《法国民法典》第1743条规定买卖不破租赁适用于已经订立并且经过公证或规定有确定期日的租赁契约的土地或房屋。② 《瑞士债法典》第259条第2项和第260条第2项规定"不动产"和"经过租赁登记的房屋"具有对抗新的物权所有人的效力，即在这两种情况下具有买卖不破租赁的效力。③ 我国台湾地区民法也有对于经过公证的、期限不超过5年或者定有租赁期限的不动产租赁适用买卖不破租赁的规定。④ 《奥地利普通民法典》第1095条规定登记到公共登记簿中的租赁合同，承租人的权利获得类似于物权的效力，租赁物的新占有人必须容忍承租人继续使用租赁物；而第1120条进一步规定未登记于公共登记簿上的承租人权利，不能对抗新的占有人。这说明奥地利也采取"买卖不破租赁"制度。⑤ 《意大

---

① 《日本民法典》第605条：不动产租赁，一经登记，对于其后就其不动产取得物权的人也发生效力。参见渠涛编译《最新日本民法》，法律出版社2006年版，第132页。

② 《法国民法典》第1743条：如出租人出卖其出租物，买受人不得辞退已订立经公证或规定有确定期日的租赁契约的土地承租人、佃农或房屋承租人。但是，如在租赁契约中原已保留此种权利，买受人得辞退非乡村财产的承租人。参见罗结珍译《法国民法典》（下册），法律出版社2005年版，第1319页。

③ 《瑞士债法典》第259条第2项：租赁物为不动产的，第三人在合同不允许提前取消的限度内，允许承租人继续占有租赁物，直到合同依法终止时；第三人未能通知承租人的，应当视该第三人为已成立租赁协议的一方当事人。

第260条第2项：登记具有使各后手之房屋所有人允许承租人依照租赁合同对上述房屋继续使用收益的效力。

参见吴兆祥、石佳友、孙淑妍译《瑞士债法典》，法律出版社2002年版，第63页。

④ 我国台湾地区《民法典》第425条：出租人于租赁物交付后，承租人占有中，纵将其所有权让与第三人，其租赁契约，对于受让人仍继续存在。前项规定，于未经公证之不动产租赁契约，其期限逾五年或未定期限者，不适用之。

⑤ 《奥地利普通民法典》第1095条：租赁契约已登记于公共登记簿者，承租人的权利视为物权，在租赁关系存续期间，租赁物的占有承继人须容忍承租人继续行使其权利。

第1120条：承租人的权利未登记于公共登记簿者，如租赁物的所有权人将租赁物让与并交付于第三人，经以合法方式通知承租人终止契约后，承租人不得对抗新的占有人。但承租人就其所受之损害和所失之收益，得请求出租人完全赔偿。

参见戴永盛译《奥地利普通民法典》，中国政法大学出版社2016年版，第210、215页。

利民法典》也规定在租赁存续期间内,买受人承担保持租赁的义务。①

买卖不破租赁制度不仅在大陆法系,在英美法系也有所应用。作为合同法的内容,美国住宅租赁法律制度中就规定有买卖不破租赁制度。但是与大陆法系中的买卖不破租赁制度不同,美国住宅租赁制度中的买卖不破租赁只适用于抵押权实现过程中,为保护承租人利益,法律规定当抵押权实现时,抵押房屋的拍卖不会导致租赁关系的终止,租赁关系在承租人和新房主之间继续存在。这就是美国住房租赁中的买卖不破租赁制度。相比于大陆法系各国于租赁关系成立后租赁物的所有权发生变化的场合,即不论是买卖还是因为抵押实现而进行的买卖,美国的买卖不破租赁制度只是在抵押权实现时而采取的措施,因此适用范围十分狭窄,也十分苛刻。根据普通法原则中的"时间优先、效力优先"的规定,只有成立于抵押之前的租赁才可适用"买卖不破租赁"规则,而成立于抵押之后的租赁则适用"买卖破除租赁"。但是在实践中,很多抵押权是在房屋建造或者购买时设立的,而且有的抵押权会存续很长时间,因此很多情况下都是抵押先于租赁成立,所以实践中"买卖不破租赁"规则被适用的机会很少。有鉴于此,联邦及一些地方政府通过制定法律来扩大该规则的适用范围。2009年5月20日奥巴马总统签署《抵押权实现过程中承租人保护法》,根据该法规定,"买卖不破租赁"规则的适用将不受抵押和租赁成立的先后次序的影响。显然,这一规定扩大了"买卖不破租赁"规则的适用范围,这对于保障承租人的居住利益、维护租赁关系的稳定大有裨益。②

英国的住房租赁法律制度里也有买卖不破租赁规则。英国的短期租赁(shorthold tenancy)主要规定在《住宅法》(*Housing Act*, 1988)里,这部法律给予租客一定的权利,租约最少六个月,在租约刚开始的六个月内,除非房客严重违反租约,否则房东不能让租客离开。六个月后如果房东想提前让房客离开,他需要提前两个月通知房客。租约满后,如果租赁关系继续,则此时租赁关系从定期租赁转为不定期租赁,则租约按月继续,房东和房客随时可以给对方通知要求终止租赁关系。因此,基于《合同法》

---

① 《意大利民法典》第1600条:租赁没有确切时间而承租人的持有是在转让之前的,买受人仅承担根据该未定期间的租赁所确定的存续期间保持租赁的义务。费安玲等译:《意大利民法典》,中国政法大学出版社2004年版,第387页。

② 周珺:《美国住房租赁法的转型:从出租人优位到承租人优位》,中国法制出版社2011年版,第87—88页。

和《住宅法》中对承租人的保护,在租约开始的前六个月内除非承租人违反租约,否则房东不得让承租人离开,这条规则对于新的房东也是适用的,原房东卖掉房子并不能成为驱赶承租人的理由,因此新的房东必须承继现有租约,直到满足法律的条件才可以提前终止租约。这项规定实际上已经形成了买卖不破租赁的实质效果,可以被认为是买卖不破租赁规则在住房租赁中的应用。但是这个被认为是类似于大陆法系"买卖不破租赁"制度的规则在英国住房租赁中的应用十分有限,只是在住房租赁合同成立生效的最初六个月内存在,法律没有明确规定这个制度,这个制度的存在也仅仅是通过《合同法》和《住宅法》的相关规定推导出来的。可见,这个在大陆法系中非常典型的对承租人予以倾斜性保护的私法制度在英美法系中并不普遍,这个带有自治特征的法律制度无论从体系上还是内容上都不能构成英美法系住房租赁法律制度的主体。而且,英美法系住房租赁法律制度以管制法为主,而买卖不破租赁在这些国家中的立法形式不像大陆法系那样,完全在合同法中规定,对其的规定可能有合同法,也可能有专门的特别法(如美国的《抵押权实现过程中承租人保护法》),也可能有管制法(如英国的《住宅法》)。总之,买卖不破租赁制度在英美法系中已不完全属于私法,也不构成英美法系住房租赁的主要制度和特点。

但是,我们不得不承认,从传统民法视角来观察买卖不破租赁制度,它是与传统私法理念中契约自由、人人平等等原则相悖的,它阻断了出租人和买受人作为所有权人处分自己财产的自由;同时这项制度对承租人给予倾斜性保护,也有违私法上人人平等和公平的理念和精神。但是,一个国家立法者对制度的选择,反映了立法者的价值取向。考察国外买卖不破租赁制度确立的历史可以看出,随着社会经济的发展,人们的财产观念在不断地发生变化。为了使社会财富发挥其最大效应,人们"由过去侧重保护物之所有权关系转为侧重保护物之用益关系,即由保护静态的物权关系变为保护动态的债权关系,社会对物的价值的利用和获得的重要性超过了对物的抽象的支配"[①],因此,为了做到物尽其用,发挥物的最大效益,立法者从效益价值出发,构建了以关注用益物权为重点的买卖不破租赁制度。而对于很多国家所确立的住房买卖不破租赁而言,盖因为立法者认为

---

① 张明敏:《"买卖不破租赁"规则的法理分析——兼谈"买卖不破租赁"规则在未来民法典上的定位》,《山东大学法律评论》2003年。

住房为人生存之根本需要，而一般来说，承租人在社会地位和经济地位上都处于相对弱势一方，相对差别的社会经济地位意味着双方进行的经济行为难以达到公平，仅凭对教条的遵守只能维持形式的正义，而无法达到稳定社会秩序和居住秩序的需要。法律在此就作出向弱势一方倾斜的姿态，以从实质上维护公平，追求正义。因此，买卖不破租赁也是对公平、秩序、正义价值重新平衡的结果。

二 优先购买权

(一) 优先购买权的一般理论

优先购买权最早的雏形是优先权。早期的优先权产生于罗马法。当时，随着罗马帝国的扩张，经济关系和社会关系日趋复杂，权利交叉最终产生契约冲突，这个时候就需要确定当契约发生冲突时谁享有优先权的问题，因此，权利交叉和契约冲突是优先权产生的前提。而不动产优先购买权源于拜占庭时期的罗马法，它是指当所有权人出卖不动产时，特定人依法定或者约定享有的、以同等条件优先购买的权利。[1] 这一时期罗马法中不动产优先购买权首先在租佃关系中得以确立。最初，租佃关系发生在以国家为所有权人的公有土地上，后来，私有土地的所有权人也纷纷将土地出租给佃农耕种，这种仅仅适用于土地的租佃关系被称为永佃权。罗马法规定永佃权人转让永佃权时，应首先告知土地所有权人，所有权人于接到通知两个月内可以同等条件优先购买永佃权。这就相当于永佃权的回赎权。[2] 再后来，这种租佃关系的权利客体扩及房屋，永佃权上升为永租权，因而永佃权的回赎权后来也成为永租权的回赎权。随着罗马法影响力的不断扩大，优先购买权制度也得到广泛认可，承租人的优先购买权制度逐渐被大陆法系各国接受。

与住房租赁中的买卖不破租赁制度产生原因很类似，住房租赁中优先购买权的立法目的在于稳定租赁关系，因为如果任凭出租人自由处分已经出租的住房所有权的话，承租人可能因为出租人将租住房屋转让于他人而仓促间无法重新找到租住房屋、陷入无房可住的困境，法律为了保护承租

---

[1] 叶知年：《对不动产先买权若干问题探讨》，《福州大学学报》（社会科学版）1998年第3期。

[2] 周枏：《罗马法原论》，商务印书馆1994年版，第387页。

人，必须作出向承租人倾斜的法律规定。同时，在经济社会，提高物的利用效率、降低交易成本也是考量一个社会的经济制度是否优劣的标准；承租人如果能够通过购买房屋获得房屋所有权，可以使其先前在房屋上所做的投入得到充分利用，不至于浪费；而且，承租人购买房屋，使房屋使用人和所有人成为一人，减少承租人重新找房和搬迁的麻烦，稳定承租人对房屋的现实利用关系，从客观上降低了交易成本。优先购买权能够达到这样的经济效果，也是其在现代社会被普遍确立的一个主要原因。一般认为，承租人和出租人的地位相比较的话，出租人基于房屋物权人的地位，处于相对强势的一方，而承租人处于相对弱势一方，为了达到实质的平等和正义，法律向弱势一方倾斜。承租人租住房屋，就是为了安居的需要，承租人在租赁期间，出租人将出租房屋转让，无疑会使承租人被迫做出选择：要么退出租赁房，重新找房租赁；要么将租赁房买下，从而使用权和所有权合而为一。为了体现法律的公正，法律对这种关系进行矫正，赋予承租人优先购买权，事实上就是给予承租人一种期待权和选择权，以使承租人在与出租人的力量比较中获得相对平等的地位。

（二）优先购买权的实践

与买卖不破租赁制度主要适用于不动产不同，优先购买权适用范围较为广泛。德国作为大陆法系的代表国家，其民法对优先购买权的规定还是非常详尽、具体的。《德国民法典》将优先购买权分为债权优先购买权和物权优先购买权。债权优先购买权也称对人的优先购买权，是指根据合同或者法律规定，所有权人只能将指定标的物出卖给特定权利人，而不能将其以同等条件出卖给第三人。《德国民法典》第463—473条以合同形式设立了债权优先购买权。[①] 该法在"债务关系法"编的"具体债务关系"一章中将因约定而产生的优先购买权规定为一种特殊买卖，并对此债权优先购买权的行使及同等条件的界定作了详细规定。显然，承租人的优先购买权属于债权优先购买权。物权优先购买权又称对物的优先购买权，也就是基于物权享有的优先购买权。《德国民法典》第1094—1104条在"物

[①] 杜景林、卢谌：《德国民法典——全条文注释》（上），中国政法大学出版社2015年版，第342—347页。债权优先购买权规定在《德国民法典》第二编"债务关系法"第八章"具体债务关系"第二目"特种买卖"第三分目"先买"中。

权法"编中规定了物权优先购买权。[1] 物权优先购买权与债权优先购买权有以下几点区别：（1）物权优先购买权的客体只能是不动产，债权优先购买权的客体可以是任何物或者权利。[2] 这个也可从《德国民法典》第1094条规定中看出。[3]（2）债权优先购买权只能设定优先购买权人与所有权人之间的关系，而物权优先购买权可以发生对抗第三人的追及效力。[4]《德国民法典》第1098条第2款就对物权优先购买权的追及效力作了规定，而对债权优先购买权就没有作此规定。[5]（3）物权优先购买权的成立必须符合物权成立的"合意+登记"原则。而债权优先购买权的成立不必具备这一条件。[6] 优先购买权并非只有承租人才享有，在德国，共同继承人和房屋所有人对房屋地基、乡镇政府对公共建设规划区域内的私有不动产、房屋承租人对承租房屋都享有优先购买权。《德国民法典》第577条规定了承租人的优先购买权。[7] 一般认为承租人的优先购买权是指出租人

---

[1] 杜景林、卢湛：《德国民法典——全条文注释》（下），中国政法大学出版社2015年版，第804—808页。物权优先购买权规定在第三编"物权法"第五章"先买权"中。

[2] 孙宪忠：《德国当代物权法》，法律出版社1997年版，第171页。

[3]《德国民法典》第1094条规定：（1）土地可以因设定负担而受利益的人对所有权人享有先买之权利的方式设定负担。（2）先买权亦可以为另一土地在其时之所有权人的利益而设定。参见杜景林、卢湛《德国民法典——全条文注释》（下），中国政法大学出版社2015年版，第804页。

[4] 孙宪忠：《德国当代物权法》，法律出版社1997年版，第171页。

[5]《德国民法典》第1098条规定：（1）权利人与义务人之间的法律关系，依第463条至第473条的规定确定。即使土地由支付不能管理人直接卖出，仍然可以行使先买权。（2）对于第三人，先买权具有为保全因行使权利而产生之所有权转移请求权而进行预告登记的效力。（3）依第1094条第1款产生的先买权，为法人或者有权利能力之合伙享有的，在未约定其可以转移时，对于此项权利的转移，相应地适用第1059a至第1059d条的规定。参见杜景林、卢湛《德国民法典——全条文注释》（下），中国政法大学出版社2015年版，第805页。

[6] 孙宪忠：《德国当代物权法》，法律出版社1997年版，第171页。

[7]《德国民法典》第577条规定：（1）出租的住房，以其在交付于承租人之后已经设定或者准备设定住宅所有权为限，出卖给第三人的，承租人享有先买的权利。出租人将住房出卖给一个亲属或者一个属于自己家室的人的，不适用此种规定。以下列各款中无其他规定为限，对于先买权，适用关于先买的规定。（2）出卖人或者第三人就买卖合同之内容所作出的通知，应当与向承租人告知其享有先买权结合到一起。（3）先买权通过承租人之书面表示向出卖人行使。（4）承租人死亡的，先买权移转于依第563条第1款或者第2款加入到租赁关系的人。（5）为损害承租人的利益而订立背离性约定的，约定不生效力。参见杜景林、卢湛《德国民法典——全条文注释》（上），中国政法大学出版社2015年版，第460页。

出卖已经出租并交付使用的住房,承租人在同等条件下有优先购买权。德国民法中承租人优先购买权确立的历史背景和买卖不破租赁制度非常类似,《德国民法典》于1896年制定时,正值西方从自由资本主义向垄断资本主义过渡,社会贫富差距加大,社会矛盾异常尖锐。为了缓和社会矛盾,扶助以产业工人为主体的承租人群体,迫切需要从法律上对承租人加以保护。于是,承租人优先购买权在《德国民法典》中确立下来。

但是,从传统民法原则的视角来看,优先购买权是与传统的私法理念相悖的。传统私法理念主张所有权绝对、契约自由、人人平等,特别是在财产性质的法律关系中。但是优先购买权却与传统私法理念相背离。在优先购买权制度中,承租人被赋予优先购买权,享有优先于其他有意愿的买受人购买房屋的权利,出租人作为所有权人出卖自己所拥有的房屋时,其自由选择买受人的权利受到限制,不能任意选择买受人作为交易对象,显然,这违背了所有权绝对和契约自由原则。对于买受人来说,优先购买权赋予承租人明显优于一般买受人的地位,这也有悖于私法上的人人平等、公平的理念和精神。

在这里值得一提的是英美法系中没有关于房屋承租人优先购买权制度。从财产权的角度,英国有永久产权(freehold)和租赁产权(leasehold)。虽然被叫作租赁产权,但它的时间也很长,一般租赁期限为155年到999年不等,这就使其更具有财产权的意味。租赁产权人(leaseholder)每年会象征性交给永久产权人(freeholder)一点租金。永久产权人(freeholder)在出卖自己的永久产权(freehold)权益时,租赁产权人(leaseholder)有优先购买权。而我们平时意义上的住房租赁都属于短期租赁(shorthold),而短期租赁(shorthold)中的租客即承租人(shorthold tenant)是没有优先购买权的。也就是说,英国的住房租赁法律制度中没有优先购买权。英国是普通法的发源地,租赁制度的相关规则在普通法早期是被当作财产法的相关规则来看待的,也就是说租赁权属于财产权,财产权类似于大陆法系中的物权。只是到了近现代,普通法的租赁制度中才逐渐融入了合同法的因素,无论是在制定法还是在判例法中,都出现了类似于在大陆法系的合同法中才能出现的制度。所以英国没有形成类似于大陆法系所谓物权优先购买权和债权优先购买权的区分,住宅租赁中承租人的优先购买权更是无从谈起。而美国承继英国的法律传统,也没有形成房屋承租人优先购买权的理论条件。

三 解约限制

解约限制是在大陆法系国家里适用较为普遍的制度。按照契约自由原则，合同当事人是可以随意解除约定的。但是在住房租赁合同关系里，承租方常常是社会经济条件相对比较差的人，一旦出租人突然单方面解除住房租赁合同关系，承租人就会陷入流离失所、无家可归的境地。实践中出租人往往以解除住房租赁关系相要挟，对承租人提出增加租金等非分条件。为了保障承租人能够有一个较为稳定的居住状态，很多国家法律对出租人的解约权进行限制。总之，解约限制就是基于对承租人的保护，限制出租人单方面解除租赁契约或终止合同的权利。

《德国民法典》中将解约限制规定得非常详尽，对出租人终止合同的权利做出了严格的限制：第一，按照《德国民法典》第573—574c不确定期限使用租赁关系的相关规定，出租人不能自由终止合同，但承租人仍然可以自由终止合同。原则上，出租人若要提出终止合同的要求，必须具备正当理由，否则不产生终止合同的效力。[①] 第二，第573c条第1款规定，如果承租人提出终止，"至迟准许在一个历月的第三个工作日提出，并且自再下一个月结束时起终止"，但是，规定"出租人的终止期间，自交付住房时起5年和8年之后，每次延长3个月"。这种对承租人和出租人提出终止租赁期间不对称的规定，突出了对承租人保护的特点，"是实现住房承租人之既存利益保护的一个组成部分"[②]。第三，出租人也可以依法定期间终止合同（第573d条）[③]，但是出租人依法定期间终止合同受到严格的限制：（1）需要在其他的立法中有相关出租人行使特别终止权的规定。（2）出租人能够提出正当理由。（3）出租人必须以书面方式提出特别终止。

[①] 杜景林、卢谌：《德国民法典——全条文注释》（上），中国政法大学出版社2015年版，第449—456页。

[②] 同上书，第452页。

[③] 《德国民法典》第573d条：(1) 租赁关系可以特别地以法定期间终止的，以依第564条对出租人之继承人作出的终止为例外，相应地适用第573条和第573a条的规定。(2) 终止至迟准许于一个历月的第3个工作日提出，并且自再下一个月结束时终止，在第549条第2款第2项之住房的情形，至迟于一个月的第15日提出，并且自该月结束时终止（法定期间）。第573a条第1款第2句的规定，不予以适用。(3) 为损害承租人的利益而订立背离性约定的，约定不生效力。参见杜景林、卢谌《德国民法典——全条文注释》（上），中国政法大学出版社2015年版，第452—453页。

(4) 在法律规定的特别终止期间内提出。(5) 出租人对法定期间之特别终止不存在排除性构成。(6) 承租人提出异议失败。第四，第 574 条赋予承租人对终止租赁合同关系提出异议的权利。① 第五，《德国民法典》第 574a 条为保护承租人，还确立了"限制合同解除的社会化条款"，即如果解除租赁合同会对承租人或者其家庭带来重大利益损害或者严苛困难的，承租人仍然可以请求继续租赁关系。② 第六，《德国民法典》第 575—575a 条规定了房屋确定期限的使用租赁关系，但是为了保障住房承租人的既存利益，这种确定期限的住房租赁关系只能在严苛的条件下才能成立。第七，第 577a 条规定当住房所有权发生变动时，受让人只能于出让时起 3 年之后，方能援用 573 条第 2 款第 2 项或者第 3 项所称的正当利益条款。③ 以上这些规定，都

---

① 《德国民法典》第 574 条：租赁关系的终结将对承租人、其家庭或者其家庭的其他成员造成严苛的困难，并且此种困难即使在评价出租人之正当利益时，亦不能够被正当化，承租人可以对出租人的终止提出异议，并且向出租人请求继续租赁关系。存在事由，而出租人据此事由有权作出特别之无期间终止的，不适用此种规定。(2) 严苛之困难，亦指在可以苛求的条件下，不能够取得适当的代用住房。(3) 在评价出租人的正当利益时，仅考虑在第 573 条第 3 款之终止函中所注明的理由，但以此种理由非为嗣后发生为限。(4) 为损害承租人的利益而订立背离性约定的，约定不生效力。参见杜景林、卢谌《德国民法典——全条文注释》（上），中国政法大学出版社 2015 年版，第 453—454 页。

② 《德国民法典》第 574a 条：(1) 在第 574 条的情形，并且在考虑一切情况时均为适当的期间之内，承租人可以请求继续租赁关系。不能够苛求出租人按原合同条款继续租赁关系的，承租人仅能够请求在对条款进行适当变更的情况下，继续租赁关系。(2) 不能够成立合意的，关于租赁关系的继续、关于继续的期间以及关于租赁关系得以继续的条件，通过判决确定。不能够肯定，因之存在而使租赁关系的终结对承租人或者其家庭造成严苛困难之事由何时消灭的，可以确定，租赁关系以不确定期限的方式继续。(3) 为损害承租人的利益而订立背离性约定的，约定不生效力。参见杜景林、卢谌《德国民法典——全条文注释》（上），中国政法大学出版社 2015 年版，第 454—455 页。

③ 《德国民法典》第 577a：(1) 在出租的住房上，并且是在交付于承租人之后，设置住宅所有权，并且出让该住宅所有权的，受让人仅自出让时起 3 年时间结束之后，始可以援用第 573 条第 2 款第 2 项或者第 3 项所称的正当利益。……

第 573 条：(1) 出租人仅在自己对租赁关系的终结具有正当利益时，始可以终止。排除以提高租金为目的的终止。(2) 出租人对租赁关系终结具有正当利益，特别是指下列情形：①承租人因过错而非为不显著地违反了自己的合同义务；②出租人需要将房屋用于自己、自己之亲属或者属于自己家室的成员居住；或者③出租人因租赁关系的继续，将使土地在经济上的适当利用方面受到妨碍，并且因此将会遭受显著之不利益；在此，另行作为住房出租将会取得较高租金的可能性，不予以考虑。出租人意欲出让租赁房屋，而且意图设定住宅所有权或者打算在交付于承租人之后设定住宅所有权的，出租人亦不得作出此种援用。(3) 出租人具有正当利益的理由，应当在终止函中注明。其他的理由，仅在其于事后发生的限度之内，始予以考虑。(4) 为损害承租人的利益而订立背离性约定的，约定不生效力。

参见杜景林、卢谌《德国民法典——全条文注释》（上），中国政法大学出版社 2015 年版，第 461、449—450 页。

是对出租人解约权进行限制的规定,这也构成了对承租人予以保护的核心内容,反映出德国主要是通过对租赁合同的解除施加限制来达到租赁控制的效果。① 除了德国,日本在房屋租赁方面也规定了较为详尽的解约限制制度。《日本民法典》将租赁分为定期租赁和不定期租赁。对于定期租赁而言,最长不能超过20年;法典中虽然没有直接规定定期租赁期间双方当事人不可以随时解除租约,但一般认为在住房租赁期限未满之前,双方不得随意解除租约;此外,法典还规定,即便是定期租赁,如果当事人一方或双方对解约权予以保留,租约一方或双方也可以随意解除租约。对于不定期租赁,当事人可以随时提出解除租赁关系。② 第二次世界大战期间,为了应对战时的住宅问题,日本政府于1939年发布了位于国家总动员法框架内的"土地房租统制令",严格限制出租房屋价格。因为这项对于租金控制的法令可能会导致出租人利益受损而频繁解约,为了保障出租房屋供给,保障承租人的权益,稳定社会秩序,对出租人进行解约限制显得尤为必要。1941年日本修改了《房屋租赁法》③,规定土地、房屋的出租人非有正当理由不得解除租约。这被称为租赁法上的"正当事由制度"。正当事由制度的实质就是解约限制。出租人提出解除租约的正当事由有:出租人自己使用房屋;承租人经过催告仍然拖欠租金;承租人未经同意擅自转借或转租房屋;承租人擅自改变、损毁房屋等。日本当时采取

---

① 许德风:《住房租赁合同的社会控制》,《中国社会科学》2009年第3期。
② 《日本民法典》第604条:①租赁的存续期间不能超过二十年。以契约约定长期间的,其期间也为二十年。②租赁的存续期间可以更新。但更新的期间自更新时起,不能超过二十年。

第617条:①当事人未定租赁期间时,各当事人可以随时提出解约。此时,下列各号所列租赁,因自提出解约之日起经过各号所列期间而终止:一、土地租赁为一年;二、建筑物租赁为三个月;三、动产及场地席位租赁为一日。②有收获季节的土地租赁,须在收获季节之后和下季耕作开始之前提出解约。

第618条:当事人,即便已定有租赁期间,只要其中的一方或双方对该期间内解约的权利做出了保留,准用前条的规定。

参见渠涛编译《最新日本民法》,法律出版社2006年版,第132、134页。
③ 日本《房屋租赁法》有时也被翻译为《借家法》,参见谢哲胜《房租管制法律与政策》,台湾五南图书出版公司1996年版,第211页。

正当事由制度主要是为了保证应征参战的承租人家人居住的持续[1]，也就是说，当时的正当事由制度是应对特定时期的特殊制度。二战后，随着日本战时特定状况消失，房屋租赁法没有进行大的修订，但是通过判例理论和解释学充实了《房屋租赁法》尤其是正当事由制度。经过战争的摧残，再加上大量退伍军人重返家园，日本当时住房奇缺。于是法院在判断出租人是否具备解约的正当理由时，推出了"利益比较原则"，即将出租人和承租人之利害关系、整体情形、社会通念、公共利益和最少限度的保障作为租房的必要性进行比较衡量[2]，再作出是否采纳出租人的正当理由。可以说，日本住房租赁中的正当理由制度对日本战后住房危机的解决、住房矛盾的缓和起到了很重要的作用。正当理由制度在当时引起了很大的争议，有人认为尽管其暗含着对承租人权利的保护，但其实质上起到了对独占资本保护的作用，本质上是法西斯法，战后这一制度则应该以"保护劳动者及其生存权"这些理念作为其理论支撑；还有的人认为正当事由制度本质上带有社会性立法的特点。总体上来说，正当事由制度被认为是为了保护承租人的居住利益而对出租人所有权的社会性限制。我国台湾地区也规定了解约限制（也称"出租人收回房屋的限制"）制度。台湾"土地法"第 100 条的规定即是反映收回房屋之限制制度的典范。[3] 按照台湾相关法律的规定，以下情形构成出租人收回房屋的理由：(1) 出租人收回房屋自己居住。(2) 住宅客观上有重大修缮或重新建筑的必要。(3) 承租人在同一县市拥有住宅，或承租其他住宅。(4) 承租人一年内转租住宅总共超过四个月。(5) 承租人积欠租金额二个月以上，除以担保金抵偿的除外。(6) 承租人以租赁住宅做违法的使用。(7) 承租人违反租赁合同或法定义务，经出租人通知改善仍不改善的。(8) 承租人损害出租人的住宅或附着物，而不予以相当的赔偿时。

---

[1] 凌维慈：《论居住保障与财产权限制——以日本房屋租赁法上的"正当事由制度"为例》，《政治与法律》2008 年第 2 期。

[2] 谢哲胜：《房租管制法律与政策》，台湾五南图书出版公司 1996 年版，第 13 页。

[3] 我国台湾地区《土地法》第 100 条：出租人非因左列情形之一，不得收回房屋：一、出租人收回自住或重新建筑时。二、承租人违反民法第四百四十三条第一项之规定转租于他人时。三、承租人积欠租金额，除以担保金抵偿外，达二个月以上时。四、承租人以房屋供违反法令之使用时。五、承租人违反租赁契约时。六、承租人损坏出租人之房屋或附着财物，而不为相当之赔偿时。

(9) 承租人暴力威胁、攻击出租人或其他承租人。①

总之，对上述大陆法系国家和个别地区住房租赁法律制度进行考察的结果，解约限制制度的应用还是较为普遍的。这项制度作为对出租人所有权的限制，对承租人的利益予以一定倾斜，客观上确实起到了保护承租人利益的作用。但是，解约限制毕竟是对租赁合同一方解除合同权利的限制，因此，这项制度从根本上是违背出租人所有权绝对原则、合同双方在合同中地位平等原则和契约自由原则的。

四 租金控制

租金控制是对住房租赁租金的最高限额、涨幅等进行制约和限制的制度。在大陆法系里，租金控制制度主要是在民法制度体系下规定的，因而人们习惯将其称为"控制"而不是"管制"。由于承租人往往是经济条件比较差的群体，租金的多少直接关系到承租人的居住安定，因而为了保护承租人，大陆法系少数国家出台法律对住房租赁的租金进行控制。而对于租金控制的实践，尤以德国为典型。第二次世界大战后，德国的住房供需矛盾非常突出，战争的破坏使得住房市场十分紧俏，房租剧烈上涨，以至于许多居民根本无法承担租房的费用。为此，东德和西德政府都不约而同地对住房租赁实行租金控制，对承租人予以保护。政府要求各地区根据出租房的区位、出租房屋的结构和房屋的质量，制定相应的租金标准，为住房出租人和承租人确定出租房租金提供参考，而"政府制定出的指导租金价格低于市场由供给和需求决定的均衡价格"②。德国对于租金控制的规定是由民法典中的私法规范和其他一些管制性规范共同构成。《德国民法典》第556—561条规定了"使用租赁的租金"，而这些规范又分为两部分：第一部分是关于使用租赁租金的约定（第556—556b条），第二部分是关于使用租赁租金数额的规定（第557—561条）。按照法律规定，当事人可以"依约定或者法律提高租金"（第557条），对于确定租金的方式，民法典给了一些参考方案，比如分级租金、指数租金、比较租金等，

---

① 谢哲胜：《房租管制法律与政策》，台湾五南图书出版公司1996年版，第53—56页。
② ［德］约翰·艾克豪夫：《德国住房政策》，毕宇珠、丁宇译，中国建筑工业出版社2012年版，第10页。

但对最高租金限额进行了限制（第 558 条第 1 款至第 3 款）。① 相比于其他国家的租金制度，《德国民法典》中的规定还是比较细致的，但是民法毕竟是私法，要遵从私法自治的原则，德国民法中这些关于租金的规定也仅仅起到指导作用。除了民法中关于租金控制的规定，德国住房租赁管制法中还有一些关于租金控制方面的立法。德国关于租金管制的措施主要规定在《住房租赁法》《房租水平法》《租金调整法》和《出租权利修改法案》等法律中。这些管制法令不对租赁价格作过多干预，租金可以由租赁双方自由协商，政府对租金价格进行指导，出租人提出的房租金额如果超过房租合理价格的 20%，承租人即可通过诉讼的方式要求其降到 20% 以内，出租人还将受到罚款等处罚。如果出租人提出的房租超出合理房租价格的 50% 以上，根据《德国刑法典》第 291 条之规定，将被视为"房租暴利"犯罪，属于应处罚的利己行为，受到刑事处罚。② 而这些对某些租金行为的强制性和惩罚性规定，是为辅助租金控制制度达到预期效果而制定的管制法律，这部分管制法律构成德国住房租赁法律体系中的一部分。也就是说，虽然《德国民法典》中关于租金控制的规范较为系统全面，但囿于私法的执行力不强，政府以管制法对租金管制进行规制，公法在这里起到了一定的作用。总体来说，德国的租金控制制度不是其住房租赁控制的核心制度，原因在于德国对租金的控制基本还是在私法的框架之下，执行力相对比较弱。在德国，除了对超过合理水平的租金，政府进行行政处罚和刑事处罚的管制外，对于最高限额以下的租金变动，政府仅仅提供

---

① 《德国民法典》第 558 条规定：（1）租金在应当发生增加的时点，已经 15 个月保持不变的，出租人可以请求同意将租金提高至当地惯常之对比租金的数额。提高租金的请求，至早可以在最后一次提高租金之后 1 年主张。第 559 条至第 560 条的提高，不在考虑之内。（2）当地惯常之对比租金由通常的报酬组成，这些通常之报酬是在所处的乡镇或者在一个具有可比性的乡镇，为可资对比之性质、大小、配备、性能和位置的住房，在最近之 4 年所约定的，或者不考虑第 560 条的租金增加，在最近之 4 年所变动的。租金数额是由法律或者是与促进承诺相关联确定的住房，被排除在外。（3）在第 1 款提高的情形，不考虑第 559 条至第 560 条的提高，租金在 3 年之内，不允许提高 20% 以上（封顶界限）……参见杜景林、卢谌《德国民法典——全条文注释》（上），中国政法大学出版社 2015 年版，第 426—427 页。

② 《德国刑法典》第 291 条：一、乘他人处于困境、缺乏经验、缺乏判断能力或严重的意志薄弱，让他人为自己或第三人为下列财产利益的允诺或给付，而其给付或为给付的允诺显失公平的，处 3 年以下自由刑或罚金：（1）租赁房屋的租金或与之相关的附加给付……参见徐久生、庄敬华译《德国刑法典》，中国法制出版社 2000 年版，第 199 页。

指导性建议，不作强制性要求。日本对于租金控制也有相关规定。根据《日本民法典》第609条和第611条，住宅用地的承租人必须按约定支付租金；房屋非因承租人的过失而发生灭失，承租人方可按灭失部分的比例请求减租。① 日本1966年修正的《借家法》第7条之一规定了关于租金调整的条款。② 修订于1991年的《借地借家法》第32条继续沿用了这一条款内容，也规定了租金控制制度，规定土地或建筑物因为税费或其他费用发生变化、因土地或建筑物本身价格发生变化或者与邻近建筑物比较租金显属不当时，当事人可以请求增减租金。③ 但是当事人在租赁契约中特别约定在一定期间内不增减租金的，从其约定。严格地说，日本关于住房租赁租金的规定还没有起到很明显的作用，《借家借地法》作为补充民法典的特别法，整体上还是属于民法体系，遵循契约自由原则，法律尊重当事人之间的意思自治，只在当事人不能协商一致时，才可请求法院裁判。政府的公权力不介入当事人关于租金的事宜。从法律规定上看，不论是承租人还是出租人遇有正当事由时，均可请求增减租金。这种法律设定显然是出于对双方利益平衡的考虑，不具有矫正承租人弱势地位的社会政策的意味。我国台湾地区"民法典"第442条、第450条规定：对于不定期房

---

① 《日本民法典》第609条：以收益为目的的土地承租人，因不可抗力致使所得收益少于租金时，可以请求将租金减额至所收益的额度。但住宅用地的租赁不在此限。

第611条：①租赁物的一部非因承租人的过失而灭失时，承租人可以按灭失部分的比例请求租金的减额。②于前项，如仅以残存部分不能达到承租人的承租目的时，承租人可以解除契约。

参见渠涛编译《最新日本民法》，法律出版社2006年版，第133条。

② 《借家法》第7条：（1）建筑物之租金，因对土地或建筑物之税捐及其他负担之增减，或因土地或建筑物价格之升降，或较诸邻近建筑物之租金已至不相当时，不问契约条件如何，当事人得请求将来增减租金。但有一定之租赁期间不增加租金之特约者，从其约定。（2）就租额之提高当事人间协议不成立者，被请求人在以增加租额为正当之裁判未确定以前，以支付其认为相当之租金为足，但其裁判确定时，已支付之额有不足者，应附按年一成计算，算自支付期之利息，补足不足额。（3）就租额之减少当事人间协议不成立者，被请求人在以减少租额为正当之裁判为确定以前，得请求支付其认为相当之租金，但其裁判确定时，已受支付之额超过被判为正当之租金者，应附按年一成计算自受款时起之利息返还超过额。参见谢哲胜《房租管制法律与政策》，台湾五南图书出版公司1996年版，第212—213页。

③ 《借家法》于昭和十六年（1941年）、昭和四十一年（1966年）历经两次修改，关于租金增减请求权的规定一直存在，1991年日本将《借家法》等法律整合为《借地借家法》，《借地借家法》第32条保留了《借家法》第7条之一关于租金增减请求权的规定，内容基本相同。

屋租赁的租金升降，当事人可以请求法院增减其租金。但是第 450 条又规定，定期租赁于期间届满时其租赁关系终止，房屋重新出租时，租赁关系双方可重新议定租金以达到调整租金之目的。① 而且我国台湾"民法典"对于房屋租金也没有最高额的限制。因此，我国台湾民法中相当于没有房屋租金控制的规定。但是我国台湾"土地法"改变了民法平等保护租赁契约双方当事人之原则②，其第 97 条对城市房屋的租金上限作了规定，并且规定如果协议租金超出此限，具有管辖权的政府部门可以依照相关标准对协议租金予以减定。③ 但是，一般来说，土地及其建筑物申报年息的 10% 基本上是投资的合理利润，而 10% 对于承租人来说仍然较高，现实中市场上房屋租赁的租金也大多远远低于这个价格。因此，这一法律虽然是对租金进行控制，但在实践中并无太多实际意义。此外，法国、瑞士也有关于土地、农地等承租人收入减少时租金减免的规定。④⑤

---

① 我国台湾地区"民法典"第 442 条：租赁物为不动产者，因其价值之升降，当事人得声请法院增减其租金。但其租赁定有期限者，不在此限。

第 450 条：租赁定有期限者，其租赁关系，于期限届满时消灭。未定期限者，各当事人得随时终止契约。但有利于承租人之习惯者，从其习惯。前项终止契约，应依习惯先期通知。但不动产之租金，以星期、半个月或一个月定其支付之期限者，出租人应以历定星期、半个月或一个月之末日为契约终止期，并应至少于一星期、半个月或一个月前通知。

② 参见谢哲胜《房租管制法律与政策》，台湾五南图书出版公司 1996 年版，第 8—9 页。

③ 我国台湾地区"土地法"第 97 条：城市地方房屋之租金，以不超过土地及其建筑物申报总价年息 10% 为限。约定房屋租金，超过前项规定者，该管直辖市或县（市）政府得依前项所定标准强制减定之。

④ 《法国民法典》第 1769 条：如租赁契约订定的期限为数年，并且在租赁期间因意外事故使收成全部或至少一半损失，土地承租人得请求减少租金，但如其从前些年份的收成中已得到补偿，不在此限。如承租人未得到补偿，有关减少租金之事由，仅能在租赁契约终止时进行评价；在进行评价时，承租人得在其占用土地的所有年份之间进行补偿。但是，法官得视承租人受到损失之情形，先行免除租金之一部。

第 1770 条：如租赁契约订定的期限仅为一年，且收成全部或至少 1/2 已损失，承租人按相应比例免付租金之一部。如损失的收成不到 1/2，承租人不得主张减少租金。

第 1771 条：如收货已毕，收获物发生损失，承租人不能获得任何租金减免；但如租约规定应向土地所有人支付部分收成的实物，于此情形，土地所有人应承担损失之一部分；承租人如已受催告向土地所有人交付其应交纳的收成实物，土地所有人则不对损失之部分负责任。如在租赁契约订立时，可能造成损失的原因即已存在，并且此种原因为承租人所知悉，承租人不得诉请减付租金。

参见罗结珍译《法国民法典》（下），法律出版社 2004 年版，第 1328—1329 页。

⑤ 《瑞士债法典》第 287 条：因特殊不幸或者自然事件，通常收入大量降低的，农地的承租人可以请求相应地减少租金。前项权利不得提前放弃，但租金确定时，已考虑了该事件发生的可能性的，或者承租人损失由保险公司赔偿的除外。参见吴兆祥、石佳友、孙淑妍译《瑞士债法典》，法律出版社 2002 年版，第 71 页。

从以上的情况可以观察到，大陆法系对于租金控制制度的应用以德国比较显著，德国不论是在私法还是在公法中都对租金控制制度有所规定，但其他国家或地区并没有对租金控制制度给予特殊关注，因而大陆法系关于租金的立法也没有特别突出的表现。这其中的一个原因就是大陆法系国家或地区秉承民法传统，私法自治的理念根深蒂固，对于房屋租赁这种具有债权性质的关系总是倾向于在民法领域寻求解决方案，而忽视了对具有公法管制特色的租金控制制度进行法律上的构筑。

五 房屋租赁登记

大陆法系国家对于不动产的物权登记是比较普遍的，但也有个别关于不动产租赁登记的立法，本书在此将对存在于房屋租赁领域的登记的原因和理论基础作一阐释。

（一）房屋租赁登记制度的缘由

许多大陆法系国家都确立了"买卖不破租赁"原则。按照一般的法律逻辑，租赁契约是出租人与承租人之间的债权契约，是一种单纯的负担行为，并不涉及对出租物的处分，根据债的相对性原理，这个债权契约仅仅是租赁双方的债权债务关系，其对于租赁双方当事人以外的任何第三人不发生对抗效力。如果出租人把租赁物让与第三人，承租人只能依照债务不履行的约定或规定来追究出租人的违约责任，而不应当以租赁契约对抗既不是缔约人，又没有通过其他承受契约的途径成为租赁契约当事人甚至对于租赁契约的存在可能都毫不知情的受让人。正如出卖人必须承受买受人可能会陷于无支付能力的风险一样，作为租赁当事人的债权人必须承受出租人不诚实履行债务的风险，而其所能做的，就是在交易过程中采取一定措施去降低或者分摊风险。而"买卖不破租赁"原则却例外地产生了使承租人不必承担出租人让与租赁物的违约风险、但又让房屋买受人来承担这一风险的结果，从而作为债权人的承租人获得了一种"对世"权限，这是违背债的相对性和物权优先性原理的。虽然一般假设承租人在社会地位和经济地位上处于弱势，但这一假设遭受很多质疑：承租人所涵盖的社会经济活动者非常广泛，有住宅和表演场地的承租人，还有录影带和汽车的承租人，很难说清承租人一定是经济上的弱者，而且"对承租人进行倾斜性保护"这一社会政策的干预所造成的制度混乱的成本未免过大。[1] 因此，没有理论支

---

[1] 苏永钦：《走入新世纪的私法自治》，中国政法大学出版社2002年版，第338页。

撑，大陆法系各国在运用"买卖不破租赁"这一制度时都非常谨慎。因为不动产关系到基本生存保障问题，所以大多数国家将保护承租人的制度限制于不动产租赁，比如法国、奥地利、日本、瑞士等国几乎都将对承租人进行特殊保护的制度限定于不动产租赁，而德国大多数时候如此，只是对船舶租赁有时会等同于房屋租赁。① 但是承租人在经济上是弱者毕竟是个假设，而且承袭大陆法系传统的国家还有不愿过分偏离契约自由原则的考虑，因此各国除了将不动产租赁作为保护对象外，在保护不动产承租人的方式选择上也十分谨慎。在这一点上，德国和法国对契约自由的干预可谓最深，这两个国家采取完全的"买卖不破租赁"原则，受让人获得房屋所有权后，仍然要受租赁合同的限制，因此，这两个国家以受让人承受租赁契约为原则，没有设置房屋租赁登记制度。但德国基于对契约自由原则的考量，意识到强制变更契约对承租人和受让人是不合理的，于是《德国民法典》第566条第2款规定通过增加出租人责任的方式对这一不合理的关系予以平衡，而且在第566条、第567条中对租金担保、出租人通知和担保等问题上进行详细规定，以减轻强制变更契约对承租人和受让人带来的不合理。② 《法国民法典》第1743条规定：出租人出卖其出租物时，对于已经订立经过公证或规定有明确时间的租赁契约的土地承租人、佃农或者房屋承租人，买受人不得辞退。③ 《法国民法典》的这一规定明确了

---

① 苏永钦：《走入新世纪的私法自治》，中国政法大学出版社2002年版，第339页。

② 《德国民法典》第566条：(1) 出租的住房在交付于承租人之后，由出租人出让于第三人的，受让人取代出租人，加入到在自己所有权存续期间由租赁关系产生的权利和义务之中。(2) 受让人不履行义务的，出租人对应当由受让人赔偿的损害，负与已经抛弃先诉抗辩权之保证人同样的责任。承租人经出租人通知而知悉所有权移转的，在承租人不予准许终止之第一个期日终止租赁关系时，出租人被免除责任。

第567条：出租的住房在交付于承租人之后，由出租人设定第三人之权利的，在因行使此项权利而剥夺承租人之依约使用时，相应地适用第566条至第566e条的规定。承租人因此项权利的行使而在依约使用上受到限制的，第三人对承租人负有不行使的义务，但以行使将会妨碍使用为限。

参见杜景林、卢谌《德国民法典——全条文注释》（上），中国政法大学出版社2015年版，第441、444页。

③ 《法国民法典》第1743条：如出租人出卖其出租物，买受人不得辞退已订立经公证或规定有确定期日的租赁契约的土地承租人、佃农或房屋承租人。但是，如在租赁契约中原已保留此种权利，买受人得辞退非乡村财产的承租人。参见罗结珍译《法国民法典》（下），法律出版社2005年版，第1319页。

买卖不破租赁，但也限定了承租人的范围，不是所有的承租人都可以享受到买卖不破租赁带来的利益，只有缔结经过公证或规定有确定时间的租赁契约的土地承租人、佃农或者房屋承租人，才能享受到买卖不破租赁带来的可以继续承租土地和房屋的利益。也就是说，虽然德国和法国在买卖不破租赁制度中没有设置登记公示制度，但是也采取其他方式对契约自由的干预进行矫正。在前述"买卖不破租赁"制度的专题中，我们提到《瑞士债法典》规定只有经过租赁登记的不动产才能获得买卖不破租赁的效力[1]，《日本民法典》也明确了不动产租赁登记的对抗力，即登记过的不动产租赁对于其后获得不动产物权的人也发生效力。[2]《奥地利民法典》中的买卖不破租赁也以完成租赁登记为限，赋予承租人对抗买受人的效力。[3] 我国台湾民法也有对于经过公证的、期限不超过5年或者定有租赁期限的不动产租赁适用买卖不破租赁的规定。[4]《瑞士债法典》260条、《日本民法典》第605条、《奥地利民法典》第1095条和第1120条的规定也是为增强租赁的对抗效力而产生的，在不动产租赁不进行登记的情况下，租赁不能对抗后手之不动产所有人，即通常所说的"买卖破除租赁"，而只

---

[1] 《瑞士债法典》第259条第2项规定：租赁物为不动产的，第三人在合同不允许提前取消的限度内，允许承租人继续占有租赁物，直到合同依法终止时；第三人未能通知承租人的，应当视该第三人为已成立租赁协议的一方当事人。

第260条第2项规定：登记具有使各后手之房屋所有人允许承租人依照租赁合同对上述房屋继续使用收益的效力。

参见吴兆祥、石佳友、孙淑妍译《瑞士债法典》，法律出版社2002年版，第63页。

[2] 《日本民法典》第605条：不动产租赁，一经登记，对于其后就其不动产取得物权的人也发生效力。参见渠涛编译《最新日本民法》，法律出版社2006年版，第132页。

[3] 《奥地利普通民法典》第1095条：租赁契约已登记于公共登记簿者，承租人的权利视为物权，在租赁关系存续期间，租赁物的占有承继人须容忍承租人继续行使其权利。

第1120条：承租人的权利未登记于公共登记簿者，如租赁物的所有权人将租赁物让与并交付于第三人，经以合法方式通知承租人终止契约后，承租人不得对抗新的占有人。但承租人就其所受之损害和所失之收益，得请求出租人完全赔偿。

参见戴永盛译《奥地利普通民法典》，中国政法大学出版社2016年版，第210、215页。

[4] 我国台湾地区"民法典"第425条：出租人于租赁物交付后，承租人占有中，纵将其所有权让与第三人，其租赁契约，对于受让人仍继续存在。前项规定，于未经公证之不动产租赁契约，其期限逾五年或未定期限者，不适用之。

要对不动产租赁契约进行了登记,即此租赁可获得"买卖不破租赁"的效力。在这里,登记使承租人的对抗效力增强。可见,日本、瑞士和奥地利等国民法中的"买卖不破租赁"是附条件的,即需要对租赁进行登记这一形式要件,因而这种"买卖不破租赁"是不完全的。由此可以看来,大陆法系国家在私法中关于不动产租赁的登记是一个很中立的民法规则,不像其他住房租赁制度那样,将承租人视为弱势群体对其进行倾斜性保护;不动产租赁登记即使增强了承租人对抗物权人的对抗效力,也是在之前对承租人利益毫无保护的情况下设立一个规则,使得承租人的利益更加有保障,而这个保障也是在承租人付出代价即承租人要履行法律规定的登记义务之后才获得的。我国台湾地区民法没有关于房屋租赁登记的规定,只在其"土地法"中有关于房屋租赁登记的规定。① 但是我国台湾"土地法"是具有管制性质的公法,其对房屋租赁进行登记的初衷是对房屋租赁市场进行管理,这和日本、瑞士和奥地利等国民法上的登记在目的上有着本质不同。从这几个国家或地区的房屋租赁登记来看,没有对房屋承租人给予保护的意味,反倒是约束了承租人,承租人不能当然获得"买卖不破租赁"的债权物权化的效力保护,相反如果不登记就不能获得对抗买受人的效力。因而,大陆法系中的房屋租赁登记制度并没有反映出保护承租人利益的倾向。

在考察了"买卖不破租赁"之后,我们应当比较考察一下与其比较相近的"优先购买权"制度。德国以及其他一些大陆法系国家民法的优先购买权制度中也有登记制度,但是,这些国家的民法将优先购买权分为债权优先购买权和物权优先购买权。债权优先购买权又称对人的优先购买权或者人的优先购买权,是指合同或法律规定对出卖人的处分权进行限制,使其只能以同等条件将指定标的出卖给权利人而不能出卖给第三人,该权利人即优先购买权人,其享有的权利即优先购买权;物权优先购买权又称对物的优先购买权或物的优先购买权,顾名思义即基于物权享有优先购买权。② 债权优先购买权的设立只需要按照合同的一般成立方式、双方当事人意思表示一致即可,无须公示;比如《德国民法典》第463—473

---

① 我国台湾地区"土地法"第102条:租用基地建筑房屋,应由出租人与承租人于契约订立后两个月内,声请该管直辖市或县(市)地政机关为地上权之登记。

② 孙宪忠:《德国当代物权法》,法律出版社1997年版,第170—171页。

条就是关于债权优先购买权的规定,其中第 463 条规定优先购买权人可以在出卖人和第三人订立买卖合同时行使优先购买权;第 464 条规定优先购买权人行使权利的意思应当向出卖人表示,并且优先购买权人与出卖人之间的合同按照出卖人与第三人所约定的条件而成立。① 但有时立法可能要求双方的合意以书面形式作出,比如《瑞士债法典》第 216 条(E)②、《澳门民法典》第 408 条、第 409 条也有相关规定。③ 而对于物权优先购买权来说,有的国家为了保障交易安全,便于第三人查询,则要求其必须具有公示性。例如德国民法要求物权优先购买权的成立必须符合物权成立的"合意+登记"原则,而对债权优先购买权的成立则不作此要求。④ 所以,基于租赁合同的债权优先购买权是不作公示要求的,也就是不需要登记。综上所述,在大陆法系,不动产租赁登记制度主要存在于"买卖不破租赁"中。

  以上大陆法系国家中的立法个案表明不动产租赁登记的作用在于矫正买卖不破租赁所引起的法律逻辑偏差,以制度设计来平衡国家公权力对私权利进行强制干预所引起的利益得失。

---

  ① 《德国民法典》第 463 条:对一个标的物享有先买权的人,一俟义务人与第三人就该标的物订立买卖合同,即可行使先买权。

  第 464 条:(1)先买权的行使以向义务人作出意思表示的方式进行。此项表示不需要采取为买卖合同所规定的方式。(2)权利人与义务人之间的关系,自先买权行使时起,按义务人与第三人约定的条款成立。

  参见杜景林、卢谌《德国民法典——全条文注释》(上),中国政法大学出版社 2015 年版,第 342—343 页。

  ② 《瑞士债法典》216(E):在三个月内,优先购买权人应当向卖方,如果此优先权在地产登记机构登记过,则向所有权人主张其权利,此期限自权利人知晓合同的缔结及其权利内容之时起算。参见吴兆祥、石佳友、孙淑妍译《瑞士债法典》,法律出版社 2002 年版,第 47 页。

  ③ 《澳门民法典》第二卷"债法"第一编"债之通则"第二章"债之渊源"第一节"合同"第三分节"优先权之约定"(第 408—409 条)中专门就优先权进行规定。

  第 408 条:优先权之约定为一种协议,基于此协议一方承担在出卖特定物时给予他方优先权之义务。

  第 409 条:如法律就有关买卖要求以公文书或私文书方式为之,则在出卖时给予他人优先权之义务,仅于具有受拘束之人签名之文书内载明时,方为有效。

  参见赵秉志总编《澳门民法典》,中国人民大学出版社 1999 年版,第 114—116 页。

  ④ 孙宪忠:《德国当代物权法》,法律出版社 1997 年版,第 171 页。

(二) 房屋租赁登记的理论基础

在大陆法系的理论框架下，关于房屋租赁权的性质主要有以下观点：第一种观点是债权说：该学说认为承租人的租赁权来源于租赁合同这一债的法律关系，承租人根据此债的关系获得对物的占有和使用这一支配权，但是这并不是直接支配权。"因为它们只是针对某个通过债务合同而与之相联系的个别的人，而不是像真正的物权那样，所有人对所有物的关系是针对所有的其他人的。所以，根据债权成立的对物的占有和使用权是一种相对的支配权。"[①] 德国学者索姆也指出："承租人拥有的是一种纯粹的债权，房屋的租赁权人仅仅具有要求出租人交付房屋的权利。"[②] 不但学说如此，很多国家的立法例也将租赁权纳入债法编中，比如德国即如此。租赁权债权说认为承租人享有的是债权，债权相对于物权不具有优先性，不能对抗第三人，对于维护租赁关系的安定性和保护承租人是极为不利的，因而现今许多国家理论和立法都不采取这种学说。第二种观点是物权说：该学说认为房屋租赁权使承租人取得对物的实际占有和使用，这种实际占有和使用的状态本质上是对物的支配，这种对物的支配实际上是租赁权的本体，承租人享有的其他权利，都是这种支配权衍生出来的，而这种支配权具有物权的特征，因而房屋租赁权是一种物权。现代法上的租赁权在很多场合下已经突破了债权的相对性，其不仅仅可以对抗出租人，还可以对抗出租人以外的第三人，如买卖不破租赁、优先购买权原则下的买受人，租赁权具有一定的对世效力，因而从这个角度上说租赁权确实具有物权的特征。第三种观点是债权物权化说：该学说认为，租赁权本质上是债权，但是债权说不能圆满解释承租人何以直接占有使用收益租赁物、通过"买卖不破租赁"等规则对抗第三人等，于是采取折中的说法，认为租赁权本质上属于债权，但法律为了强化其物权效力，便使之物权化并且具有明显的物权色彩。正如大陆学者郭明瑞、王轶所认为：房屋租赁权本质上为债权，但基于保护承租人之需要，而强化其效力，使其具有在一定条件下对抗第三人的物权化色彩。[③] 我国台湾学者王泽鉴也认为："以租赁权物权化称之，旨在表明租赁权系属债权，

---

① [德] 卡尔·拉伦茨：《德国民法通论》（上），王晓晔、邵建东等译，法律出版社 2003 年版，第 285—286 页。
② 金可可：《鲁道夫·索姆论物权与债权的区分》，《华东政法学院学报》2005 年第 1 期。
③ 郭明瑞、王轶：《合同法新论·分则》，中国政法大学出版社 1997 年版，第 100—101 页。

而非物权，但具有物权之对抗力，使承租人对于取得租赁物所有权或其他物权之人，亦得主张租赁权之继续存在。"①综上所述，对于租赁权的性质，目前理论界主要有"债权说""物权说"和"债权物权化说"三种观点，以"债权物权化说"占主导地位，而德国、法国、日本、瑞士、我国大陆及台湾地区民法中的"买卖不破租赁""优先购买权"等都被认为是"债权物权化"的具体表现。基于对不动产租赁权"物权化"的认识，将不动产租赁权作为"物权"进行登记就被认为是很正常的事情。瑞士、日本、奥地利等国在"买卖不破租赁"规则中设定房屋租赁登记的初衷是希望通过登记对房屋租赁权进行公示，使其获得类似于物权的对世效力，以此强化房屋租赁权的物权色彩。

综上所述，大陆法系国家出现的房屋租赁登记制度并不是基于现代住房租赁中保护承租人、实现承租人实质公平的需要。相反，其是为了平衡对承租人利益倾斜之后造成对出租人或买受人不利益的格局而出现的。租赁权的本质是债权，但是当代确实出现了物权化的趋向。在大陆法系中，不动产一般是要登记的，而对其登记的目的就是要确认权利、公示权利和管理权利，房租租赁权这种"准物权"的特征为其登记提供了一定的依据。

六 终止保护制度

《德国民法典》第573条规定了终止保护制度。②终止保护制度是将民法中解约限制和租金控制紧密结合的一项制度，也是对这两种制度结

---

① 王泽鉴：《民法学说与判例研究》（第六册），北京大学出版社2006年版，第147页。

② 《德国民法典》第573条：（1）出租人仅在自己对租赁关系的终结具有正当利益时，始可以终止。排除以提高租金为目的的终止。（2）出租人对租赁关系终结具有正当利益，特别是指下列情形：①承租人因过错而非为不显著地违反了自己的合同义务；②出租人需要将房屋用于自己、自己之亲属或者属于自己家室的成员居住；或者③出租人因租赁关系的继续，将使土地在经济上的适当利用方面受到妨碍，并且因此将会遭受显著之不利益；在此，另行作为住房出租将会取得较高租金的可能性，不予以考虑。出租人意欲出让租赁房屋，而且意图设定住宅所有权或者打算在交付于承租人之后设定住宅所有权的，出租人亦不得作出此种援用。（3）出租人具有正当利益的理由，应当在终止函中注明。其他的理由，仅在其于事后发生的限度之内，始予以考虑。（4）为损害承租人的利益而订立背离性约定的，约定不生效力。参见杜景林、卢谌《德国民法典——全条文注释》（上），中国政法大学出版社2014年版，第449—450页。

合之后效果的另一个称谓。该条规定的前身为旧法第 564b 条第 1 款、第 2 款和第 6 款,后来这些内容被《使用租赁法改革法》所整合和添加。住房租赁法的终止保护之所以重要,概由其反映了社会租赁法的思想。众所周知,承租人在租赁关系中处于相对劣势的处境,需要特殊保护;而出租人基于所有权人的法律地位,其解约或是提高租金本是其行使私人所有权的正当行为。但是,出租人的解约等行为必然会对承租人的生活造成重大影响,承租人会陷入无处安身的窘境。因此,法律有必要从承租人的利益出发,终止对出租人的保护,以平衡承租人与出租人之间的利益需要。因此,《德国民法典》设定了终止保护制度。终止保护制度的形成经历了一个过程:(1)《德国民法典》初生效时,私法自治、合同自由以及自由主义财产观等观念还比较盛行,《基本法》中有关社会性义务的思想还未产生,立法者也未注意到住房对于人类生存的重要意义,民法典对于住房租赁也未做出和普通租赁相区别的特殊规定。显然,这一时期属于完全自由主义状态,"没有对保护住房承租人利益作出专门规定"[1]。(2)第一次世界大战后,住房建设遭受影响,供应严重不足,地产投机和房租抬升现象严重,德国陷入住房危机,完全自由的住房租赁法难以维系。从 1914 年开始,德国先后颁布了《承租人保护条例》《帝国租赁法》《承租人保护法》等多部应急法令、条例与法律,这些对出租人终止合同、抬高租金都起到限制的效果。这一时期的德国住房租赁法律出现了"社会性租赁法"的概念,已经具备终止保护制度的雏形,并且为现代《德国民法典》第 573 条的规定奠定了基础。(3)第二次世界大战后德国又出现房荒,为了鼓励更多的人参与租赁住房的投资,政府开始减缓对出租人的限制,1950 年《住房建造法》规定终止保护制度对未接受国家资助和未享受税收优惠的新建住房不生效力。此后,终止保护制度的影响逐渐减弱,到 20 世纪 60 年代中期完全失效,但是承租人利益保护理念和社会法治国原则还是得以保留,具有终止保护制度特点的《承租人保护法》被《德国民法典》中的社会条款所取代,这些社会条款规定于 1960 年《德国民法典》第 556a 条,这一规定被现今《德国民法典》第 574 条、574a

---

[1] [德]卡尔·拉伦茨:《德国民法通论》(上),王晓晔、邵建东等译,法律出版社 2003 年版,第 75 页。

条所取代。[1] 这些社会条款构成社会租赁法之核心内容；其不仅是宪法上所有权社会拘束关系的表达，而且亦服务于家庭保护。

终止保护制度不在于制度本身设计的精妙之处，因为这项制度是解约限制和租金控制的结合，它的存在意义在于它体现的房屋租赁社会控制思想正逐渐打破《德国民法典》私法自治的传统，体现了合同法中社会因素加强的趋势。

第二节 域外住房租赁契约公法管制的实践

一 租金管制

租金管制是英美法系住房租赁法律制度中最具特点的制度。按理说，即使在英美法系，住房租赁都被看作租赁双方当事人之间的合同关系，租金属于合同内容，而合同内容是应当由双方当事人自由约定的，但是，以美国和英国为代表的英美法系国家出于种种原因，都对本应属于合同内容的租金进行强有力的政府管制。政府在对租金进行管制的时候，都是制定相关的管制法律，由政府进行强制性的介入。虽然租金管制在美国不是一

---

[1] 第574条：（1）租赁关系的终结将对承租人、其家庭或者其家庭的其他成员造成严苛的困难，并且此种困难即使在评价出租人之正当利益时，亦不能够被正当化的，承租人可以对出租人的终止提出异议，并且向出租人请求继续租赁关系。存在事由，而出租人据此事由有权作出特别之无期间终止的，不适用此种规定。（2）严苛之困难，亦指在可以苛求的条件下，不能够取得适当的代用住房。（3）在评价出租人的正当利益时，仅考虑在第573条第3款之终止函中所注明的理由，但以此种理由非为嗣后发生为限。（4）为损害承租人的利益而订立背离性约定的，约定不生效力。
第574a条：（1）在第574条的情形，并且在考虑一切情况时均为适当的期间之内，承租人可以请求继续租赁关系。不能够苛求出租人按原合同条款继续租赁关系的，承租人仅能够请求在对条款进行适当变更的情况下，继续租赁关系。（2）不能够成立合意，关于租赁关系的继续、关于继续的期间以及关于租赁关系得以继续的条件，通过判决确定。不能够肯定，因此存在而使租赁关系的终结对承租人或者其家庭造成严苛困难之事由何时消灭的，可以确定，租赁关系以不确定期限的方式继续。（3）为损害承租人的利益而订立背离性约定的，约定不生效力。
参见杜景林、卢谌《德国民法典——全条文注释》（上），中国政法大学出版社2015年版，第453—455页。

个很普遍的现象，但是与德国租金控制制度相比，租金管制在美国住房租赁中是一个比较有特色的制度。德国的租金控制以民法为主，管制法为辅，对于租金的控制主要是进行一些政府的指导和建议，公权力介入不深；而美国的租金控制制度则体现为政府的强力介入管制。第一次世界大战后，由于战争导致美国住房紧缺，出租人乘机大幅提高租金，承租人负担加重。因此，美国很多州都颁布了租金管制方面的法律。比如纽约州的《租金稳定法》（1969年）和《承租人紧急保护法》（1974年），后来这两部法律被整合为《租金稳定法典》。美国的租金管制主要包括对租金的上限进行管制和对租金的上涨幅度进行管制两个方面：第一，在对租金的上限进行管制方面，由政府根据房屋的使用年限、结构、地理位置等因素确定房屋租金的最高数额。比如，在纽约，房屋与社区维护局对大部分受租金管制的房屋，根据其房屋的建造年代、建筑结构、房屋运营管理费用和房屋不动产税等确定房屋的租金上限。第二，对于租赁房屋的上涨幅度，一般规定租金确定一年之后，出租人想要提高租金时需要向相关的房屋管理部门提出申请，并且法律对租金的上涨幅度进行限制。例如，纽约市的租金管制就规定，出租人可以在房屋出租1—2年后向房屋与社区维护局申请提高租金，该机构参照纽约市租金指导委员会的报告决定是否准许提高租金，租金在一年内上涨幅度不得超过原租金的15%。[①] 哥伦比亚特区则是把房屋租赁登记时的租金价格作为基本租金，再根据法律或法院授权确定租金上限，租金价格确定一年后即可申请增加租金，租金上涨幅度应当与物价指数的涨幅相当，不能超过原来租金的10%。[②] 此外，法律规定租金的增加还要经过严格的程序，比如出租人增加租金应当具备法定事由，并且不得违反租赁合同的规定，增加租金的频率不能规定得过于频繁，每12个月只能增加一次，出租人如果要增加租金还须提前30天通知承租人，等等。[③] 但是，由于租金管制对当事人权利干预较深，在美国，这一制度的适用比较谨慎。一般认为实施租金管制政策的前提是存在紧急状况。[④] 即使是这样，租金管制还是受到了正当性和合宪性的质疑。对

[①] 许德风：《住房租赁合同的社会控制》，《中国社会科学》2009年第3期。

[②] 金俭：《中国住宅法研究》，法律出版社2004年版，第230页。

[③] 周珺：《美国住房租赁法的转型：从出租人优位到承租人优位》，中国法制出版社2011年版，第113页。

[④] 同上。

租金管制正当性产生怀疑的理由包括：第一，租金管制相当于用出租人的钱来补贴承租人，对出租人是不公平的。第二，保障公民"住有所居"是政府的职责，可是政府通过租金管制来帮助出租人，相当于将自己本应承担的责任转嫁给出租人。第三，由于租金管制制度本身具有不周全性，特定情况下对承租人可能会产生不公平的后果。比如，许多城市对新建住房不实行租金管制，结果只有居住在旧房子的承租人才能享受到租金管制带来的福利；很多地方的租金管制采取空置解冻规则，即原租赁合同一旦终止，该租赁房屋就不受租金管制的约束，新承租人就可以另行约定新的租金价格，这样一来，新承租人支付的租金可能会高于原承租人支付的租金。[1] 对租金管制合宪性的质疑主要包括：认为租金管制实际上已经构成了对出租人财产的征收，而征收除了要对出租人进行补偿外，还要经过正当程序，显然，租金管制的制度设计在这些方面都是缺失的。[2] 综上所述，租金管制在美国的适用还是有一定局限的。除了需要"紧急状况"下才能进行租金管制，还规定了严格的适用程序，进入 20 世纪 80 年代，租金管制在美国的适用逐渐衰微，很多地方逐渐废除租金管制[3]，而即使是仍然保留租金管制的地区，也在不断对其进行改革以放松管制。比如，当承租人的收入提高到一定水平时，对承租房屋就不再实行租金管制。[4]

英国的住房租赁制度奉行福利之邦的社会哲学和国家干预的社会政策，而租金管制则形象地反映了这一特点。英国于 1915 年就开始了租金管制。当时，英国格拉斯哥市发生了集体抗租运动，加之国内动乱的威胁，为了遏制房东的暴利，英国政府采取了租金管制制度，出台了租金和按揭利率增长法。这之后的其他法律延续了相关内容，并且增加了需要管

---

[1] 周珺：《美国住房租赁法的转型：从出租人优位到承租人优位》，中国法制出版社 2011 年版，第 120—121 页。

[2] 参见以下文献：1. 许德风：《住房租赁合同的社会控制》，《中国社会科学》2009 年第 3 期。2. 周珺：《美国住房租赁法的转型：从出租人优位到承租人优位》，中国法制出版社 2011 年版，第 121—122 页。

[3] 美国如今只有 5 个州在实行租金管制，包括加利福尼亚、马里兰、新泽西、纽约以及哥伦比亚特区。参见周珺《美国住房租赁法的转型：从出租人优位到承租人优位》，中国法制出版社 2011 年版，第 111 页。

[4] 周珺：《美国住房租赁法的转型：从出租人优位到承租人优位》，中国法制出版社 2011 年版，第 111 页。

制的财产范围。租金管制对于解决租房短缺,维护社会稳定起到了一定效果。第一次世界大战以前,英国的私人租赁业在国家的住房类型中占主导地位,可是第二次世界大战以后,私人租赁业开始衰退,很多人认为这是因为受到租金管制的影响,于是英国政府在第二次世界大战时曾经取消了部分租金管制政策,1939年又启用租金管制政策并沿用到20世纪80年代。这期间,英国也曾放松过租金管制,然而租金管制的放松客观上造成私人住房租金价格上涨,房价也随之上涨,私人租赁业主开始倾向将自己的房屋出售。20世纪70年代初,英国采取"公平房租"的政策,制定了"标准住房福利标准",根据市场房租水平,对低收入家庭给予相应的福利住房补贴,具有典型的社会法的特点。20世纪80年代初,英国住房法减少了私人租赁住房的租金管制,租赁条款更加有利于出租人。1988年更加放宽了租金管制,并且推行有保障的短期租赁来鼓励租赁住房的私人投资,从而激发了私人租赁市场的复苏。但是很多人认为,租金管制政策没有很好地保护承租人。在英国,主要有四种形式的住房所有权使用类型:户主自用、政府出租、住房行业协会出租和私人出租。[1] 总体来说,由于英国私人租赁住房占全国住房总量的比重很小(不到10%)[2],在政府看来,承租人和出租人之间的矛盾并不是很突出,保护承租人利益、解决租赁双方矛盾并不是一件迫在眉睫的事情,因此,在英国的私人住房租赁中,政府似乎更关注私人住房租赁市场对经济的贡献以及租赁市场和整个住房市场的关系,国内住房市场的整体繁荣是政府更加关注的。这从政府几次放松租金管制政策可以看出。20世纪80年代,英国政府在住房租赁中引入了租金重构政策,这个政策的核心内容是确定四个目标:(1)制定统一规则,实现承租人和出租人对租金价格期望值的一致性,使租金更加公平,并且减少承租人的租金负担。(2)通过消除掉一些不影响租金价格的因素(通常影响租金价格的因素有房屋的质量、面积和区位等),使承租人和出租人对相同房屋的租金要求尽量达到一致。(3)完善租赁房屋的管理。(4)使租金能够更好地反映房屋质量。在租金重构制度中,政府要提出租金的指导价。政府确定租金指导价一般要依据房屋的质量、

---

[1] [英]戴维·莫林斯、艾伦·穆里:《英国住房政策》,陈中立译,中国建筑工业出版社2012年版,第2页。

[2] 同上书,第103页。

面积、区位、卧室数量以及承租人的支付能力。租金重构政策自施行以来，取得了很不错的效果。一方面对出租人来说，实现了到2012年租金达到5%的提升，这也是出租人所期望的；另一方面，政府通过这一政策，制定了租金的最高限额，控制了租金的涨幅，保护了承租人的权利。在英国，保护弱势群体、保护承租人并未成为很突出的问题，政府也仅仅是将租金管制政策作为特殊时期协调社会矛盾的一种方法，一旦矛盾缓和，又会放松管制。而仅仅就租金管制这一政策角度来说，它也并非政府解决公民住房唯一并且重要的手段。无论是为解决住房短缺还是为发展房地产经济，租金管制都是一个稀松平常的政府管理手段，它和其他的手段比如住房补贴政策等配合适用，共同成为政府解决住房问题的方法。英国对于住房租赁的租金管制体现了国家和政府对住房租赁的干预，这也是英国福利之邦社会哲学在住房管理方面的延伸。

综上所述，在英美国家的租金管制制度中，都有一整套成体系的制度，比如，对租金管制的门槛要求，即什么情况下才可采取租金管制；政府根据市场和房屋状况设定租金指导价格；对租金的上限、上涨频率和上涨幅度进行严格的规定，等等。总体来说，在英美法系国家，租金管制是管制法，执行力也比较强。但是，由于顾及租金管制对出租人权利的干预较深，毕竟这种管制是政府力量强加于市场的，不是市场规律的自然反应，同时出于租金管制制度正当性和合宪性的质疑，英美法系国家对于租金管制政策的适用都比较谨慎并有一定的局限性，一般只有在特定状况如"紧急状况"下才适用租金管制，而一旦这种状况消失，就会放松对租金的管制。总之，尽管由于英美国家大都私房租赁比例偏低，这些国家的住房租赁管制制度的影响面并不太大，但这并不妨碍租金管制成为英美法系国家有别于大陆法系国家住房租赁管制制度的一个非常鲜明的特点。

二 适住性管制

适住性管制就是对出租住房的适住性进行强制性要求。在英美国家，这一制度常被称为出租人可居住性默示担保规则或者出租人的默示担保义务，是指即使租赁合同没有约定，出租人对于房屋的适住性仍然负有保证义务。房屋的适住性内容非常丰富，英美法系中有大量的判例法和制定法在充实和规定出租人的可居住性默示担保规则。这个规则里除了包含通常所说的出租人对出租房屋的适住性义务，其中包括房屋墙壁、水、电、气、面积、卫生设施等达到适合居住的标准，还隐含着出租人的安全保障义务和维修义务等，因为只有安全和维修能获得保障的房屋才能具有适住性。这项制度体系比较完整，对违反该规则的行为也有法律后果的规定，因此，其操作性也比较强。

可居住性默示担保是美国住房租赁制度中一项重要规则。其内容是指规定出租人一旦将房屋出租给承租人居住，就必须保证出租的住宅具备适合居住的条件，而这些条件不需要在合同中明确约定。该规则被认为是美国住房租赁法中最显著的规定，它从根本上改变了房屋出租人与承租人之间的关系，对于明确出租人的法律责任、维护承租人的合法权益具有至关重要的价值。[①] 可居住性默示担保规则是对普通法中沿袭了数百年的承租人自慎规则的颠覆性变革。普通法早期，建构在农业经济社会基础之上的租赁关系与现代社会的租赁关系有所不同，在当时，土地租赁时间都较长，几乎相当于永久使用。一旦形成土地租赁关系，就相当于将土地权益长期地转让给承租人，在这种情况下，租赁协议对于租户的价值是土地本身，租赁协议被当作土地权益的转让，而法院解决涉及租赁协议的争端也是运用规范不动产交易的特殊规则，承租人一旦签订了租赁协议，就好比受让了此不动产，就要以"所有权人"的身份对自己承租的不动产负责任。也就是说，根植于土地租赁协议中的租者自慎规则是一个古老的财产法规则。对于现代的公寓式住宅来说，租赁协议的价值在于有一个地方居住，土地甚至房屋的占有权都不重要，对于承租人比较有意义的是一系列物品和服务，比如墙壁、屋顶、暖气、采光、卫生设备和适当的维护等。这种城市生活的复杂性使租赁协议融入了一些合同法的因素。现代合同法认为在工业社会中，承租人必须依赖出租人的诚实来保证所租住房屋的质量，因而在解释合同时，大多数时候法官倾向于对承租人进行保护，并通过默示的适住性保证来扩大出租人对于房屋适住性的责任。所以在没有特殊约定的情况下，出租人将被要求保证其房屋的适住性。这就是可居住性默示担保规则。19世纪，随着城市化进程的加快，房屋租赁现象越来越普遍，英国、美国等国家的立法者越来越意识到租者自慎规则已经不适应城市化进程中的短期房屋租赁。基于此，这些国家纷纷在房屋租赁法律中列举了出租房屋必须符合的条件，要求出租人必须遵守。1970年，詹文

---

① 周珺、饶清：《论可居住性默示担保规则及其启示》，《求索》2011年第7期。

斯、桑德斯和格罗斯诉第一全国不动产公司案是美国房屋租赁制度中最具里程碑意义的案例。在这个案件中，詹文斯等三个房客拒绝向房东即第一全国不动产公司支付租金，理由是他们租住的第一全国不动产公司所有的克利夫顿公寓有1500处违反哥伦比亚特区住房条例的地方，这些问题直接或间接地影响了他们的居住条件，损害了他们的利益。法院最终在判决中表达了以下观点：出租人应当保证租赁房屋具有可居住性，在其违反这一义务时应承担相应的保证责任；房屋承租人需要的并不只是简单的墙壁和屋顶，他们还需要相应的供暖、照明、通风、自来水、门窗以及适宜的卫生设施；普通法应当确认出租人必须于租赁期间维持租赁房屋的可居住性。而采取这些观点的理由如下：（1）传统规则所依赖的事实和理由已经不复存在；（2）应当抛弃传统规则，与消费者保护理念相适应；（3）城市住房市场的现状也要求抛弃传统规则。① 这个案件的判决结果非常具有示范意义，在这之后，超过40个州的法院开始采纳可居住性默示担保规则，出租人应当承担可居住性默示担保责任成为主流观点，很多州通过法律将这一规则确定下来。②

和美国法律类似，英国法律也赋予了房屋出租人房屋适住性和修缮的默示义务。首先是有了这方面的判例法：1843年史密斯诉马勒博一案中，一座饱受臭虫滋扰的房子被认为没有适居性；而在1923年科林斯诉霍金斯案中，一座最近一直有一名肺结核病人居住的房子被认定不具有适住性。这应该是英国判例法中最早关于房屋适住性的规定。③ 在制定法方面，1985年《不动产租赁法》出现了房屋适住性和房东维修义务的规定，其中规定出租人承担维修房屋及其建筑以外设施的义务并保证其处于正常的工作状态，而建筑以外的设施包括上下水管道、水管、生活所需的供水、供气、供电、卫生设施、供暖、热水等。房东只对其意识到的房屋缺陷负责，对非因承租人使用租赁房屋而导致的损害不负责任。④ 1988年

---

① 周珺、饶清：《论可居住性默示担保规则及其启示》，《求索》2011年第7期。

② [美] 约翰·E. 克里贝特、科温·W. 约翰逊、罗杰·W. 芬德利、欧内斯特·E. 史密斯：《财产法：案例与材料》（第七版），齐东祥、陈刚译，中国政法大学出版社2003年版，第401页。

③ [英] 玛格丽特·威尔基、戈弗雷·科尔：《不动产租赁法》，法律出版社2003年英文影印本，第35页。

④ S. 11 Landlord & Tenant Act 1985.

《住宅法》对《不动产租赁法》（1985 年）关于出租人适住性和维修责任的适用条件等作了进一步规定。[1]《瑕疵建筑物法》规定：房东有义务保持和维修正在租赁中的房屋，房东对于所有具备合理理由可能被租赁房屋的缺陷影响的人都负有小心谨慎使其不受伤害或使其财产不受损害的责任，这种责任适用于房东知道或者他应当在所有状况下都知道房屋相关缺陷的情况。相关的缺陷是指在整个租赁期间就存在的，或者产生于租赁期间并且一直持续的，或者由于房东的一个行为或是疏忽而构成了这个缺陷并持续存在的，或者房东已经注意到这个缺陷但由于错误而没有在租赁期间履行对于租赁房屋的保持或维修义务。[2] 根据法律规定，出租人的房屋适住性和维修义务不能由双方约定撤销，如果修改或者排除，则只能由郡法院针对个案做出。[3] 综上所述，英国不论是判例法还是制定法，都确立了出租人的适住性和维修的默示担保义务。这一规则从人文关怀的角度对承租人给予倾斜性保护，带有对弱势群体给予人性尊重的意味，凸显了英美法系住房租赁管制法律的社会法定位，也反映了英美法系国家住房租赁管制法律社会福利和承租人优位的价值取向。

三 解约管制

为了保护承租人的利益，防止因出租人任意解除合同而导致承租人突然陷入流离失所、无家可归的境地，美国和英国都从管制法的角度对出租人的解约权进行严格限制。但不同于大陆法系国家的解约限制主要是在合同法中对当事人的合同权利进行限制，英美法系对出租人解约权的限制主要是通过管制法实现的，因而我们在这里将其称为"解约管制"。在传统的普通法规则里，出租人解除合同是不需要任何理由的，即出租人享有任意解除权。但是在住房租赁里，这种赋予出租人任意解除房屋租赁合同的权利对承租人极为不利。承租人随时都有可能陷入无家可归、流离失所的境地，其居住稳定状况难以保证。基于此，英美等国对出租人的解约权进行了管制。

在美国，有些州规定了相关法律，对出租人在住房租赁合同中的解约

---

[1] S. 116 Housing Act 1988.

[2] S. 4 Defective Premises Act 1972.

[3] S. 11 Landlord & Tenant Act 1985.

权进行了管制，规定出租人如果要解除合同，必须具备正当事由。例如根据《哥伦比亚特区法典》第42—3505.01条规定，终止租赁关系必须有正当理由：出租人为了自己居住而要收回房屋、承租人未按时支付租金、承租人在租赁房屋内从事非法行为等。① 与解约管制相关联的还有驱逐保护制度。普通法认为，租赁关系终止后如果承租人仍然霸占租赁房屋而拒绝搬走，出租人可以采取停水断电、更换门锁甚至暴力手段等私力救济方式驱逐承租人、收回房屋。但是，由于这种救济方式容易激化矛盾甚至引发暴力，因此美国联邦政府和各州立法对此都持否定态度。1970年的"格德伯格诉凯利"案中，就确立了承租人非经正当程序不得被驱逐的权利，而这个正当程序包括诉讼程序和行政程序，比如哥伦比亚特区要求出租人因为承租人拖欠租金以外的其他正当理由而对其予以驱逐时，除了需要提前通知承租人外，还必须向管理部门告知驱逐的理由和事实；纽约法律规定出租人要行使驱逐权须向管理部门申请许可证，出租人还须提前通知承租人并承诺遵守许可证上的条件。这些条件包括：以自己和家人自用为理由收回房屋，必须在30日内入住该房屋，并保证入住后一年之内不再出租或出借给第三人居住；以退出租赁市场为理由收回房屋，在收回后1年之内，不得出租或出卖该房屋或者以与许可证所附加收回后使用方式相悖的方式使用该房屋；以修缮房屋为由收回房屋，必须于90日内开始修缮工程，并保证以合理速度进行该工程。出租人违反规定或承诺，管理部门可以拒绝申请或撤销许可，被驱逐的承租人可以要求房东给予赔偿。② 1973年"乔伊"案中，法院要求驱逐承租人不仅要有程序上的要求，实体上还必须具备正当的理由，这些理由大体包括出租人收回房屋的必要性和承租人不当行为两个方面：前者如出租人或其家人需要自用以及行使某些重大财产权利的处分权；后者如承租人拖欠租金、损害房屋以及其他违法违约行为等。③

在英国，对出租人的解约管制表现为"对出租人占有回复的控制"。基于"福利之邦"的社会哲学和"国家干预"政策的需要，英国的住房

---

① 周珺：《美国住房租赁法的转型：从出租人优位到承租人优位》，中国法制出版社2011年版，第14页。

② 谢哲胜：《房租管制法律与政策》，台湾五南图书出版公司1996年版，第41—42页。

③ 包振宇：《美国住宅租赁法律制度研究——以承租人住宅权保障为例》，《美国研究》2010年第2期。

租赁法律制度也做了很多向承租人利益倾斜的规定。与美国法律中的解约管制和驱逐保护制度相似，英国为了保护承租人的居住稳定利益，也对出租人的解约权予以管制，英国的这一制度被称为"对出租人占有回复的控制制度"。《租金法》的"Part I"中列举了法院可以自由裁量出租人收回房屋（Cases in Which Court May Order Possession）的几种情形，包括：承租人、与其一同居住的人、借住的人或者转租合同的承租人有滋扰周边的犯罪行为，或者利用租赁房屋进行违法犯罪行为，或者允许他人利用租赁房屋进行违法犯罪行为；租赁住宅的条件因为承租人、与其一同居住的人、借住的人或者转租合同的承租人之浪费、疏于管理等行为而变得恶化；租赁住宅的设施因为承租人、与其一同居住的人、借助的人或者转租合同的承租人的破坏性使用行为而变得恶化；承租人声明离开，由于此声明，出租人已经将房屋出售或者出租，或者做了其他类似安排，以至于法院认为如果其不能回复对房屋的占有对其将是严重的歧视……①同时，《租金法》的"Part II"中也列举了法院赋予出租人强制收回房屋权利（Cases in Which Court Must Order Possession Where Dwelling-House Subject to Regulated Tenancy）的一些条件：出租人享有强制收回房屋权利的前提是出租人将住宅出租之前，一直将该出租住宅作为自己的居所；一般来说，租期届满可以作为出租人强制收回房屋的理由；此外，出租人需要租赁住宅自己居住、出租人欲将租赁住宅供曾经居住在一起的家人居住、出租人死亡后其家人或法定继承人需要租赁住宅居住或使用、实现抵押权时需要出售租赁房屋、出租人需要购买其他更适合房产时要出售租赁房屋、出租人希望退休后能够居住此租赁住宅……②这些都构成出租人强制收回房屋的理由。从 1964 年开始，驱逐房客的行为就被认为是犯罪行为。1988 年《住宅法》将犯罪行为扩及出租人在租赁期间对承租人住房租赁过程中的困扰行为和损害行为。在 1977 年的《驱逐保护法案》里，诸如影响居住者安定舒适的行为、无正当理由驱逐承租人的行为都被认为是犯罪，出租人可能将面临刑事处罚。③

---

① Part I , Sch 15, Rent Act 1977.

② Part II , Sch 15, Rent Act 1977.

③ [英]玛格丽特·威尔基、戈弗雷·科尔：《不动产租赁法》，法律出版社 2003 年英文影印版，第 170—171 页。

由此看来，英美法系中的住房租赁管制制度也有对出租人解约权进行制约的制度，但是和大陆法系的解约限制不同的是，英美法系的解约管制不是规定在合同法里，而是采用了很多管制法的手段，可以理解为以公权力对合同进行的管制。

四 押金管制

押金管制也是英美法系住房租赁法律制度中一个比较具有特点的制度。在住房租赁关系中，出租人要求承租人交押金的情况很常见。但是出租人往往利用自己在合同中的优势地位，在押金这一环节的处理上损害承租人的利益，比如要求承租人支付押金数额过高、于租赁关系终止后拖延或拒不返还押金等，承租人由于所处劣势地位，无处申告，其权益受到了损害。因此，对于押金进行管制是很有必要的，美国的押金管制制度基于对承租人保护的立法目的，对押金的收取、押金的管理和利息、押金的抵扣和返还等作了一系列非常完善的规制，体现了承租人优位的立法价值。

在美国，很长一段时间内，押金作为一种担保手段，在住房租赁中经常适用。而这种制度在实践中也是依据意思自治原则操作的，没有设置专门的规则。这种貌似公平的处理规则却掩饰着实质上的不公平。在这种情况下，就出现了出租人利用其优势地位损害承租人利益的行为，例如，要求承租人交纳过高的押金，当解除租赁关系时拖延甚至以各种理由拒绝退还押金等。美国住房租赁中大量的纠纷皆来源于押金。基于此，从20世纪60年代起，有很多州对住房租赁的押金进行了规制。押金管制和租金管制的方法很类似，主要措施有：（1）设置押金的最高限额。一般来说，押金是由租赁双方自己约定的。为了防止出租人利用自己的优势地位，抬高押金给承租人带来经济压力，美国很多州立法对押金的最高限额予以限制。《统一住房租赁法》也规定押金的数额不能超过一个月的租金。（2）对于押金的管理和利息也进行规制。按照普通法的规定，押金一旦交于出租人，则由出租人保管，对于押金交于出租人期间的利息，也由出租人所得。但是按照美国某些州住房租赁法律的实践，押金应当存入特定的账户，押金存放于账户期间的利息归承租人所有。（3）对于押金的抵扣也进行规定。通常情况下，押金是自动抵扣的，但是押金的自动抵扣可能会使承租人无从知晓，这对承租人是不利的，因为承租人可能会因此失去提出异议的机会。因此美国一些州的立法对以押金抵偿租金或者承租人其他债务的程序进行规定，要求出租人制作"抵扣清单"，明确不履行该义务的法律后果和押金抵扣的时间等。(4) 明确房屋退租后出租人向承租人返还押金的相关程序以及出租人违反押金返还义务的法律后果，赋予承租人对出租人非法扣留押金的行为主张多倍赔偿的权利等。[1] 由此可见，美国法律对押金的规制是非常完善的。而这种对押金进行管制的制度也反映了美国住房租赁契约管制制度的完善程度，以及对承租人利益保护的周到。

第三节　域外住房租赁契约管制的差异和借鉴

一　两大法系住房租赁契约管制的差异

在对住房租赁契约管制展开论述之后，我们发现大陆法系国家对住房租赁的管制通常为私法管制，英美法系国家对住房租赁的管制通常为公法管制。即两大法系住房租赁契约管制的差异主要还是在管制方式上。大陆法系主要以在合同法中设置相关制度对住房租赁合同当事人的关系进行调整，对出租人的权利进行抑制，对承租人的权利予以张扬。

以德国为例，1896 年《德国民法典》颁布时对于房屋租赁就作了专门规定[2]，这部法律经过多次修改沿用至今，其中关于房屋租赁的规定也历经修改，到现在已经基本形成了房屋租赁私法规范体系。2001 年，德国颁布了《使用租赁法改革法》，该法将一些私法性质的租赁法规吸收进《德国民法典》，将民法典中使用租赁的相关规范进行修改和整合，形成住房租赁与其他租赁相区别的体例，其实质性作用就是建立使用租赁法之新秩序，使之重新体系化。[3] 因而，现在《德国民法典》中关于住房租赁

---

[1] 周珺：《美国住房租赁法的转型：从出租人优位到承租人优位》，中国法制出版社 2011 年版，第 14 页。

[2] 《德国民法典》关于住房租赁关系的内容规定在第二编"债务关系法"第八章"具体债务关系"第五节"使用租赁合同、用益租赁合同"中。

[3] 杜景林、卢谌：《德国民法典——全条文注释》（上），中国政法大学出版社 2015 年版，第 462 页。

的规定已经相当完备。德国民法上将租赁分为使用租赁和用益租赁，关于住房的使用租赁关系（第549—577a条）以一个"目"的形式包含于使用租赁中。①《德国民法典》中使用租赁的标的只能是住房、住房以外的房屋、土地和动产等，权利不能作为使用租赁的标的。《德国民法典》第535—549条"关于使用租赁关系的通则"中，规定了使用租赁合同的内容和主要义务（第535条）、物质瑕疵和权利瑕疵情形的租金减少（第536条）、承租人因瑕疵而享有的损害赔偿请求权和费用偿还请求权（第536a条）、承租人在订约或者受领时知悉瑕疵（第536b）、租赁期间知悉瑕疵和承租人的瑕疵通知（第536c）、合同上排除承租人的瑕疵权利（第536d）、承租人发生自身妨碍情形的租金支付（第537条）、租赁物因依约使用而耗损（第538条）、其他费用的偿还和承租人的取回权（第539条）、向第三人支付使用（540条）、违约使用情形的不作为之诉（第541条）、租赁关系的结束（第542条）、因重大事项而无期间地特别终止（第543条）、期限超过30年的合同（第544条）、租赁关系的默示延长（第545条）、承租人的返还义务（第546条）、迟误返还情形对出租人的补偿（第546a条）、偿还预先支付的租金（第547条）、偿还请求权和取回权的实效（第548条），因为住房租赁属于使用租赁，那么，关于使用租赁关系的一般规定对住房租赁关系具有约束力。此外，《德国民法典》关于住房的使用租赁关系规定得非常细致具体，比较典型的表现是，《德国民法典》第555a—555f条把在租赁房屋里添置现代化措施导致的租赁合同内容的变动都规定到法律中，其意旨在于"从租赁法的角度保障在建筑物之内采取受公共支持的措施，以此实现不可再生能源的节省"②。德国现代法上的住房租赁控制产生的最早原因是城市化的发展，为了应对一般性的住房租赁问题，具有代表性的如买卖不破租赁、优先购买权、解约限制等住房租赁契约管制制度都是直接在合同法中予以规定，只是在经历战乱等一系列事件的影响下，为了应对特殊历史条件下住房条件的需要，德国政府才对住房租赁进行了一些公法上的干预。比如，第一次世界大战期间，为了应对特殊时期下的紧急状况，德国曾经制定特别法

---

① 《德国民法典》根据内容分为"编""章""节""目""条"等。
② 杜景林、卢谌：《德国民法典——全条文注释》（上），中国政法大学出版社2015年版，第417页。

令、采取一些紧急措施，魏玛政府曾颁布《保护服役者法》《保护房客法》和《抵制住房短缺法》等①，以限制房主向服役士兵的家属收回房屋、进行租金管制。到了20世纪60年代以后，随着战后住房状况逐渐好转，这些在当时为了应对特殊情况的特别法令才逐渐被取消，1961年联邦德国颁布《关于废除住宅配给以及实行社会化租房的法令》逐渐减缓了对房屋租赁的管制，但是政府并没有完全放弃对租金的控制。1971年联邦政府出台《租金保障法》对租金问题进行规定：租金可由双方商议决定；如果某个城市人口超过五万人，每年还需出台一份"合理租金价格表"，并将此内容向租户公布。1974年联邦政府又出台了《租金调整法》，对《租赁保障法》的相关内容进行了调整。需要说明的是，这些房屋租赁管制的政策都只是在西德施行的。而东德实行社会主义计划经济体制，希望通过法规禁止租金增长，住房的分配和管理都由政府进行，这与西德通过市场调节的住房租赁市场是完全不同的，也不是我们这里要研究的市场经济条件下的住房租赁。1990年两德统一后，东德废除了之前具有计划经济特点的住房租赁政策，也开始适用西德的房租管制政策。2001年9月1日德国废止了《租金调整法》，2001年10月德国通过了《债法现代化法》并于2002年1月1日开始实施，该法对《德国民法典》的债法部分作了重大修订，其中关于住房租金调整的部分采纳了《租金调整法》的相关规定。2001年9月1日，德国还颁布实施了《使用租赁法改革法》，对民法典中的使用租赁部分作了大幅调整。这样做的目的是对住房租赁进行专门规制，更好地保护承租人的利益。因此，德国关于住房租赁的相当一部分内容又回归至民法调整。

日本的住房租赁法律制度是在民法典和特别立法的体系下构建起来的。1898年《日本民法典》历经修改，在秉承《法国民法典》精髓的同时，也继承了《德国民法典》的体系和立法技术，法典中奉行所有权绝对和契约自由两大原则。②《日本民法典》将有关租赁的规定放在第三编债权编中。法典没有对住房租赁进行专门规定，只是对租赁进行了规定，

---

① 孟钟捷：《德国历史上的住房危机与住房政策（1918—1924）——兼论住房统制模式的有效性与有限性》，《华东师范大学学报》（哲学社会科学版）2011年第2期。

② ［日］星野英一：《日本民法的100年》，渠涛译，《环球法律评论》2001年秋季号。

其中包括对租赁的解除（第604条、第617条、第618条）①、关于租赁权的让与及转租的限制（第612条）②、实行不完全的买卖不破租赁制度（第605条）③、关于租金制度（第609条、第611条）等。④《日本民法典》将租赁权视为债权，完全遵循债的相对性原理，给予承租人债的保护。这样的安排虽然奉行了所有权绝对和契约自由的原则，给予了出租人物权地位的保护，但同时也忽视了对承租人一方作为弱势群体的关注。《日本民法典》除了对农地租赁作了特殊规定以外，对于住宅用地租赁和其他不动产租赁未作区分，而是一体给予这些承租人债法上的保护。对于住宅用地，本来法律上设立了地上权制度，当事人可以在用益物权和租赁权之间进行选择，但"土地所有权人总是要利用其事实上强有力的地位及法律上的绝对自由，尽可能强化其支配地位"⑤。因此，现实中出租人尽量以租赁的方式将土地出租给承租人使用，承租人只是作为债权人受到保护。总之，《日本民法典》关于租赁的一般规定原本没有考虑土地和房屋

---

① 《日本民法典》第604条：①租赁的存续期间不能超过二十年。以契约约定更长期间的，其期间也为二十年。②租赁的存续期间可以更新。但更新的期间自更新时起，不能超过二十年。

第617条：①当事人未定租赁期间时，各当事人可以随时提出解约。此时，下列各号所列租赁，因自提出解约之日起经过各号所列期间而终止：一、土地租赁为一年；二、建筑物租赁为三个月；三、动产及场地席位租赁为一日。②有收获季节的土地租赁，须在收获季节之后和下季耕作开始之前提出解约。

第618条：当事人，即便已定有租赁期间，只要其中的一方或双方对该期间内解约的权利作出了保留，准用前条的规定。

参见渠涛编译《最新日本民法》，法律出版社2006年版。第132、134页。

② 《日本民法典》第612条：①承租人非经出租人承诺，不能将承租权让与或将租赁物转租。②承租人违反前项的规定，让第三人对租赁物使用或收益时，出租人可以解除契约。参见渠涛编译《最新日本民法》，法律出版社2006年版，第133页。

③ 《日本民法典》第605条：不动产租赁，一经登记，对于其后就其不动产取得物权的人也发生效力。参见渠涛编译《最新日本民法》，法律出版社2006年版，第132页。

④ 《日本民法典》第609条：以收益为目的的土地承租人，因不可抗力致使所得收益少于租金时，可以请求将租金减额至所收益的额度。但住宅用地的租赁不在此限。

第611条：①租赁物的一部非因承租人的过失而灭失时，承租人可以按灭失部分的比例请求租金的减额。②于前项，如仅以残存部分不能达到承租人的承租目的时，承租人可以解除契约。

参见渠涛编译《最新日本民法》，法律出版社2006年版，第132—133页。

⑤ [日] 我妻荣：《债法在近代法中的优越地位》，中国大百科全书出版社1999年版，第12页。

承租人,尤其是处于弱势地位的住宅承租人的特殊利益[①],这对处于弱势地位的承租人的权利保障来说,是极为不利的。这一时期,日本还出现了损害承租人利益的"地震买卖"现象:出租人希望提高租金或是收回房屋遭到承租人反对时,便通过虚假的土地交易收回土地,然后将其上的承租房屋强行拆除。这种交易现象对承租人来说如同遭受地震一样,因此被称为地震买卖。地震买卖严重地损害了承租人的居住稳定利益。总之,《日本民法典》中的有关住房租赁制度延续传统债法的规定,忽略了对弱势群体的关注,不能有效保护承租人的利益。随着资本主义经济快速发展,城市住宅危机显现,社会矛盾激化,社会政策或社会化思潮的影响日趋明显。因此,日本开始制定一些特别法来加强对承租人的保护,如1909年制定的《建筑物保护法》、1921年制定的《借家法》和《借地法》、1946年制定的《地租房租统制令》和1991年制定的《借地借家法》等。总而言之,日本通过这些特别法为住房承租人提供了非常充分的保护,而这些特别立法也带有强烈的社会立法性质,使日本的住房租赁立法凸显出社会面向。[②] 纵观日本一百多年来住宅租赁制度的改革变迁,无不是在市场与实质公平之间选择的结果。这些制度一方面试图遵循市场规则、坚持传统民法中的契约自由原则,最大限度发挥不动产的经济和社会效益;另一方面倡导社会福祉理念、将承租人视为弱势群体进行倾斜性保护。总体来说。日本住房租赁法律制度中的合同法体系还是相对比较完整的,而为了适应保护承租人利益的需要,又以特别法对合同关系进行了矫正,但这类特别法的影响还是有限的。

而在英美法系,住房租赁契约管制则主要体现为以管制法为主。20世纪60年代美国在住房租赁法方面经历了一个重要变革,最显著的特点是以出租人利益为核心向以承租人利益为核心的转变。在此之前的二三百年间,美国没有专门的《住房租赁法》,一般在解决住房租赁相关问题的时候,都是适用不动产租赁法。美国的不动产租赁法来源于英国普通法,英国普通法根植于封建社会,而封建社会背景下的不动产租赁有其自身的特点:其一,封建社会经济下财富的核心是农村的土地,不动产租赁主要是对农地租赁关系进行调整。而现代社会经济下,由于城市化的发展,房

[①] 段匡:《日本民法百年中的债法总论和契约法》,《环球法律评论》2001年秋季号。
[②] 包振宇:《日本住宅租赁特别立法研究》,《日本研究》2010年第3期。

屋租赁尤其是住房租赁已然成为不动产租赁调整中一个重要的方面。住房租赁和农地租赁在租赁物的用途、租赁物的使用期限、租金的支付方式等方面都有很大区别。显然，普通法下的不动产租赁法已经不能适应现代市场经济条件下调整住房租赁关系的需要。其二，封建社会的本质就是等级特权社会，维护贵族地主的利益是封建社会法律的根本任务。封建社会中不动产租赁关系的主体——地主和农民（也即出租人和承租人）之间在身份地位上的差异是显而易见的，这种身份地位上的差异必然反映到不动产租赁关系的权益分配上。因此，封建社会不动产租赁关系主要是保护贵族地主的利益，即以出租人优位为特点。现代社会市场经济完成了"从身份到契约"的转变，市场主体在身份上是平等的，客观上就要求法律赋予其公平的权利和机会，而封建社会下以出租人优位为特点的不动产租赁关系已经不能适应现代社会身份平等的要求。

20世纪60年代的美国经济经历了现代化飞速发展的时期，城市化的进展使得城市人口急剧增长，住房租赁也成为关系国计民生的重要问题。而以原本建构在普通法基础上的不动产租赁为主要法律基础的美国住房租赁法制体系已经不能适应美国现代化经济发展下住房租赁法制的需求，美国政治、经济、文化等方面的发展对住房租赁制度也产生了一些影响，具体表现如下：第一，政治方面。20世纪60年代的美国是一个动荡的年代，风起云涌的群众运动是这一时期美国社会的显著特征，其中黑人民权运动、反战运动和女权运动等是这一时期影响较大的群众运动，这些群众运动提出的"反对种族歧视""人人平等""反对贫困"等要求是当时美国社会关注度最高的问题。为应对这些呼声，美国政府从60年代开始采取了反贫困、保障黑人民权、保障公民权益等一系列改革措施。民权运动所提出的这些主张和保护承租人利益之间有着内在关联。因为出租人往往是富裕阶层、是白人，而承租人常常是贫困阶层、是黑人，因此，保护承租人的利益是民权运动的逻辑延伸，这也从另一个侧面反映出民权运动使那些处在贫困状态的公民的意识得以觉醒，而先前建构在普通法基础上的美国住房租赁制度，因为双方当事人经济实力、市场地位不对等而导致的在住房租赁中实际地位不平等的状态开始遭到处于弱势地位的承租人的抵制。因此，美国的住房租赁制度已经不能适应当时的政治气候。第二，经济方面。20世纪60年代是美国战后经济发展最快的时期，但是在"繁荣"与"增长"背后，美国却面临着通货膨胀、贫富分化和城市危机等诸多问题。美国社会中还有相当一部分人没有享受到经济发展带来的成果，生活依旧贫困，尤其是相当一部分黑人仍然处于社会的最底层，这些都是美国社会中极不稳定的因素。还有美国从20世纪60年代爆发的大规模城市骚乱、恶劣的住房条件、交通拥堵、环境污染等问题使得美国遭遇了严重的城市危机。为了应对城市危机，美国政府进行了一系列的社会改革，其中的一条主线就是维护弱势群体的利益，包括黑人、贫困人口、老人、妇女和残疾人等。而承租人通常都属于这些群体，相对于出租人而言，承租人因为属于弱势群体而受到广泛的关注。第三，文化方面。20世纪60年代，美国的文化潮流也发生了巨大的改变，其中以"反文化运动"的思潮影响最大。"反文化运动"是20世纪60年代至70年代流行于美国青年人当中以反主流文化为特征的一种文化、价值观和生活方式。[①]它主要反对的是作用于美国现代工业社会、扭曲人类自然性格、扼杀个性自由发展的文化价值观。反文化运动与反战运动等因素的结合推动美国出现了反对传统、反对权威、反对现有秩序的社会思潮。[②]渊源于英国普通法的不动产租赁制度属于传统的社会秩序，自然成为反文化运动抨击的对象。这也是促成对不动产租赁制度进行改革的一个主要原因。

综上所述，在经历了政治、经济、文化等各方面因素的影响之后，美国的住房租赁制度在价值取向上发生了根本的变化，逐步从以出租人为核心的价值本位向以承租人为核心的价值本位转变。于是，20世纪60年代末至70年代，美国开始了对不动产租赁法的改革。之所以要进行改革，除了前述美国现代政治、经济、文化等各方面的背景发生变化之外，美国法律界认为住房租赁与一般的不动产租赁不同，有自己的特点。比如，住房租赁与土地租赁相比较，在租赁物的用途和租赁期限方面有所区别；而住房租赁与商事租赁相比较，则在租赁房屋对于承租人的价值表现上和承租人经济实力方面有所区别。因此，美国开始了建构住房租赁法、形成独立住房租赁法的道路。1972年美国统一州法委员会（National Conference of Commissioners on Uniform State Laws，NCCUSL）制定《统一住房租赁法》，这部法律成为美国关于住房租赁方面的示范法，掀起了住房租赁法

---

① 赵梅：《美国反文化运动探源》，《美国研究》2000年第1期。

② 周珺：《美国住房租赁法的转型：从出租人优位到承租人优位》，中国法制出版社2011年版，第44—47页。

的成文化浪潮。目前已有 21 个州参照该法制定了自己的《住房租赁法》。① 此外，还有一些州虽然没有参照《统一住房租赁法》的体例，但是受该法的影响，也制定了富有自己特色的专门的《住房租赁法》。因此，在《统一住房租赁法》的推动下，美国目前共有三十几个州制定了自己的《住房租赁法》。《统一住房租赁法》极大地推动了美国住房租赁法的成文化进程，并且具有一定的参考价值，它也比较能够反映美国住房租赁制度的特点。总体来说，美国《统一住房租赁法》围绕着住房租赁合同关系规定了出租人和承租人之间的权利义务，而这些具体权利义务的配置又反映了保护承租人利益、向承租人利益倾斜的立法宗旨，以及美国住房租赁法从出租人优位向承租人优位转变的趋势。美国之前延续普通法的法律传统，调整住房租赁法律关系的主要渊源是判例法。而今，当三十几个州拥有自己的《统一住房租赁法》时，美国的住房租赁法律制度已经从判例法形式演变为制定法形式。在传统普通法中，不动产租赁被认为是出租人将自己所有租赁物的财产权利在一定期间转让给承租人，承租人在这一期间是该租赁物的权利人或者"所有权人"，对租赁物享有占有和使用的权利，这种占有和使用的权利不但可以对抗出租人，还可以对抗任意第三人。因此，承租人对租赁物所享有的权利是一种财产权。总之，普通法认为不动产租赁实质上是财产权利的转让。② 随着时代的变迁，在英美法系里，不动产租赁逐渐被人们认为带有合同的属性，造成这一重要变化的原因在于租赁物的变化。在农业经济社会，农地是不动产租赁的主要标的物，农地租赁是不动产租赁的主要形式。在农地租赁中，出租人一

---

① 在美国，参照《统一住房租赁法》制定了自己的《住房租赁法》的 21 个州包括：亚拉巴马（2006 年）、阿拉斯加（1974 年）、亚利桑那（1973 年）、康涅狄格（1979 年）、佛罗里达（1973 年）、夏威夷（1972 年）、爱荷华（1978 年）、堪萨斯（1975 年）、肯塔基（1974 年）、密歇根（1972 年）、密西西比（1991 年）、蒙大拿（1977 年）、内布拉斯加（1974 年）、新墨西哥（1975 年）、俄克拉何马（1978 年）、俄勒冈（1973 年）、罗德岛（1986 年）、南卡罗来纳（1986 年）、田纳西（1975 年）、弗吉尼亚（1974 年）、华盛顿（1973 年）。此外，制定了具有自己特色的《住房租赁法》的州包括：马里兰（1974 年）、阿肯色（2007 年）、特拉华（2004 年）、内华达（1977 年）、新泽西（1991 年）、北卡罗来纳（1977 年）、俄亥俄（1974 年）、得克萨斯（1983 年）、佛蒙特（1985 年）、怀俄明（1999 年）等州。参见周珺《美国住房租赁法的转型：从出租人优位到承租人优位》，中国法制出版社 2011 年版，第 4—6 页。

② 周珺：《美国住房租赁法的转型：从出租人优位到承租人优位》，中国法制出版社 2011 年版，第 23 页。

且将农地出租给承租人，就不再对其土地享有任何权利、承担任何义务，承租人对土地享有占有权和使用权，在这种情况下，租赁关系当然地被理解为财产关系。而到了现代经济社会，房屋租赁取代农地租赁成为不动产租赁的主要租赁物，这使租赁关系变得复杂。以往的农地租赁中，出租人将土地交给承租人，只需约定土地租赁期限、租金数额等简单内容即可。而现代经济社会，房屋租赁双方就房屋是否适合使用所约定的内容远远超过农地租赁，除了对租赁期限、租金数额等常规项目进行约定以外，双方还需约定房屋的安全性能、使用要求、维修责任、水电供应、各种物业水电费用的缴纳等问题，租赁关系中的内容大多需要双方当事人的约定来确定，租赁关系显示出很强烈的合同属性。[1] 因此，美国《统一住房租赁法》的性质总体上说是合同法。但是不同于普通法中，美国法学界倾向于将《统一住房租赁法》定性为强行法而非任意法。[2] 普通法中住房租赁关系当事人充分发挥意思自治原则，租赁关系的内容由当事人自由议定，所以，《统一住房租赁法》之前的有关住房租赁法律属于任意法。20世纪60年代以来，住房租赁制度的价值取向由过去的以出租人为中心向以承租人为中心转变，联邦和各州的《住房租赁法》中出现了大量保护承租人利益的法律条款，为了切实保护承租人利益，法律同时规定这些条款不得通过当事人约定排除适用。此外，美国有不少法院在审判实践中通过裁判表明态度，认为住房租赁合同中免除承租人法定责任或排除承租人法定权利的条款无效，原因是这种做法损害了承租人的利益，并且有损公共安全和公共健康，因而违反了公共政策。综上所述，美国的《统一住房租赁法》实质上是合同法，但和普通意义上的合同法不同，该法为了保障承租人的利益，赋予某些条款以强行性效力，禁止租赁双方当事人约定排除适用，以平衡出租人和承租人之力量对比。可见，美国的《统一住房租赁法》兼具任意法和强行法双重属性，而且强行法的特点非常明显。而美国住房租赁中租金管制、适住性管制、解约管制和押金管制等制度都表现为强制法、管制法。

英国是西方国家最早发展社会福利的国家，其奉行福利之邦的社会哲学，认为住房这种基本必需品的享有应当属于公民的权利，而对于公民所

---

[1] 周珺：《美国住房租赁法的转型：从出租人优位到承租人优位》，中国法制出版社2011年版，第25页。

[2] 吴立范编著：《美英住房政策比较》，经济科学出版社2009年版，第15页。

应承担的义务则相对比较模糊。第二次世界大战后，政府政策的目标更是强调结果公平而忽视机会公平，这也成为英国社会哲学更重要的元素。[①]与社会意识形态相关的还有经济惯例与社会政策。在经济惯例方面，相比于美国比较强调私人所有权，英国更加强调公共所有权，因此，在社会政策方面，相比于美国的"社会政策主要作为衍生的和剩余的角色来设定"[②]，英国社会政策在社会管理过程中起着主要和积极的作用，政府认为为公民提供适宜的住房是社会服务而加以重视，也正因如此，政府对于涉及公民住房利益的事务干预得要多一些。英国实行单一制的国家结构形式，中央政府统一执行国家权力，因此理论上国家实行统一的社会政策要容易一些。但实践却恰恰相反，英国并未如想象中由中央实行统一的住房政策，而是把执行住房政策的职权由中央下放给地方，而地方也欣然接受，因为地方政府认为这样会在政治上给其带来很大的益处。英国不论是中央还是地方，都将住房看作一个重要的政治问题。1979年撒切尔夫人出任首相之后主张住房私有化，政府对于住房采取政府与市场并举的方式，而对于住房租赁，仍然给予较多的干预。与政府通过住房政策较多干预公民住房形成鲜明对比的是，英国政府并不是住房的主要提供者，即使是在政府提供住房最多的时期，政府提供的住房也仅占全国住房供应总量的三分之一。但是无论怎样，"福利之邦"的社会哲学和"国家干预"的政策已然成为英国住房租赁的一大特点。而和这种特点相适应，英国在住房租赁方面制定了《租金法》《住宅法》《不动产租赁法》等法律对住房租赁市场进行干预。

综上所述，在以德国、日本等国为样本的大陆法系住房租赁法律制度研究中，可以看出大陆法系很多国家秉承传统民法的习惯特点，形成了以契约法为主的住房租赁法律制度，将住房租赁法律植于合同法的体例中，在合同法中确立了优先购买权、买卖不破租赁、解约限制和租金控制等专门适用于住房租赁行为的最普遍也是最基本的制度。这些制度是民法在适应现代住房租赁关系时为了追求实质的公正平等，平衡租赁双方权利义务，在私法范围内进行自我调整的结果。总体来说，大陆法系住房租赁法律大部分表现为私法，但也有少部分为公法，比如租金控制，其表现形式

[①] 吴立范编著：《美英住房政策比较》，经济科学出版社2009年版，第1页。

[②] 同上书，第18页。

既有私法规范，也有管制法规范。但这并不能掩盖大陆法系住房租赁法律总体上为私法，即以私法为主、公法为辅的法律特点。而英美法系的住房租赁法律制度呈现出与大陆法系截然不同的特质。英国和美国同为普通法国家，在法律表现形式上原本有很多相似的地方，而在住房租赁制度方面，两国的立法宗旨和具体法律制度也有很多相似之处，比如在对承租人利益的倾斜方面、租金控制、出租人解约权的限制等，两国都采取了类似的政策措施。美国的住房租赁控制带有强烈的管制法色彩，这些制度对于发生于住房租赁领域的合同关系进行来自政府的干预，也是对传统法律中契约自由原则和公民财产自由原则的背离，比如可居住性默示担保规则、租金管制、押金管制等制度都带有强烈的管制法特点。英国奉行"福利之邦"的社会哲学，解决公民的住房问题是作为一种社会福利存在的，政府对住房租赁进行了较多的干预，在住房租赁具体制度方面和美国很类似。而传统合同法中的买卖不破租赁制度等在英美法系住房租赁法律制度中应用范围十分狭窄，因而在住房租赁法律制度方面，英美法系主要以管制法为主，类似于大陆法系的公法。

综上所述，大陆法系的相关制度主要建构在合同法的体系下，体现出私法的特质；英美法系的相关制度主要建构在管制法的体系下，体现出公法的特质。两大法系在住房租赁契约管制的手段上有着根本区别。

二 两大法系住房租赁契约管制的相互借鉴

（一）两大法系住房租赁契约管制相互借鉴的需求

通过对大陆法系和英美法系住房租赁制度的梳理，可以看出，大陆法系各国住房租赁制度都基本沿袭传统民法的特点，其立法体例基本上以合同法为核心，民法和合同法中意思自治、契约自由、合同当事人之间权利平等、债的相对性原理等对住房租赁法律制度体例的形成影响深厚。而随着垄断资本主义的发展，为了追求租赁双方当事人之间实质上的公正平等，平衡租赁双方权利义务，对承租人予以倾斜性保护，大陆法系中以合同法为主体的住房租赁制度有了社会性因素加强的趋势。表现在大陆法系住房租赁法律制度中逐渐植入了优先购买权、买卖不破租赁、解约限制和租金控制制度等，但是这些制度本身是与传统私法体系下的一些规则相违背的，我们很难从传统私法理论中找出这些制度存在的依据。传统理论对大陆法系住房租赁法律制度的禁锢，不仅使已有的特殊制度面临理论障碍，也束缚了住房租赁法律制度创新的脚步。综观大陆法系住房租赁的具体法律制度，基本上都是在合同法的框架下，形成以私法为主、公法为辅的制度体系。私法的特点是强制力不够，因此，位于弱势地位的承租人在这一体系下很难获得法律直接的、强有力的保护。大陆法系住房租赁法律制度亟须注入公法元素，使承租人获得强有力的法律支持。也就是说，从大陆法系住房租赁制度本身的现状来看，需要在"契约"中注入强制性规范，即在"契约"中注入"管制"的血液，以此来焕发旺盛的生命力。

而英美法系的住房租赁法律制度呈现出与大陆法系截然不同的特质。无论是美国住房租赁法律制度中承租人优位的立法宗旨，还是英国福利之邦的社会哲学，都带有社会法的价值取向，这为国家介入住房租赁管制奠定了理论基础。因此，管制法是美国和英国住房租赁法律最重要的表现形式。英国和美国以管制法的形式建构了租金管制、押金管制、适住性管制、解约管制等符合现代住房租赁管理价值理念的制度，从内容来说，赋予承租人切实的保护和人文关怀；从形式上说，以判例法、制定法构造出的一系列制度带有强烈的国家管制性因素，反映了强行法的特点，并且取得了良好的执行效果。如果说大陆法系的住房租赁法律制度是在合同法内部对合同关系给予的一种干预或限制（也可以理解为管制）的话，那么英美法系住房租赁管制法律就是于合同外部对合同关系进行的管制。英美法系的住房租赁管制法律更加具有强制力、执行力。大陆法系的住房租赁制度虽然具有任意性特点，但是以合同法为主的体系架构又很符合住房租赁关系和行为的特点，由此看来，这两种住房租赁法律制度具有互相弥补、互相充实的需要。同时，英美法系中基于对弱势群体倾斜性保护的社会价值理念构造起来的制度基础和福利国家的社会哲学可以作为国家干预住房租赁合同关系的理论补充。

总之，基于对两大法系住房租赁法律制度的考察，笔者认为，在住房租赁法律领域，存在着"契约"和"管制"相互融合、相互借鉴的理论和实践需求。

（二）两大法系住房租赁相互借鉴的可能

诚然，由于文化传统和历史演进的差异，两大法系形成了截然不同的法律特征。但是，近现代由于世界经济一体化促进了各国之间经济文化的交流，无论是大陆法系国家还是英美法系国家也都经历了大体相似的社会经济生活发展历程，工业革命的产生与发展、两次世界大战、战后的经济复苏、现代经济的高速发展……几乎每个发达资本主义国家都参与其中，各国因此也形成了大体相似的法律价值取向。尤其是在民商生活领域，由于排除意识形态的干扰和国家主权的界分，仅仅是法律领域的内容和技术上的交流，更容易在法律价值面向上取得一致。现代工业社会加强了人们之间的交往，每个人都不可能孤立于社会而存在。这为以绝对自由为表象的个人本位向个人自由受牵制的社会本位转变创造了一定的条件。大陆法系和英美法系国家在民商生活方面，由于经历了大体一致的社会经济生活变迁，在传统的法价值观里几乎同时发生了价值取向由个人本位向社会本位的转变，具体到住房租赁方面，则体现为法律社会因素的加强和承租人优位的价值取向的形成。价值本位的趋同不但为两大法系国家住房租赁制度奠定了相同的立法基础，也必然促使这些国家在法律制度选择方面的趋同化。各个国家基于所应对社会生活的相似性、基于相似的立法宗旨和价值选择，必然会在选择法律制度时互相影响、互相借鉴。这些为两大法系住房租赁"契约"和"管制"的借鉴与融合奠定了法制基础，也创造了可能性。

本章小结

在以德国、日本等国为样本的大陆法系住房租赁法律制度研究中，可以看出大陆法系很多国家秉承传统民法的习惯特点，形成了以契约法为主的住房租赁法律制度，将住房租赁法律植于合同法的体例中，在合同法中确立了优先购买权、买卖不破租赁、解约限制和租金控制等专门适用于住房租赁行为的最普遍也是最基本的制度。这些制度是民法在适应现代住房租赁关系时为了追求实质的公正平等、平衡租赁双方权利义务、在私法范围内进行自我调整的结果。总体来说，大陆法系住房租赁法律大部分表现为私法，但也有少部分为公法，比如租金控制，其表现形式既有私法规范，也有管制法规范。但这并不能掩盖大陆法系住房租赁法律总体上为私法，即以私法为主、公法为辅的法律特点。

而英美法系的住房租赁法律制度呈现出与大陆法系截然不同的特质。英国和美国同为普通法国家，在法律表现形式上原本有很多相似的地方，而在住房租赁制度方面，两国的立法宗旨和具体法律制度也有很多相似之处。比如在对承租人利益的倾斜方面、租金管制、对出租人解约权的管制等，两国都采取了类似的政策措施。美国的住房租赁控制带有强烈的管制法色彩，这些制度对于发生于住房租赁领域的合同关系进行来自政府的干预，也是对传统法律中契约自由原则和公民财产自由原则的背离。比如可居住性默示担保规则、租金管制、押金管制等制度都带有强烈的管制法特点，英国奉行"福利之邦"的社会哲学，解决公民的住房问题是作为一种社会福利存在的，政府对住房租赁进行了较多的干预，在住房租赁具体制度方面和美国很类似。而传统合同法中的买卖不破租赁制度等在英美法系住房租赁法律制度中应用范围十分狭窄，因而在住房租赁法律制度方面，英美法系主要体现为以管制法为主，类似于大陆法系的公法。同时，政府对住房市场的调整是和放任市场进行自我调整交错进行的，这也体现出政府在住房租赁法律方面发挥的作用。

总之，大陆法系住房租赁法律制度多为任意性法律规范，强制力不够，而且这些制度本身是与传统民法理论相违背的。因此，大陆法系住房租赁法律制度期待创新与突破。英美法系于住房租赁行为上施以管制的法律模式为大陆法系住房租赁法律制度的改革提供了创新思路。而世界经济一体化的发展使各国在经历了大体相似的社会经济生活发展历程的同时，在住房租赁方面也形成了近似的需求和法律价值取向，这使两大法系住房租赁"契约"和"管制"的借鉴与融合需求变得更为迫切，也为两大法系住房租赁"契约"和"管制"的借鉴与融合创造了可能性。

需要在这里强调的是，大陆法系和英美法系的住房租赁契约管制虽然在管制方式上有所不同，但是由于其经历了大体相似的社会经济生活发展历程，在住房租赁契约管制方面也因此形成了大体相似的法律价值取向，即两者的住房租赁制度里都体现出社会因素的加强和承租人优位的价值取向，反映出向承租人倾斜的立法宗旨。

第三章

住房租赁契约管制的价值与原则

在提出了住房租赁契约管制的观点之后，在这一章里，我们将讨论住房租赁契约管制法律体系的理论基础构造。这里的理论基础构造是指对实在法的形成具有指导性作用的价值理念和原则等。一般来说，一部法律的制定是以其价值追求和目标原则作为理论基础的，而这部法律里的所有法律规范也应当围绕着这些价值和原则而展开，并且体现这些价值和原则。本书在这里，将对前面所提出的住房租赁契约管制的理论基础构造进行阐述。

第一节 住房租赁契约管制的价值

法律价值是人们对于法律的内在需要，以及法律满足人们这种需要的属性，即法律对于人的有用性，它反映人们对法律制度怀有的期待和理想，即希望法律制度所能实现的目标，比如自由、正义、秩序、效益等就是一般的法律价值，也属于法的目的价值。"价值问题虽然是一个困难的问题，但它是法律科学所不能回避的。"[1] "任何值得被称之为法律制度的制度，必须关注某些超越特定社会结构和经济结构相对性的基本价值。"[2]

---

[1] [美] 罗斯科·庞德：《通过法律的社会控制》，沈宗灵译，楼邦彦校，商务印书馆2008年版，第50页。

[2] [美] E. 博登海默：《法理学：法律哲学和法律方法》，邓正来译，中国政法大学出版社2004年版，"作者致中文版前言"第5页。

本书在探讨住房租赁契约管制的理论基础时，是从住房租赁契约管制所应实现的价值这一角度出发的。由此，在构建住房租赁契约管制法律制度的时候，对其制度所要遵循的价值理念进行关注和研究是必要的。以下，我们将对住房租赁契约管制所要遵循的价值进行探讨。

一 住房租赁契约管制的自由价值

自由是人的潜在能力的外在化和人的自由意识的现实化。人有了自由，才能使自己的智力、体力等得到发挥，使自己生存和发展的自我意识得到实现。法律自由是指一定社会中人们受到法律保障或得到法律认可的按照自己的意志进行活动的人的权利。[①]"文化上的每一个进步，都是迈向自由的一步。"[②] 历史进步的表现之一就是人类不断地实现自由。因此，自由是法应当具有的核心价值。反过来，法律为自由的实现提供了认识基础，为自由意志的外化排除人为阻碍，把自由意志转化为自由权利，确定各种自由权利的范围，通过设定违法责任为平等的自由提供保护机制。[③]

作为法的价值之一，自由价值在住房租赁契约管制中的第一个体现为契约自由。不论是在大陆法系还是在英美法系中，住房租赁一般都被认为是一种合同行为，既然是合同行为，那么就应该遵循合同法中的最一般规则。契约自由原则就是近代合同法也是私法中的一个非常重要的原则。契约自由原则由来已久，在大陆法系，人们认为契约自由的思想可以追溯到罗马法，而作为一个原则，其所需要的理论基础、政治基础、经济基础和制度基础的完备则可以追溯到18、19世纪；而在英美法系，现代合同法的这一基本原则应该是在18和19世纪得以完善。[④] "契约自由原则的实质是契约的成立以当事人的意思表示一致为必要，契约权利义务仅以当事人的意志而成立时，才具有合理性和法律上的效力。"[⑤] 英国学者阿狄亚认为契约是当事人自由选择的结果。[⑥] 契约自由的内容包括是否缔约的自

---

① 葛洪义：《法理学》，中国政法大学出版社1999年版，第65—66页。
② 《马克思恩格斯选集》第3卷，人民出版社2012年版，第492页。
③ 张文显：《法理学》，法律出版社1998年版，第307—310页。
④ [英] P.S.阿狄亚：《合同法导论》（第五版），赵旭东等译，法律出版社2002年版，第7页。
⑤ 李永军：《合同法》，法律出版社2004年版，第37页。
⑥ [英] P.S.阿狄亚：《合同法导论》（第五版），赵旭东等译，法律出版社2002年版，第7页。

由、与谁缔约的自由、决定契约内容的自由和当事人选择契约形式的自由等。按照契约自由的一般理论，在住房租赁合同法律关系当中，出租人和承租人都应当享有相同的合同自由，即双方平等地享有是否缔约的自由、与谁缔约的自由、决定契约内容的自由等。这应该是自由价值在住房租赁契约管制中最基本的表现。自由价值在住房租赁契约管制中的第二个体现是帮助承租人、使其生存和发展的自我意识获得实现。住房是人们生存和发展的基本需求，只有这一基本需求得到满足，人们才有了进一步发展的条件和潜力。承租人作为社会中的一分子，也应享有法律保障或认可的按照自己意志进行活动的权利和自由。实践中，由于经常会出现出租人和承租人双方在社会、经济、接受教育等方面差异悬殊的情况，出租人相对强势，承租人相对弱势，如果完全遵循合同自由原则的话，就会出现出租人随意解约、任意抬高租金、收取押金、凭借自己在合同中的优势地位将不合理的内容纳入租赁合同、逃避责任、增加对方义务等情况，承租人可能会面临居住条件差而无法申告、居住权益难以获得保障、被要求高租金、高押金等情况。表面上看来，出租人的这些行为都符合合同自由原则，但实际上承租人生存和发展的最基本要求可能都难以获得保障，更别谈其进一步发展的潜力和自由。针对这些情况，很多国家在住房租赁合同管制制度中，设置了很多制度对出租人的合同自由进行限制，比如大陆法系中的买卖不破租赁、优先购买权等制度，英美法系中的租金管制、解约管制等制度，就是对出租人的权利进行限制、对承租人予以保护。这也充分说明了自由是主体利益和社会秩序的统一，个人自由不是无限制的，为了保证社会中的每一个人都享有足够的生存和发展的自由，每个人的自由都要受到一定的限制。

二 住房租赁契约管制的正义价值

通常情况下，人们认为正义虽然和公平、公正、公道等这些词不同，但是都表达的是相近的意思，都属于人类所追求的一种理想状态。说起正义，人们总喜欢引用博登海默那句话："正义有着一张普洛透斯似的脸，变幻无常，随时可呈不同形状并具有极不相同的面貌。"[①] 这句话的意思

---

① ［美］E. 博登海默：《法理学：法律哲学与法律方法》，邓正来译，中国政法大学出版社2004年版，第261页。

是正义没有一成不变的内容，它随着时代的变化而变化，不同的人其理解和追求的正义也会有所不同。关于对正义的理解，不同的学者站在不同角度，提出不同的看法。柏拉图认为正义存在于组成社会的各个有机体的和谐关系之中，每个阶层的社会成员应该尽其所属阶层所应尽的义务。亚里士多德认为正义寓于"某种平等"之中，即将某种世间事物公平、平等地分配给每一个社会成员。亚里士多德将正义分为分配正义和矫正正义。分配正义是指将财富、名誉、权利等在合法公民间进行公平、合理的分配。但是分配正义承认差别待遇，主张将社会资源根据个人财富、地位、才能等因素按比例进行分配，即分配的公正在于成比例，不公正在于违反比例[1]，这就是"得所应得原则"。但是这样分配会造成结果上的不公平，有些人利用自己的优势地位占有大量的社会资源，而另一些人即使很努力，也不会得到拥有大量社会资源的机会，甚至基本的生活保障都难以得到。当分配正义的结果明显失当时，就需要借助矫正正义对这一结果予以调整和弥补，对占有优势地位的那部分人多得的社会资源重新进行分配，使其重新达到平衡状态，这就是矫正正义。1971年，罗尔斯在《正义论》中提出自己的正义观。他认为"正义是社会体制的第一美德"，如果一个社会的法律和体制是不正义的，那么它必然会被改革或废除。社会制度是否正义的问题就是所谓的社会正义，罗尔斯提出"社会正义"这个概念以区别个人正义，解决社会正义和个人正义各有一些原则，社会正义原则应当先于个人正义原则而确定。社会正义论强调以社会、经济、政治、法律为构成要素的社会体制的正义是首要正义，因为它不仅影响个人的生活前途、个人和团体进行社会活动的环境条件，而且社会体制的正义标准也可以作为判断人的行为是否公正的标准。此外，罗尔斯还提出了实质正义和形式正义的区分。"实质正义是指社会制度本身的正义，形式正义是指执行体现和保护这种社会制度的法律和其他规范是否公正，不偏不倚。"[2]罗尔斯在批判古典功利主义正义观的基础上提出"公平正义论"的思想。古典功利主义正义观只关心能产生最大满足的量，而不关心满足的总量在个人之间怎样被分配。这意味着在利益总量达到最大化的前提下，容许对部分人平等自由权的侵犯。罗尔斯指出"每个人都拥有一种基于正义的不

---

[1] ［古希腊］亚里士多德：《政治学》，吴寿彭译，商务印书馆1965年版，第136页。
[2] 孙国华：《法理学》，法律出版社1995年版，第92页。

可侵犯性,这种侵犯性即使以社会整体利益之名也不能逾越"①。即社会中的每一个人都享有平等的、不可侵犯的自由权利。

　　罗尔斯的社会正义论和公平正义论为当代国家建构公平合理的社会体制提供了理论依据。党的十六届四中全会提出构建"和谐社会"的治国方略,"公平正义"是"和谐社会"的主要内容,温家宝同志在十一届全国人大一次会议的中外记者见面会上曾经说过:"公平正义就是社会主义国家的首要价值。公平正义就是要尊重每一个人,维护每一个人的合法权益,在自由平等的条件下,为每一个人创造全面发展的机会。如果说发展经济、改善民生是政府的天职,那么推动社会公平正义就是政府的良心。"罗尔斯的社会正义论和公平正义论具体到住房租赁制度方面,则可以体现为向弱势群体倾斜。在住房租赁法律关系中,承租人基于社会、经济等条件成为相对弱势的一方,在住房租赁合同关系中,常常会因其弱势地位难以享受到合同中的公正平等。从社会正义论的角度和公平正义论的角度,国家有必要以公权力对合同关系进行调整,以矫正和调整出租人和承租人在租赁合同关系中的权利和义务,使承租人获得实质的公平正义,使其居住权益能够获得实质保障。这也是社会主义公平正义观的应有之义。

三 住房租赁契约管制的秩序价值

　　"秩序"是社会科学中的常见名词,西方学者关于"秩序"这一范畴的界定大体有社会的可控性、社会生活的稳定性、行为的互动性和社会活动中的可预测因素等,即"秩序"反映了事物的一种有条不紊的常态,表明了社会生活的规律性与稳定性。② 博登海默在法学上对秩序进行了定位,认为秩序"意指在自然进程和社会进程中都存在着某种程度的一致性、连续性和确定性"③。人们需要社会处于一种有秩序的状态,因为社会只有处在一种井然有序的状态下,才能满足人们在进行社会活动和行为时的具体需要,比如通过社会秩序的存在,人们可以预测到自己和他人的

---

① [美]罗尔斯:《正义论》,何怀宏等译,中国社会科学出版社 1988 年版,第 1 页。
② 葛洪义:《法律学》,中国人民大学出版社 2011 年版,第 48 页。
③ [美] E. 博登海默:《法理学:法律哲学与法律方法》,邓正来译,中国政法大学出版社 2004 年版,第 227—228 页。

行为、控制自己的行为、节省因行为探索和选择行为方式耗费的时间和精力、在相互行为的过程中充满安全感，从而具有互相合作的可能。① 在众多法的价值当中，秩序被认为是法的首要的、基本的价值，这取决于法是组织调节人的关系系统并为之确定秩序的最有效的规范，人们依据法律规范所形成的人与人之间的人际秩序，正是法的秩序价值的体现。②

对于住房租赁契约管制而言，秩序价值体现在通过构建住房租赁契约管制的法律规范，创立住房租赁当事人之间的行为规则，规范住房租赁法律关系当事人的行为，重新分配当事人之间的权利义务，平衡出租人和承租人的关系。住房租赁市场作为房地产市场的一部分，其市场秩序的稳定与可控必然关系到整个市场经济。从宏观的角度分析，我国20世纪90年代初进入市场经济以来，经济生活发生了翻天覆地的变化，而由于我国政府治理市场经济的经验不足，也曾经出现过很多问题。总之，市场中的每一个环节的波动都可能牵动整个市场的节奏，而住房租赁市场的稳定直接关系到房地产市场甚至整个市场的平稳进行。从微观的角度看，目前我国住房租赁市场确实存在很多问题，比如隐形市场的存在使得承租人的利益难以获得法律保护、群租纠纷不断、出租人倚仗优势地位推诿自己的义务削减承租人的权利……显然，目前我国住房租赁市场的秩序存在问题，我们需要构建一个良性的住房租赁市场，而对这个市场良性秩序的追求应该是加强市场监管，使之健康平稳发展并且成为社会主义市场经济的有机组成部分；同时，梳理租赁关系当事人之间的权利和义务，既要对出租人和承租人的行为进行规范，使之符合市场平稳发展的要求，又要尽可能维护租赁双方的合法权益。总之，秩序价值在对住房租赁市场制度进行构造的过程中起着至关重要的作用，它也是我国住房租赁契约管制制度所要追求的首要的、基本的价值。

四 住房租赁契约管制的效率价值

效率等同于效益，理论界经常将法的效率称为法的效益。效率原本是经济学中形容投入与产出关系的概念，法学家则认为效率与自由、正义、秩序一样，是一个社会中最重要的美德。只有同时拥有自由、正义、秩序

---

① 孙国华：《法理学》，法制出版社1995年版，第89页。
② 杨震：《法价值哲学导论》，中国社会科学出版社2004年版，第182页。

和效率的社会，才是一个理想的社会。① 任何资源在一定时期的供给都是有限的，这就形成了其"稀缺性"的特点；而当这种资源被用于某一特定的生产和消费时，它也会因此而失去当其用于其他生产和消费可能带来的效用，这就是所谓的机会成本。基于这两个特点，人们尽力去追求资源配置效率，并将其作为行为选择的标准。从行为选择标准来看，效率反映了人与自由、人与人、人与社会的关系，因而效率属于普遍意义的关系范畴；另外，效率也反映人类处理矛盾的基本原则，体现人类的理智和思想。所以，效率应该是一个价值范畴。② 随着法律对社会经济生活的影响不断深入，效率观念也逐渐被引入法学领域中。法和效率的关系体现为两者的互相作用、互相影响。法对效率的促进作用体现为通过立法为社会提供适当的行为模式、为实现效率最大化提供程序上的保证、争取实现资源的最优配置。具体来说，就是通过确认和保护人们的各项权利，保障人们的人权、人身权利和财产权利，调动人们生产的积极性，以促进生产力发展、解放和发展科学技术、推动社会的进步。反过来，效率对法也会产生很大的影响。首先，当代社会，法的经济职能日益增强，法配置资源方面的规定也日益增多，当效率成为法的价值追求时，法律关于经济、资源方面的立法内容必然发生变化。其次，在以往的权利义务分配时，法律一般是按照正义的标准进行分配，当效率成为法的价值追求时，则正义和效率同时成为对权利义务进行分配时参酌的标准。最后，当效率成为法的价值追求时，必然对法律程序带来一定的影响，立法部门在设计法律程序时，把高效、快捷作为一个重要的目标，以提高法律程序的效率、尽快解决法律纠纷、降低司法和执法成本。

对于住房租赁契约管制来说，通过对住房租赁契约进行管制，规制租赁各方的行为，对住房租赁关系双方的权利义务进行妥善分配，既保证出租人的所有权，又要对其进行必要的限制，保护处于弱势地位的承租人，实现社会利益最大化，这既是对社会资源最优配置的结果，也是达到有效率的结果。从这一点来说，法的正义价值和法的效率价值在住房租赁契约管制上的意义是一致的。因为法的正义价值就在于通过对承租人进行倾斜性保护，平衡租赁双方的权益，追求实质正义，实现社会利益最大化；而

---

① 张文显：《法理学》，法律出版社1998年版，第311页。
② 杨震：《法价值哲学导论》，中国社会科学出版社2004年版，第212页。

法的秩序价值也在于通过对出租人和承租人的权利义务进行重新分配,保障承租人的权益,实现社会利益的最大化。

第二节 住房租赁契约管制的原则

法的价值体现了人们对法的理想目标的基本追求,有了这样的基本价值目标,人们才得以在其之上构建法的具体原则和制度。如前所述,住房租赁契约管制以自由、正义、秩序和效率为其价值追求。基于这样的价值期待,我们将循着这一大致方向来构建住房租赁契约管制法律的基本原则。而且,一个具体法律制度的展开,必须有相关原则做引导。在进行住房租赁契约管制理论构建时,研究其所应遵循的原则是必要的。本书在这里,将对住房租赁契约管制的基本原则进行探讨。

一 公民住宅权保护原则

所谓公民的住宅权,也称住房权或者适足住房权,是指公民有权获得适宜居住的、具备必要物质基础条件的基本住房权利,同时其安全、健康、尊严和不受歧视的权利也要获得重视。"住宅权是基本人权,它是指全体社会成员住有所居和逐步改善住宅条件的权利。"[1]

姜明安教授认为"住房权是指公民'住有所居'的权利,就是说,每个公民都应有一定的居所栖身,在这个栖身之所,他(她)能睡觉、休息、静思和生儿育女,而不论这个栖身之所的住房是他(她)自己购买的,还是租用的,或是政府或非政府组织以社会救济形式无偿提供给他(她)的"[2]。按照姜明安教授的观点,满足公民住宅权利的方式多种多样,除了通过购买取得房屋所有权以享有住宅权之外,住房租赁也是实现住宅权的重要方式,此外,申请政府或非政府组织救济也可保障公民享有住宅权,比如我国的保障房等。

20世纪中叶,发达国家为了保障公民的住宅权,纷纷制定住宅法。从理论上讲,住宅法应当属于住宅保障体系的基础性法律,其目标是调整

---

[1] 蒋承菘、楚道文:《论住宅权利社会保障立法的若干问题》,《政治与法律》2008年第2期。
[2] 姜明安:《住房权绝不等于住房所有权》,《人民论坛》2010年第16期。

住宅问题，使住宅权得以实现。本书在这里，希望通过对相关国家住宅法的介绍寻找住宅权发展的线索，进而说明住宅权、住宅法和住房租赁之间的逻辑关系。

(一) 公民住宅权保护原则在住房租赁法中的体现

1949年美国议会通过的《住房法案》序言里，宣布美国的住房目标是"让每一个家庭都能在适宜的居住环境里拥有一个舒适的家"[①]。在美国，与住房相关的问题都被纳入公共福利问题，因此，与之相关的立法也属于公法范畴。20世纪30年代，西方国家普遍面临住房紧缺问题。1934年，美国国会通过了《国民住房法》(NHA)，并先后建立了"联邦住宅管理局"(FHA)和"联邦储蓄贷款保险公司"(FSLIC)等住房机构，并建立"互助抵押贷款保险基金"，这些措施主要是为了保障公民获得住房抵押贷款，保护业主利益不受损害。1937年，美国国会通过了《住宅法》，这是一部住房租赁和公共住房方面的法律，这部法律里的住房资助计划将老年人、残疾人和戒毒人员等低收入和生活自理能力差的社会群体作为弱势群体加以倾斜性保护，同时还构建完善的机制保证这一法律原则的执行。此后，美国国会于1949年、1954年、1964年对《住宅法》进行了修订，相应的配套法规和政策还有1965年《城市与住房发展法》(*Housing and Urban Development Act of 1965*)、1965年的"租金增补"计划、[②] 1966年《示范城镇和大都市住宅开发法》(*Housing and Metropolitan Development Act of 1966*)、1968年《住宅与城市发展法》(*Housing and Urban Development Act of 1968*)、1969年"自置居所计划"和"租赁住宅计划"、[③] 1970年《住房和城市发展法》(*Housing and Urban Development Act of 1970*)、[④] 1970年《紧急住宅融资法》(*Emergency Home Finance Act*

[①] 吴立范编著：《美英住房政策比较》，经济科学出版社2009年版，第3页。

[②] 这个计划将低收入家庭用于住房支出的比例限定在其收入的20%，其余租金部分的差额则由政府提供补助。参见《〈美国住宅法〉简介》，《上海房地》2001年第10期。

[③] "自置居所计划"和"租赁住宅计划"分别来源于1968年《住宅与城市发展法》(*Housing and Urban Development Act of 1968*)的第235条和第236条，"租赁住宅计划"意在为租赁住房贷款进行补贴，减少贷款成本。参见《〈美国住宅法〉简介》，《上海房地》2001年第10期。

[④] 这部法律为中等收入家庭进一步增加住房补贴计划和租金增补的数额。参见《〈美国住宅法〉简介》，《上海房地》2001年第10期。

of 1970)、1974 年"第 8 条款计划"①和"社区发展补助计划"(CDBG)、1977 年《社区再投资法》(*Community Reinvestment Act of 1977*)等。以上这些法律和措施构成了美国 20 世纪 30—90 年代住宅法的法律体系,这个体系主要是应对当时的金融危机和住房困难的状况,面对中低收入家庭而采取的一系列调整手段。进入 20 世纪 90 年代,美国的住宅法也进行了调整,主要原因是国家住房状况发生了变化,不需要像 30 年代那样应对金融危机所带来的住房紧缺。1990 年,美国国会通过《国民可承担住宅法案》,这个法案中一项很重要的任务是通过信用证明和其他担保方式为承租人提供帮助,有效利用现有的住宅。此外,美国还进行了很多项改革,其中包括对"第 8 条款计划的修改"②。1995 年美国国会通过《老年人住宅法》(*Housing the Older Persons Act of 1995*)。1998 年通过了《公平住宅法修正案》(*The Fair Housing Act Amendments of 1988*),规定在房地产交易中由于家庭或残疾的因素而对于交易当事人予以歧视属于违法行为。1995 年,美国通过《家宅和邻区的重建法》(*The Home-steading and Neighborhood Restoration Act of 1995*),其中有项改革是改革农村租房计划。1996 年美国通过了《消费者信息改革法(修正案)》(*Aonsumer Credit Reform Act*),该修正案对消费者信用报告的用户,包括租赁房屋的管理者和房东提出新的要求。1998 年美国颁布了《住宅质量和工作责任法》,该法对 1937 年的《住宅法》进行了修改,重点是对租房辅助计划和公共住房进行重大改革。综观美国 20 世纪 30—90 年代的住宅法律体系,对公共住房和住宅租赁进行公法上的调整和规制是其主要内容。在规制这些法律关系时,政府注重给予公民经济援助,同时致力于扫除其中的不公平因

---

① "第 8 条款计划"是基于 1937 年《住宅法》出台的,替代原先的第 235 条款计划和第 236 条款计划,明确为低收入家庭的交付租金提供信用担保,在住房政策上有重大突破。美国在 20 世纪 80 年代对"第 8 条款计划"又作了修订,提高租客承担租金的能力(由家庭收入的 25%增至 30%),并且降低政府确定的"公平市场租金"之标准;同时,为解决低收入者住房困难,针对低收入者提供住房的项目业主予以税收减免之优惠。参见《〈美国住宅法〉简介》,《上海房地》2001 年第 10 期。

② 这项改革修改了第 8 条款租金资助计划的部分条款,提高各州所得的税金信用的人均标准(从 1.25 美元增至 1.75 美元),并在 1997 年正式出台"多员家庭资助性住房改革及承受能力"法案,新增 45 亿美元的资金用于支持 1998 年到期的第 8 条款合约的更新。参见《〈美国住宅法〉简介》,《上海房地》2001 年第 10 期。

素，扶助弱势群体，反映了政府对于公民住宅权的重视。

1890年至今是英国近现代住宅法形成、发展和完善时期，而这100多年来英国的住宅法可以分为三个阶段，以下我们将以这三个阶段为线索对住宅权、住宅法和住房租赁进行分析。第一个阶段：第二次世界大战前的英国住宅法（1890—1945年）。英国现代住宅法的形成开始于19世纪90年代。在此之前，工业革命不断推进城市化的进程，城市人口急剧增长，使城市住房供给供不应求，住房问题日趋严重。城市住房矛盾影响最大的必然是产业工人，工人居住状况堪忧引发一系列社会问题，严重危及国家的经济发展和社会稳定，迫使政府不得不采取应对措施。从1890年出台《工人阶级住宅法》之后到1939年之前，英国先后制定或修改了十几部住宅调整方面的法律。[①] 这一时期英国住宅法体现了英国公共住房政策的基本特征，基本上以服务于工人阶级和城市贫困阶层的住房利益为目标。地方政府在这一住房政策目标的实施中起到关键作用，市和郡的地方政府直接参与进行住房建设，此外，政府还采取了一个重要的住房政策——住房补贴。这一时期的住宅法在住房租赁方面的政策主要是实施了房租管制政策和对租赁住房的住房补贴：由于第一次世界大战期间房租暴涨引起工人阶级的不满，迫使政府开始对住房租赁市场进行全面干预。从1915年政府制定第一部《房租和抵押贷款利率增加（战时限制）法》开始，又于1920年、1923年、1933年、1939年对这部法律进行多次修正，对房租实施管制。20世纪30年代，英国政府开始推行房租补贴，即对租赁住房的住房补贴。[②] 第二个阶段：第二次世界大战后的英国住宅法

---

① 1890—1939年英国住宅方面的法律主要有：1890年《工人阶级住宅法》；1909年《住房和城镇规划法》，1915年《房租和抵押贷款利率增加（战时限制）法》；1919年《住房和城镇规划法（阿迪逊法）》；1919年《住房（补充权力）法》；1920年《房租和抵押贷款利率增加（战时限制）法》；1923年《住房法（张伯伦法）》；1923年《房租和抵押贷款利率增加限制法》；1924年《住房（金融）法（威特利法）》；1930年《住房法（格林伍德法）》；1933年《住房（金融法）》；1933年《房租和抵押贷款利率限制（修正）法》；1935年《住房法》；1936年《住房法》；1938年《住房法》；1939年《房租和抵押贷款利率限制法》等。参见《〈英国住宅法〉简介》，《上海房地》2001年第9期。

② 1930年《住房法（格林伍德法）》推出"允许地方政府实施租金折扣计划"，即以"合理租金"为标准，使某些租户付较低房租，而另一些租户付较高房租，以弥补一定量的低租金损失。这种差异性的租金使付较高租金的租户认为不公平、很难接受，因而招致很多地方政府的抵制，实施并不成功。参见《〈英国住宅法〉简介》，《上海房地》2001年第9期。

（1945—1979年）。第二次世界大战后，由于战争期间对原有住房的破坏，加之没有新建住房，英国又一次面临严重的住房短缺问题，因此，英国政府频繁地出台和修改法律，以期增加住房供应，并对贫困户提供补贴保障。① 这一时期的住房问题成为英国政治争论的焦点，工党和保守党都积极通过住宅立法阐述其住房政策，几乎每一届政府都有自己的住宅法案；住房建设迅速发展以满足公民的住房需求；以地方政府住房供应为特点的公共住房政策地位逐渐削弱，以私有化为特点的私有住房政策得到加强；住房的产权结构发生明显变化，自有住房率从1945年的26%增长至1971年的57%。② 这一时期，政府在住房租赁方面仍然延续之前相关政策并有所加强。1945年，工党政府为缓解战后的住房矛盾，强制空房必须出租，并且对住房改为经营用房进行限制。为保护租户利益，英国于1965年出台《租金法》，对私有住房的出租租金予以限制，并且设立专门法庭对房租案件进行审理。1974年新的《租金法》更是增加了保护租户的条款，而且扩大上述专门法庭的权限。第三个阶段：20世纪80年代以后的英国住宅法。20世纪80年代以来，英国政府继续进行住宅立法方面的改革③，在住房政策方面，政府侧重于削减住房补贴和公共住房支出；继续扩大私有住房在住房供应和管理中的地位；补助无家可归者，住宅法的关注对象由工人阶级转变为社会底层。在住房租赁方面，1988年《住房法》提出复兴私有出租住房的措施，鼓励出售存量住房，并且鼓励将存量住房出售

---

① 1945—1979年英国住宅方面的法律主要有：1946年《住房（金融和其他）法》；1949年《住房法》；1952年《住房法》；1954年《住房维修和租金法》；1956年《住房补贴法》；1957年《住房法》；1957年《租金法》；1958年《住房（金融）法》；1959年《住房购买和住房法》；1961年《住房法》；1964年《住房法》；1965年《租金法》；1967年《住房补贴法》；1969年《住房法》；1971年《住房法》；1972年《住房金融法》；1974年《住房法》；1974年《租金法》；1975年《住房租金和补贴法》；1977年《住房（无家可归者）法》等。参见《〈英国住宅法〉简介》，《上海房地》2001年第9期。

② 《〈国外及中国港、澳、台地区住宅法规选编简介〉摘要》，《中外房地产导报》2001年第4期。

③ 20世纪80年代以来英国住宅方面的法律主要有：1980年《住宅法》；1980年《苏格兰住房（租户权利等）法》；1980年《地方政府规划和土地法》；1982年《社会保险和住房福利法》；1984年《住房和建筑控制法》；1984年《住房缺陷法》；1985年《住房法》；1985年《住房协会法》；1989年《地方政府和住房法》；1990年《全国健康服务和社区关怀法》；1993年《租赁改革、住房和城市发展法》；1996年《住宅法》等。参见《〈英国住宅法〉简介》，《上海房地》2001年第9期。

给原租户；1980年《住房法》提出承租人特权①，虽然这只是为公共部门住房的承租人提供的法律框架，但这个法律框架反映出对弱势群体倾斜的理念是现代住房租赁法一个很重要的特点；1988年《住房法》赋予承租人选择房主的权利；1993年《租赁改革、住房和城市发展法》中赋予承租人自主采取应急维修措施的维修权利；1995年《住宅法》专门就承租人的权利②、确认的租约和确认的短期租约③、租赁改革④、住宅租金补贴的租金管理员的作用、承租人的行为⑤等关系住房租赁的问题作了专门规定。英国的这一系列立法措施反映了保护处于弱势群体的承租人的立法倾向，从更深层次理解也是保护公民住宅权的一个表现。

  第二次世界大战之后，也是因为战争的破坏，德国遭遇严重的"房荒"，德国住宅法律体系主要是为了解决这一问题、规范房地产市场、改善居民的居住条件、保障居民的住宅权而产生。但不同于美国和英国的住宅法是纯粹公法的特征，德国作为大陆法系的主要国家，民法相当发达，其住宅法体现出公私并立的特点。因此，德国住宅法分为两部分：一方面，德国的住宅法主要体现国家的福利政策，解决公民住房困难问题，保障公民的住宅权，带有住宅保障和社会福利色彩，属于公法；1950年，联邦德国就颁布了第一部旨在推动福利性社会住宅建设的《住宅建设法》，这部法律主要是为了使低收入家庭也能有机会获得住房，而由政府

---

  ① 1980年《住房法》提出了承租人特权，为公共部门住房租户的租赁提供了法律框架，包括租赁保障的定义、拥有住户的程序和基础、丧偶者的续权权、寻求同租者和分租的权利、经房主许可后改善住房和申请住房改善补贴的权利、获得有关信息和咨询服务的权利等。参见《〈英国住宅法〉简介》，《上海房地》2001年第9期。

  ② "承租人的权利"包括不付租金终止租约的限制、合理的服务收费的定义、选定顾问调查及选择管理者的权利以及违法行为的法庭司法权等。参见《〈英国住宅法〉简介》，《上海房地》2001年第9期。

  ③ "确认的租约和确认的短期租约"主要规定业主的权利，比如"业主提供确认的短期租约条款说明的权利""收回到期租约和终止租约的限制"等。参见《〈英国住宅法〉简介》，《上海房地》2001年第9期。

  ④ "租赁改革"内容主要有：低租金尝试；集体共有权；多个产权拥有者；住户满意的条件，租赁评估和物业管理等。参见《〈英国住宅法〉简介》，《上海房地》2001年第9期。

  ⑤ "承租人的行为"包括：租约解释（租约期限、占用房屋的程序、租约的继承条件等）；重新占用房屋（保障和确认租约）；针对社会行为的禁令。参见《〈英国住宅法〉简介》，《上海房地》2001年第9期。

通过立法加强对住宅建设的干预。2001年，德国颁布了《住房扶持法》，该法的第一句话就是"社会福利住房的扶持是承担社会责任的住房政策的重要组成部分"[1]，政府将住宅政策的中心从"社会福利住房建设"转向"租金补助"，政府通过"租金补助"和"住房分配权"解决弱势群体的"支付问题"和"准入问题"[2]，从这个角度看，德国住宅法具有公法的特点。另一方面，德国是大陆法系国家，民法传统源远流长，民法在德国的住宅法律体系中占据很重要的地位；德国的住宅法规非常重视地产权在法律中的地位，因此，德国的住宅法规也有民法方面的法律，属于私法。从内容上看，德国住宅法规里有《住宅所有权法》和《租金调节法》等专门的法规。[3] 这两部法律对《德国民法典》中相关内容作了细化和补充的规定。《住宅所有权法》对当事人和行政管理者的权利、义务和责任作了进一步规定。《租金调节法》是对《德国民法典》中的相关使用租赁问题作了延伸，其立法技术和调整手段仍然具有民法的特点，因此和英美等国的租赁管制还是有本质区别的。德国住宅法规也非常重视社会成员的公德意识，规定居住者不能妨碍他人，但这也不是通过公法来实现，而是通过民法中的相邻关系予以调节。但是，德国的住房租赁法不论是私法还是公法，都体现出社会原则或社会福利的特点以及对承租人的保护，也反映出保护公民住宅权的特点。

日本属于成文法国家，法律体系较为完整，而且法规措辞严谨，条款逻辑较强。日本住宅法规数量比较多，主要有《公营住宅法》《促进特定优良租赁供给的法律》《住宅地区改善法》等法律，这些法律覆盖房地产开发、住宅建设和改造、住宅经营管理、流通消费和融资保险等方面，调节开发商、经营者和消费者之间的关系，在一定程度上保障了居民特别是低收入者的居住权。日本政府认为住房问题对于稳定社会、发展经济具有重要意义，而住房不应该像一般商品那样完全推向市场，政府必须参与到

---

[1] [德]约翰·艾克豪夫：《德国住房政策》，毕宇珠、丁宇译，中国建筑工业出版社2012年版，第19页。

[2] 同上书，第18页。

[3] 《住宅所有权法》根据把带建筑物地产的部分所有权视为住宅所有权的法律基础，将地产上的部分所有权及在建筑物确定空间内的专有权结合起来成为所谓的住宅所有权。《租金调节法》根据住宅所有权收益原则，把住宅的出租纳入了法律规范的调节范畴，以协调租赁双方的利益。参见《〈德国住宅法〉简介》，《上海房地》2001年第9期。

制定住房政策、调动各方面的积极性、给予多方面资助和支持等社会管理中去，以保证每个家庭都能够有机会获得住房，从而使每个公民都能拥有和本国经济实力相吻合的良好的居住条件。1951年，日本颁布了《公营住宅法》，这部法律后来又经过了22次修订，它为低收入人群提供公营住房确立了法律依据。2006年，日本还颁布了《居民生活基本法》，这部法律的主要目标是确保在住房问题上需要特殊关照的群体能够获得稳定可靠的居住条件。总之，日本住宅法关于住房保障的问题主要是以公法的方式规定。至于住房租赁方面的法律，原先是规定在民法典中，但是该法中关于调整住房租赁的法律规定不能有效调整相关法律关系，保障承租人维持居住安定的需要，因此，日本随后又制定了《借家法》《借地法》《建筑物保护法》等，起到了这样的作用：（1）加强了住宅租赁的对抗力。《日本民法典》中没有关于住宅租赁的专门法律，有关住宅租赁的法律关系都是通过民法典中的一般规定来调整的。在《日本民法典》中，租赁被视为债权，承租人能够获得债法的保护，由于受到债权相对性原理的限制，承租人的法律地位不大稳定。而且当时由于日本民法严格奉守所有权绝对和契约自由原则，也忽视了对社会弱势群体的关注和土地房屋的使用权益。对于住宅租赁关系的承租人而言，法律并未考虑其在社会地位和交涉能力方面与出租人的差别，忽略了其在社会中的弱势地位，因而造成住宅租赁双方当事人利益的失衡。基于此，1909年日本颁布《建筑物保护法》，规定以建筑物所有为目的而设立地上权或土地承租权，若此所有权已经登记，即使地上权或土地承租权没有登记，仍然可对抗第三人。而建筑物登记不需要土地所有人的协助。[1] 1921年《借地法》将宅地租赁权规定为借地权，强化为地上权的标准，被认为是带有物权特点的权利。[2] 1921年颁布的《借家法》确立了买卖不破租赁原则。以上这些措施都加强了住宅租赁的对抗力。（2）保护了住宅租赁的存续期间。《日本民法典》规定：对于未定期限的租赁关系，租赁双方可随时提出解除租赁关系（第617条）；定期租赁之房屋在租约期限未满之前不能收回，但是其最长期限不得超过20年（第604条）；出租人得在契约中约定解除权，可以

---

[1] 包振宇：《日本住宅租赁特别立法研究——以承租人权利保障为中心》，《日本研究》2010年第3期。

[2] 刘得宽：《民法诸问题与新展望》，中国政法大学出版社2007年版，第137页。

随时终止租赁（第618条），此外，民法典还规定建筑物的短期租赁期限是3年（第602条）。① 显然，这些关于期限的规定和土地房屋作为不动产应当具备的长期租赁期限是不匹配的，不能有效保护土地房屋的承租人居住生产的安定利益。1921年《借地法》按照房屋性质和坚固程度将约定期限中定期租赁的最短租赁期限定为30年和20年，将未约定期限的法定期限按上述标准定为60年和30年。（3）给予出租人解约权。《日本民法典》对承租人的续约权没有加以特殊保护，相反，对出租人的解约权倒是给予了一定的倾斜。民法典规定承租人未经出租人同意将租赁权转让或私下转租，出租人可以解除租约（第612条）。② 此外，受早期德国和法国民法的影响，日本民事惯习法支持"买卖击破租赁"，即出租人自由转让已经出租的房屋，房屋的受让人有权要求承租人从房屋搬出。这些制度，过分强化了出租人的地位，而忽视了对出租人的保护。1921年的《借地法》规定，在法定期限场合下，租期届满建筑物仍可使用时，承租人可以请求续约。但出租人若不同意续约，承租人可以请求购买建筑物及添附物。出租土地，出租人收回土地必须购买土地上的建筑物，否则不能单独收回土地，《借地法》的这项规定是"接受了宅地租赁的存续期间以

---

① 《日本民法典》第617条：①当事人未定租赁期间时，各当事人可以随时提出解约。此时，下列各号所列租赁，因自提出解约之日起经过各号所列期间而终止：一、土地租赁为一年；二、建筑物租赁为三个月；三、动产及场地席位租赁为一日。②有收获季节的土地租赁，须在收获季节之后和下季耕作开始之前提出解约。

第604条：①租赁的存续期间不能超过二十年。以契约约定更长期间的，其期间也为二十年。②租赁的存续期间可以更新。但更新的期间自更新时起，不能超过二十年。

第618条：当事人，即便已定有租赁期间，只要其中的一方或双方对该期间内解约的权利作出了保留，准用前条的规定。

第602条：关于处分的行为能力受到限制的人或没有处分权限的人进行租赁时，下列各号所列举的租赁形式分别不能超过各号中所规定的期间：一、以树木的栽植或采伐为目的的山林租赁为十年；二、前号所列租赁形式以外的土地租赁为五年；三、建筑物的租赁为三年；四、动产的租赁为六个月。

参见渠涛编译《最新日本民法》，法律出版社2006年版，第131、132、134页。

② 《日本民法典》第612条：①承租人非经出租人承诺，不能将承租权让与或将租赁物转租。②承租人违反前项的规定，让第三人对租赁物使用或收益时，出租人可以解除契约。参见渠涛编译《最新日本民法》，法律出版社2006年版，第133页。

建筑物存在期间为限的民间契约习惯的结果"①。1921年《借家法》将房屋租赁的解约通知时限由民法典规定的3个月延长至6个月。1941年，日本对《借家法》和《借地法》进行了修正，进一步限制出租人的解约权和拒绝续约权，规定出租人解约和拒绝续约必须要有"正当理由"，在立法技术上首次引入"正当理由条款"，第一次在立法上明确了保护承租人居住利益的立法意旨。(4) 租金增减受到国家强制力的控制。《日本民法典》规定以收益为目的的土地承租人，在特定情况下可以请求租金减额（第609条、第611条）②，但是这项规定不适用于住宅租赁，而且对于土地承租人的租金减额请求没有强制保障条款。显然，民法在这方面对住宅租赁的承租人是疏于保护的。1921年《借地法》规定当发生土地价格变动等引起租金不当情形时，当事人得请求增减租金，有特殊约定除外。1921年《借家法》也赋予房屋承租人租金调整请求权。第二次世界大战及战后初期，日本通过《物价统制令》控制租金，以应对当时的特殊情况。虽然该法令后来被废止，但是对于租金进行控制的观念却一直延续至今。现今法院对于出租人增加租金的请求普遍持谨慎的态度。③ 综上，是日本通过专门立法加强住宅租赁规制所起到的作用。包振宇博士认为：住宅租赁立法在其发展过程中体现的性质包括自治法性质、管理法性质和保障法性质④，日本的住宅法除了显示出民法的特点之外，管理法和保障法的性质也是不容忽视的。20世纪80年代，全世界在住房租赁方面都出现了"缓和规制"的潮流，日本在住宅租赁立法方面也遭受严峻的挑战。1992年日本开始施行的《借地借家法》就是住宅租赁关系中多重利益的

---

① 包振宇：《日本住宅租赁特别立法研究——以承租人权利保障为中心》，《日本研究》2010年第3期。

② 《日本民法典》第609条：以收益为目的的土地承租人，因不可抗力致使所得收益少于租金时，可以请求将租金减额致所收益的额度。但住宅用地的租赁不在此限。

第611条：(1) 租赁物的一部非因承租人的过失而灭失时，承租人可以按灭失部分的比例请求租金的减额。(2) 于前项，如仅以残存部分不能达到承租人的承租目的时，承租人可以解除契约。

参见渠涛编译《最新日本民法》，法律出版社2006年版，第133页。

③ [日]水本浩：《地代·家赁》，《契约法大系Ⅲ赁贷借·消费贷借》，有斐阁1962年版，第115页。转引自包振宇《日本住宅租赁特别立法研究——以承租人权利保障为中心》，《日本研究》2010年第3期。

④ 包振宇：《论住宅租赁立法体系和性质定位》，《上海房地》2011年第6期。

对立和价值多元化的一个真实体现。该法一方面要体现契约自由，适应市场经济的发展，比如其中的"定期借家权制度"削弱了对弱者的保护，显示出平等理念的后退①；另一方面又要关注对弱势群体的保护，体现法律的实质正义。而这种多重利益和多元价值的对立与冲突，也正反映出现代日本住宅法的多重性质，即日本住宅法规既有民事自治法的特点，也有管制法的特点，还有保障法的特点，总体来说是公私并立的。但是，不论日本住宅租赁法的性质如何，其很多制度的确立还是不得不考虑对承租人利益的保护，也就是说，日本住宅租赁法中也关注到对公民住宅权的保护。

综上所述，不论是英美法系的美国和英国，还是大陆法系的德国和日本，这些国家在住房租赁立法上或者采取了向承租人倾斜、对承租人加以保护的立场，或者采取住房补贴、住房保障等方式对经济困难的人给予特殊照顾。而这些国家采取这些措施的原因，无外乎是使每一个公民都能够获得适宜居住的条件，这也是这些国家坚持对公民住宅权予以保护这一立法原则的表现。

（二）公民住宅权保护原则在住房租赁契约管制中的确立

进入当代，随着人权理念的发展，住宅权已经逐渐被纳入人权的范围。1981年国际住宅和城市问题研讨会通过了《住宅人权宣言》，确认住宅权为基本人权，此外，《世界人权宣言》第25条、《经济、社会及文化权利》第11条以及《第4号一般性意见：适足住房权》都确定住宅权为公民的基本人权。在这样的趋势下，很多国家宪法也纷纷确立和保护公民住宅权。② 同时，人们对住宅权、住宅问题、住宅制度的认识也越来越深化，"住宅制度并不仅是一种市场自发形成的制度，而是人类社会发展过程中将住房权利视为公民基本权利的政治制度博弈的历史结果，是政治主导下的一种经济制度安排。住宅问题的本质是住宅权保障，住宅作为社会

---

① ［日］星野英一：《日本民法的100年》，渠涛译，《环球法律评论》2001年秋季号。定期借家权是指房屋租赁双方约定的借家权具有较强的对抗效力，且这种约定可以排除法定更新。法律确立约定借家权体现了保护所有权、回归契约自由原则，但其忽视了对弱势群体的保护。

② 德国《基本法》第13条规定："住宅不受侵犯。"俄罗斯《宪法》第25条规定："住宅不受侵犯。"该法第40条规定："每个人都有住宅权。"意大利《宪法》第14条规定："住宅不受侵犯。"南非《宪法》第26条规定："每一个人皆有获得适当的住房的权利。"韩国《宪法》第16条规定："国民的住宅自由不受侵犯。"

政策调整的内容、公民享有适当住宅作为一项基本人权,应是住宅制度的核心"[①]。发达国家通过对住宅立法的调整,表面上是通过行使国家公权力,调控住房市场,履行政府的管理职责;但实际上其更深层的意义是保障公民应该享有的住宅权。如果说上述国家的住宅法规形成之初主要是为了应对战争等情况下的住房紧缺现象,那么到了当代,这些国家的住宅法规已经向理论化、系统化发展,即当代的住宅法规已经具备自己的价值体系、理论体系和立法体系。在宪法的理论支撑下,各国住宅法规也逐渐构建起自己的体系,从上述对美国、英国、德国、日本等发达国家住宅法规的了解来看,解决弱势群体的住房需求、保障居民获得稳定的住房条件是其主要目的,而反过来这一目的的实质也是保障公民住宅权的实现。在这些住宅法规所确立的相关措施中,对于住房租赁的调整从来就是其中一项重要内容,政府从租金控制、住房条件、向承租人利益倾斜等各方面对弱势群体进行扶助,保证这些弱势群体能够获得满足其正常生活的居住条件,也是国家和政府对这些居民住宅权的保护。因此,我们说,保护公民的住宅权已经成为当前世界各国包括住房租赁在内的住宅法律制度的一个重要原则。

我国也非常重视公民的住房问题。虽然我国宪法没有明确提出住宅权这一概念,但是我国《宪法》第33条明确提出"国家尊重和保障人权",第39条明确提出公民的住宅不受侵犯[②],以此为基点,我国制定了一系列住宅方面的法律规范,如《物权法》《治安管理处罚法》《城市房屋拆迁管理条例》《城镇最低收入家庭廉租住房管理办法》《城市房屋租赁管理办法》《经济适用住房管理办法》和《土地法》等住宅权保护方面的法规。虽然我国目前的住宅法规体系还不尽完善,但从已有法规所搭建起来的框架来看,满足人民的居住条件、保障公民住宅权的实现是其应有之义。因此,笔者认为,对于住房租赁契约管制基础理论构造来说,公民住宅权保护应该是一个基本的原则。

[①] 余南平、凌维慈:《试论住宅权保障——从我国当前的住宅问题出发》,《社会科学战线》2008年第3期。

[②] 我国《宪法》第39条:中华人民共和国公民的住宅不受侵犯。禁止非法搜查或者非法侵入公民的住宅。

二 坚持社会本位理念原则

"本位"是指一种工具性的分析方法，或者称为研究范式。其内涵是指"中心"，此外，还包括基本观念、基本制度、基本作用、基本任务和基本原则等派生性内涵。[①] 社会本位是指其中心、基本观念、基本制度、基本作用、基本任务和基本原则等内涵。社会本位以维护社会利益为价值取向。[②] 法律在解决社会现实中存在的纠纷时会适用很多基准来评价其是否达到效果。这些基准中有个人本位也有社会本位。个人本位赋予个人最崇高的地位，将个人利益最大化作为法律所追求的最高目标；相应的，社会本位赋予社会最崇高的地位，将社会利益最大化作为法律所追求的最高目标。从社会本位的角度来看，法律面对诸多的利益主张而要平衡协调这些利益冲突时，应该在消耗最小的成本时达到社会整体利益最大化的效果。而在这个过程中，无论是国家、企业还是个人，首先要对社会负责，在对社会尽责的基础上享有权利（力）、获得利益。[③]

从个人本位向社会本位演进，经历了一个漫长的过程。中国历史上由于受儒家思想影响，个人观念没有充分发育，个人的权利和价值并未受到重视。相比之下，受早期民主意识的影响，西方个人主义观念趋于完善的境界。个人本位体现在法律上即是对人权的强调和保护。[④] 英国的《权利请愿书》（1689年）和《权利法案》（1628年）是资产阶级最早维护人权的法律文献；美国的《独立宣言》（1776年）和《人权和公民权利宣言》（简称《人权宣言》）（1789年）是关于人权理论最伟大的历史文献。个人本位是以民法为中心的私法的哲学基础，而个人本位理念在民法中的体现则是人格平等、私有财产权保护绝对化、意思自治和独立责任等。而近代民法个人本位理念的形成和当时的经济基础密切关联。19世纪的经济条件还比较落后，人与人之间交往不多，贫富差距不大，工业生产带来的公害也不突出，法律赋予个人较大的行为自由，进而形成了一系

[①] 徐光耀、王巍：《经济法是社会本位之法》，《宁夏大学学报》（人文社会科学版）2003年第5期。

[②] 陈婉灵：《经济法原理》，北京大学出版社2011年版，第81页。

[③] 同上书，第83页。

[④] 倪斐：《论经济法社会本位的生成——基于公私法域法律本位演变过程的历史分析》，《金陵法律评论》2013年秋季卷。

列与个人行为自由相关的所有权绝对、契约自由和过错责任等所代表的自然人人格平等原则。但是到了20世纪后,因为经济的飞速发展,人们之间由于经济而发生的交往越来越密切,初期垄断的形成使个体在经济实力上形成较大差距,工业的发展也使公害问题越来越突出。在这种情况下,如果要实现真正地自然人人格平等,就必须对先前的一系列原则进行修正。而"这一修正过程就是从个人本位到社会本位、从近代民法到现代民法的演变过程"[①]。

19世纪中叶,资本主义经济迅速发展,产业工人的人数也急剧增长,劳动雇佣关系纠纷、房屋租赁合同纠纷、消费合同纠纷等已经成为比较普遍的问题,贫富悬殊致使产业工人地位卑微,原本在个人本位理论基础下形成的私法原则和制度难以对产业工人提供足够的保护,民法所推崇的合同自由并不能为产业工人提供足够的帮助,因为他们弱势的经济地位不足以支持他们行使这些自由权利。此时,私法应当承担起一定的社会任务或社会责任,由之前作为基础的形式上的自由伦理观转移到实体上的社会责任伦理观上[②],这是社会原则产生的基础。"社会原则要求法律给那些依赖于订立合同,但由于经济实力弱或缺乏业务经验而无法以特有方式充分地维护自身利益的人提供法律保护。"[③]即社会原则强调法律应该给那些处于弱势但无法自保的群体提供法律帮助。因为法律是国家制定并实施的,那么国家应该动用公权来帮助弱势群体与强势当事人形成均势,由此才能期待双方当事人都能有表达自己意志和诉求的机会,实现真正的、实质的公平。社会原则的出现相应地要求国家承担其社会责任,即"通过扩大社会福利范围,增加公共服务数量,提供更多的教育培训机会以及给每个人提供均等的机会,保障了每一个人都具有某种程度的生存安全"[④]。在这种趋势下,民法对个人本位作了一系列例外性规定,如对契约自由的限制、对所有权绝对原则的限制以及无过错责任原则的采用等,与此同时,在一些具体的法律领域内,也出现了社会性因素加强的现象,如劳动

---

① 倪斐:《论经济法社会本位的生成——基于公私法域法律本位演变过程的历史分析》,《金陵法律评论》2013年秋季卷。

② [德]卡尔·拉伦茨:《德国民法通论》(上),王晓晔、邵建东等译,法律出版社2003年版,第68—69页。

③ 同上书,第69页。

④ 同上书,第70页。

法、对房屋租赁中承租人的保护、在买卖合同中对买受人的保护、法院对一般交易条款的监督等。以上这些都是在社会本位理念下的不同表现,它也反映出社会本位在逐渐超越个人本位,成为一种新的理念或原则。

社会本位并非简单增加某些个人义务,它要求完全改变对社会的理解,即将社会视同人、集体和国家等利益实体,并将这种社会公共利益确认为法律权利,以该权利为中心进行义务和责任配置。[①] 社会本位产生的原因虽然是对个人本位的修正,但其并不是对个人本位的完全否定。社会本位承认个人本位的独立地位,同时也认可社会和公共利益的独立地位,并且向社会公共利益适度倾斜,使个人与社会之间的关系趋于和谐。此外,社会本位也不等同于国家本位,国家本位强调国家意志高于一切,它抹杀个人和社会的独立性,将这两者视为实现国家意志的手段和工具。因此国家意志与社会意志也不能等同。随着日益发展的社会化进程,市民社会和政治国家互相渗透,某些私人利益受公共利益的影响形成所谓社会利益。这种变化迫使在法律领域内私法与公法互相交错,产生了兼具私法与公法因素的第三法域的社会法。这种中间法域以保护社会整体利益为基本价值目标,赋予国家以保障社会整体利益之职责,并且给予全社会拥有实现其正当利益的权利。可以说,社会本位理念促使国家法律发生了巨大的变革,使公法和私法逐渐达到了一种均衡。

房屋租赁法也经历了私法与公法互相渗透的发展过程。两次世界大战的爆发,大量的住房遭到毁坏,造成很多发达国家住房奇缺的现象。房租高涨已经超出了承租人的承受能力;很多房主为了提高租金,随意终止合同。承租人的状况相当被动,经常要面临流离失所的境地。在住宅领域,公民最基本的住宅权益无法保障。为此,很多国家出台住宅租赁方面的法律对房主的权益进行限制,比如限制房主提高租金的权利,取消出租人的终止合同权,甚至有时强令房主将房屋租给无房的家庭。这样,房屋所有人基于所有权自由处分房屋的权利以及合同自由原则都被限制。这些强制性的规定是行使国家强制力的公法对私法进行限制的表现。而通过这方面的限制,处于弱势群体的社会成员之住房权益获得保障,从而社会总体利益得到提高。拉伦茨在其《德国民法通论》一书中将这种对房屋租赁法

[①] 薛克鹏:《论经济法的社会本位理念及其实现》,《现代法学》2006 年第 6 期。

的限制称为"合同法中社会因素的加强"①，谢哲胜在其《房租管制法律与政策》一书中将房租管制的立法动机解析为"公共利益"和"大众情绪"②，虽然其中的概念提法不同，但是对这些房租管制制度与措施进行历史情境的分析后会发现，促成这些制度和措施产生的最内在原因可以解释为社会本位理念的生成。

总之，房租管制是在对住房租赁关系进行调节的时候，一方面对出租人产生了一定限制；另一方面又对承租人给予一定倾斜，充分尊重承租人的权利，同时又兼顾社会利益和社会公平。在住房租赁关系中，出租人把握着住房资源，在市场化租赁关系中占据主动地位，导致双方利益失衡，对承租人来说很难达到实质公平。因此为了保护承租人的利益从而达至社会利益的最大化，解决住房租赁关系中的冲突与矛盾，国家和政府有必要对其进行适当干预。而这种干预也是出租人履行其所有权的社会责任义务之外在表现形式。我国在住房租赁关系的法律构建中，应该吸收国外的相关经验，强调国家对此关系进行规制与调控的社会本位属性，规范城市住房租赁的管理，对处于弱势地位的承租人进行倾斜性保护，践行社会本位理念，以防止出现承租人住宅权遭受破坏而流离失所的后果。

三 坚持效益均衡原则

（一）效益和均衡的一般理论

效益是指效果和利益。单从经济学上分析，效益是指某一项目对国民经济所作出的贡献。但我们在这里讨论效益，却不单单是从经济学上的分析，而应是指社会总体效益的增加，尤其是指社会的总福利或是全体国民所获得的幸福感的增加。而效益均衡顾名思义是指效果和收益达到均衡的状态。均衡本来是一个数学概念，在经济学中，均衡是指一个临界点，偏离这个临界点，某一现象中相关各方必定是这样一种情况：某一方或多方所代表的数值在增加，而其他一方或多方所代表的数值在减少。罗伯特·考特认为均衡是指"因为每一方都同时达到最大化目标而趋于持久存在的

---

① ［德］卡尔·拉伦茨：《德国民法通论》（上），王晓晔、邵建东等译，法律出版社2003年版，第74—77页。

② 谢哲胜：《房租管制法律与政策》，台湾五南图书出版公司1996年版，第159—161页。

相互作用形式"①。因此，均衡是一种比较令人满意的状态，即各方在博弈的状态下互相妥协、互相让步，都能得到一个相对满意的结果，并且这种状态能够持久存在。它强调在某一个事实中，相关各方的利益都能被照顾到，而不是个别主体利益达到最大化、其他主体利益被忽视的效果。谈到效益和均衡，我们在这里还必须探讨一个概念——最大化，最大化原本也是一个数学概念，在经济学里它成为每一个经济行为主体所追求的目标。

根据均衡的一般含义，经济学中发展出一个叫"一般均衡"的经济概念，一般均衡的市场状态指"在这种状态中无数决策者所做出的无数最优化决策是可以和谐并存的，因为所有的要素和商品市场都同时处于均衡状态"②。一般均衡理论研究经济体系中对所有市场进行调节的方法，以寻求实现需求与供给在同一时间内达到相等。而"帕累托最优"则是另外一种状态，"在这种状态下，不可能通过资源的重新配置，在其他人的效用水平至少不下降的情况下，使任何个别人的效用水平有所提高"③。显然，帕累托最优是每一个在市场中的经济人都愿意看到的理想局面。福利经济学家们认为"竞争性一般均衡是实现帕累托最优的充分条件"。即在完全竞争市场中达到一般均衡状态时，必然会实现帕累托最优。

（二）福利经济学对效益均衡一般理论的承继

福利经济学家们运用效率和均衡的一般理论基础，并吸收边沁、亚当·斯密、霍布森等人的哲学或经济思想，形成福利经济学的一系列核心思想即"社会福利"思想：（1）各人福利最大化构成福利最大化。18世纪英国功利主义哲学创立者边沁创立了"最大幸福原理"④。庇古在边沁

---

① [美]罗伯特·考特等：《法和经济学》，张军等译，上海三联书店、上海人民出版社1994年版，第22页。

② 余永定、张宇燕、郑秉文：《西方经济学》，经济科学出版社2002年版，第228页。

③ 同上书，第229页。

④ 边沁认为：人的本性就是趋利避害，人生的目的都是使自己获得最大幸福；社会成员都去追求个人利益，就会实现社会的公共利益，这就是效用原则或功利原则。社会是个人的总和，社会最大多数人的最大幸福就是社会的最大目标；达到这一目标的途径就是用这种功利原则来指导政府立法，以法律的形式来保证每个人不受阻碍地去追求自己的个人最大幸福和利益，任何正确的行动和政治方针都必须做到产生最大多数人的最大幸福，并且将痛苦缩减到最少，甚至在必要情况下可以牺牲少部分人的利益。这就是著名的"最大的幸福原则"。对后来的经济学来说，边沁的功利主义概念逐渐具有经济理论与政策的含义。参见余永定、张宇燕、郑秉文《西方经济学》，经济科学出版社2002年版，第726—727页。

的功利主义哲学思想基础上创建了福利经济学的根基,他认为"人的本性是追求福利最大化,个人福利最大化构成社会福利最大化,福利是人对满足即效用的心理反应和主观评价"①。(2)国家干预的必要性。以亚当·斯密的个人利己主义为起点,庇古构造了完全竞争市场体系所应具备的基本条件,并且得出"帕累托最优"的结论。②但是,正如马歇尔的"外部经济理论"所阐述的那样,竞争性一般均衡的市场体系并非始终存在,由于垄断、不完全信息、公共物品等非竞争因素存在,市场可能会出现失灵现象,从而导致资源配置无效率。因此,为了使市场资源配置有效率,从而促成社会整体福利的最大化,政府有必要对资源配置进行干预,使得社会资源得到有效配置。(3)关于"社会福利"思想。受英国改良主义经济学家霍布斯提出的"最大社会福利"思想的影响,庇古提出"将富人的一部分收入转移给穷人会使满足增大"这一命题,并且主张由国家干预来实现国民收入分配并使收入均等化的理论。庇古认为:收入均等化在市场机制里是不可能实现的,国家应当采取强制征收累进税的方法把富人的钱转移给穷人,如兴办福利事业,对穷人在生产、交通、住房上进行补贴,从而缩小贫富差距,增大社会福利。庇古认为,当社会上所有人收入都均等的时候,社会福利经济就会达到最大化。③

总之,围绕着效益均衡的一般理论,福利经济学对其进行了一系列的延伸和扩充,而这些思想对住房租赁管制的形成具有一定的指导作用。

(三)效益均衡及其相关理论在住房租赁契约管制中的适用

综观美国、英国、日本、德国等国家在住房租赁方面的法律,无论是从公法的角度对合同权利进行管制(典型如美国),还是直接以私法对合同权利进行限制(典型如德国),住房租赁契约管制法律实践已很常见。而这一法律现象也受到法律界和经济界人士的广泛关注和讨论。

经济学家认为这种法律是"经济上的蠢事"④,认为其不仅无法缓解住房短缺和居住紧张问题,反而会适得其反,甚至会对整体经济形势造成不利影响,其主要原因和表现有以下几个方面:第一,对房租进行管制违

---

① 余永定、张宇燕、郑秉文:《西方经济学》,经济科学出版社2002年版,第727页。
② "帕累托最优"是指只有在一个完全竞争的、一般均衡的市场体系中才能实现资源有效配置。
③ 余永定、张宇燕、郑秉文:《西方经济学》,经济科学出版社2002年版,第721页。
④ 谢哲胜:《房租管制法律与政策》,台湾五南图书出版公司1996年版,第71页。

背市场经济规律，抑制了市场本身具有的活力和创造力，阻碍社会总产量的增加，影响经济发展。第二，影响住宅兴建者的利润，因而会抑制新的出租住宅兴建，住房短缺现象并不能得到有效制止。第三，房租管制未必就能做到公平分配住房。房租管制扰乱了市场信号，不能做到将适宜的出租住宅分配给经济条件相当的居民，而且，还可能出现承租人经济条件本来就好于出租人，但是房租管制政策却对其进行法律上的资助，因此房租管制破坏了公平原则。第四，滋生秘密契约。房租管制使出租人利益受损，其可能会寻求违背道德和法律的方式弥补其经济损失，比如要求承租人进行租金以外的支付、贿赂或秘密交易等。第五，报酬政治化。房租管制使出租住宅的报酬不是取决于市场和经营效率，而是依赖于政治程序，这必将付出官场腐败、政府失信和经济效率低下的沉重代价。而法学家们也认为房租管制会带来法律上的弊端：第一，侵害了出租人的财产权利。房屋出租是出租人行使财产权的一种表现，财产权先于政府而存在，而政府的职责是为了保护公民的财产权，但是政府对房租进行管制构成了对公民财产的准征收，法律上财产征收的唯一理由是公共利益，而基于财产重新分配的房租管制并不是出于公共利益的理由，因而它侵害了财产权人的权利。[①] 第二，侵害了当事人的契约自由权利。自罗马法以来，契约自由一向是私法的重要原则，这项原则顺应了市场经济的规律、提高了经济效率。契约自由原则最重要的特点是契约当事人自由自愿地进行交易，但是房租管制对契约当事人的契约自由权利进行了限制，如出租人选择承租人的权利、收取租金的权利、解除合同的权利，而承租人由于国家介入获得分配住房，其选择住宅的权利也受到了限制，这样做的结果必然使市场经济效率受到影响。

但是，房租管制所保护的住宅权毕竟是一项基本人权，除了从经济效益增长、经济价值等方面进行衡量外，从效益均衡的角度对房租管制进行评价和考量也是不容忽视的，并且，效益均衡理论为住房租赁法律的一系列制度提供了理论基础：首先，从社会公平的角度看，效益均衡理论主张只有每个人的福利达到最大化才能达到全社会总体福利的最大化，这其中内含着一个对社会公平的期待。综观各国在住房租赁方面的管制法律，无论是法律产生的起因还是其所达到的效果，都是为了使每

---

① 谢哲胜：《房租管制法律与政策》，台湾五南图书出版公司1996年版，第84—85页。

个公民能够获得适居的、稳定的住房条件,以此保障公民都能够获得法律所赋予的住宅权利,缩小因贫富差距所导致的公民住宅不公平现象,保障公民享有公平的住宅权利。其次,从社会福利的角度看,住房租赁管制有助于增进社会福利,而效益均衡理论是一系列住房福利政策产生的重要理论渊源。国家通过住房租赁管制建构起住房租赁保障制度,对住房资源进行重新分配,对弱势群体进行扶助,对经济和能力上比较欠缺的社会阶层给予适居的住房,社会总体住房条件得到改善,从而达到社会总体福利最大化。最后,效益均衡理论是国家对住房租赁进行干预的理论基础。福利经济学认为,只有完全竞争的自由市场才会达到资源配置有效率即"帕累托最优",但是在现实的市场中存在一些非竞争因素导致市场失灵和资源配置无效率的现象,由于人们利己主义的本性,依靠市场中的人自觉地对这种市场失灵现象进行矫正,显然是无法完成的。因此,必须由国家通过强制的手段,对资源进行重新配置。而要对市场中的租赁住房进行重新分配,保障弱势群体获得住房,实现住宅权利,必须通过国家法律对住房资源进行调配。

综上所述,即使是在市场经济中,私法自治和契约自由原则仍然不能解决住房租赁中的所有问题,也不能实现住房租赁中的所有价值目标,有必要对契约自由原则进行修正。效益均衡及其理论展开能有效地解决效率与公平之间的矛盾,为住房租赁中的契约管制提供了相关理论基础。

四 适住性原则

(一) 适住性原则的内涵

适住性不仅是住宅权也是人权的应有之义,这可以从两个方面予以分析:第一,从生活实践的层面,因为住宅权也称适足住房权,是指公民个人及其家庭获得可负担得起的、适宜居住的、有良好物质条件和基础设施的,具有安全、健康、尊严,并不受歧视的住房权利。[1] 显然,具备良好的物质条件和基础设施,并且保障居住者获得安全、健康和尊严的感受是适住性的基本要求。恩格斯曾经说过:"人们首先必须吃、喝、住、穿,然后才能从事政治、科学、艺术、宗教等等。"[2] 因而拥有具备适住性的

---

[1] 金俭:《中国住宅法研究》,法律出版社 2004 年版,第 59 页。
[2] 《马克思恩格斯选集》第三卷,人民出版社 2012 年版,第 1002 页。

住房,是人们得以进行各项生活、工作等活动的前提。而一旦缺少了住房的适住性,人们不仅难以开展各项工作和生活活动,甚至基本的安全健康都难以保证,更不用谈维持人性尊严、实现生命权、受教育权和环境权了。因此,住房的适住性是人们依照其自然属性和社会属性对居住房屋所提出的基本要求,是人权基本属性的反映。第二,从法律规范的层面,《世界人权宣言》和《经济、社会及文化权利国际公约》作为两个重要的人权文件,在将住房权纳入公民基本人权的同时,也暗含着对住房适住性的基本要求,即"维持他本人和家属的健康和福利所需的生活水准"[1]。1981年联合国《住宅人权宣言》在明确指出住宅权是人民的基本权利即人权的同时,也对住宅权的适住性做了明确限定,即"良好的、适宜人居住的"[2]。1991年,经济、社会、文化权利委员会就其发表的《经济、社会、文化权利国际公约》第11条第1款进行解释的《第4号一般性意见:适足住房权》中,不仅明确了住房权的人权属性,还对适当住房权的内涵进行了进一步阐释。根据"第4号意见",适足的住所应当包括"适足的独处居室、适足的空间、适足的安全、适足的照明和通风、适足的基本基础设施和就业和基本设施的合适地点——一切费用合情合理"[3],并指出应该把住宅权视为"安全、和平和尊严地居住某处的权利"。此外,联合国人居署主持通过的《人居议程》和《人居宣言》在对住宅权进行明确的同时,也进一步阐释了住宅权的适住性问题。由此可见,经济和社会的进步使每个人的适住性感受有所不同,同时也使大多数人的适住性要求成为可能,而法律则将最基本的适住性要求固定下来。因此,在国际法律文件中,人权、住宅权、适住性是具有内在关联的概念。而对房屋的适住性

---

[1]《世界人权宣言》第25条第1款规定:"人人有权享受维持他本人和家属的健康和福利所需的生活水准,包括食物、衣着、医疗和必要的社会服务;在遭到失业、疾病、残废、守寡、衰老或在其他不能控制的情况下丧失谋生能力时,有权享受保障。"

《经济、社会及文化权利国际公约》第11条第1款规定:"本公约缔约各国承认人人有权为自己和家族获得相当的生活水准,包括足够的食物、衣着和住房,并能不断改进生活条件。各缔约国将采取适当的步骤保证实现这一权利,并承认为此而实行基于自愿同意的国际合作的重要性。"

[2]《住宅人权宣言》明确指出:"我们确认居住在良好的适宜人居住的住处,是所有人民的基本权利。"

[3] 1991年,经济、社会和文化权利委员会就"适当住房权"提出了著名的第4号意见,对"适当住房权"的内涵作出了比较明确的阐释。

这两个方面的分析，笔者认为房屋的适住性包括两个层次的内涵：一方面要具备最基本的物质条件和服务设施，以保证居住者安全、健康和舒适；另一方面要能够获得精神上的满足，得到安全感、尊严感和归属感。

（二）适住性原则在住房租赁契约管制实践中的表现

英美法系在确定租赁双方关系时主要采取普通法的"租者自慎"规则，其理由有两点：（1）英美法系中房屋租赁法律制度源于普通法早期的土地租赁法律制度，而由于当时正处于农业社会时期，对土地的需求和利用都是迫切而且长期的，因而这一时期将土地租赁协议视为土地权益的转让，带有物权的性质。为了保证农民对土地能够长期占有并耕作，英美法系中的财产法几乎把租赁权当作一种物权，土地租赁更像是一种土地买卖。在租赁期间出租人对土地享有的权利近乎是一种"所有权"，既然如此，出租人只需承担土地权利瑕疵担保义务，保证承租人对土地的占有使用不受来自第三人的干涉；而承租人在签约时必须对土地进行仔细检查，以免受其缺陷的损害，在租赁期间则作为土地"所有权人"自主管理土地，不需要他人的协助。（2）由于在租赁期间，土地是由农民占有的，他自己管理土地必然很方便，而且从技术上看，农民在当时被看作全能型人才，本身掌握管理土地和简单维修的技能，无论是管理土地还是对土地上的房屋进行简单维修，农民也更擅长于为之，因此要求农民自己管理土地也合情合理。因此，当时在租赁关系中主要采用"租者自慎"规则。后来的房屋租赁关系延续使用这一规则，出租人只需承担房屋权利瑕疵担保责任，对于房屋的适住性和维修义务等则一概不承担责任。美国从17世纪开始使用"租者自慎"规则，而在当时，这一规则被认为是古老财产法中的一项规则。随着时间的推移，这项规则逐渐被认为不适宜现代的交易，因而开始对这一规则进行了修正：（1）推定驱逐规则。所谓推定驱逐规则，是指出租人违反法定或约定义务，对承租人租住房屋造成实质性损害，即可推定出租人在驱逐承租人，而按照当时的法律，一旦推定驱逐成立，承租人即有权终止租赁协议并且免除支付以后的租金。[①] 推定驱逐规则仅仅为承租人增加了一种选择，并没有从实质上增加其权利，由于当时住房比较短缺，承租人很难尽快寻找到可租赁的房屋，事实上他们并

---

① 周珺：《美国住房租赁法的转型：从出租人优位到承租人优位》，中国法制出版社2011年版，第51页。

不希望终止合同；而且，推定驱逐对承租人会带来一定风险，因为法院一旦判定推定驱逐不成立的话，承租人就需要支付原租赁合同的租金和新租赁合同的租金，这对承租人是很大的经济负担。所以，实践中承租人很少运用这一规则来维护自己的权益，这一规则也很难发挥作用。（2）非法租约规则。非法租约规则是指如果房屋租赁协议里有关安全、卫生问题有违反法律的情况，则该租赁协议将被认定为无效。这项规则是在布朗诉索斯豪尔房地产公司一案中得以确立的。其案情如下：索斯豪尔房地产公司与布朗签订租赁协议，约定将一地下室租予布朗。而在协议签订之前，此地下室经过相关机构检查，认为其在安全、卫生方面不符合当地法律规定。后索斯豪尔公司将布朗告上法庭，以其拖欠租金为由请求法院判令收回此租赁地下室。而被告则认为：根据《哥伦比亚特区住房法》的相关规定，该租赁协议无效，因而不存在拖欠租金的问题。[①] 此案一审法院支持了原告的诉讼请求，后被告上诉，二审法院认为，地下室在租赁开始时就不符合法律规定，而且原告也明知这一情况，因此，这一租赁协议因违法而无效。[②] 非法租约规则在当时也很难起到保障承租人利益的作用，一个原因是这项规则只能限制租赁协议签订之前租赁房屋存在瑕疵的状况，对协议开始后房屋出现安全、卫生等方面的问题则不能调整；另一个原因是一旦通过非法租约规则确定租赁协议无效，则承租人就会因为协议终止而不能继续租住该房屋，这对在住房短缺情况下还需要寻找新的租赁住房的承租人来说是不利的。总而言之，这一时期美国的房屋租赁仍然沿用传统的分析视角，认为租赁协议是对土地权益的转让，法院通常运用不动产交易规则来解决相关租赁协议的争端，而解释租赁协议中所运用的主要合同义务规则也常常源自古老的财产法，这是具有讽刺意味的，而这些古老

[①] 《哥伦比亚特区住房法》第 2304 条规定：任何人不得出租房屋供人居住，除非该房屋干净、安全、卫生、无毁损、没有老鼠蚊虫滋扰。

第 2501 条规定：供人居住的房屋必须保持良好的状态，以便其为居住者提供适当的居住条件。这不仅是指对房屋进行基本的维护和修理使其可以避风遮雨，更重要的是指房屋应保障居住者的健康、安全。

参见周珺《美国住房租赁法的转型：从出租人优位到承租人优位》，中国法制出版社 2011 年版，第 52 页。

[②] 周珺：《美国住房租赁法的转型：从出租人优位到承租人优位》，中国法制出版社 2011 年版，第 52 页。

的财产法规则也不适合于近现代的房屋租赁市场。

随着19世纪城市化的发展,美国、英国等国家逐渐意识到,房屋租赁中的"租者自慎"规则所暴露出的缺陷无法满足缓和现实的房屋租赁矛盾、保护承租人的要求。于是美国法律界开始采纳新的规则来取代"租者自慎"规则,即可居住性默示担保规则,这也是适住性原则的一种表现。1892年的英格尔诉霍布斯案(Ingalls v. Hobbs)中,法院将短期的、配备家具和厨具等生活用品的房屋作为"租者自慎"规则的例外情形,承认可居住性默示担保规则,这个判例被认为是最早引入可居住性默示担保规则的案例[①],但是这个判例还是有一些局限性:首先,在当时,这个判例的解决依据仍然属于对财产法规则的扩充解释,直到20世纪30年代,美国在法院判例中用现代合同法规则解释租赁协议才逐渐成为一种趋势。[②] 其次,由于是对财产法规则的扩充解释,这个判例仅仅属于对"租者自慎"规则的例外情形,并且针对的是短期的、配备家具和厨具等生活用品的房屋的情形。由于以上两个方面的局限性,这个判例在当时并未引起人们广泛的关注,承租人的境况也未有明显改善,而"租者自慎"规则在美国一直沿用至20世纪60年代。但不管怎样,这种房屋出租人的安全保障义务即可居住性默示担保规则已经初露端倪。1959年派内斯诉帕什(Pines v. Perssion)一案将可居住性默示担保规则适用于一般的住房租赁。[③] 1970年詹文斯等人诉第一全国不动产公司(Javins v. First National Realty Corp.)

---

① 本案中,原告英格尔与被告霍布斯签订了一份房屋租赁协议,约定英格尔将一别墅租给霍布斯短期使用并为该别墅配备家具、窗帘和厨房用具等生活用品。但是霍布斯入住时发现别墅里到处是虫子,所以没有入住并拒绝支付租金,英格尔于是将被告诉至法院,要求被告支付租金,理由是双方在签订合同时就房屋的适住性没有约定。法院认为,短期出租的房屋并且配备家具及其他生活用品,承租人有理由相信无须作前期准备即可入住,而出租人则应承担可居住性默示担保义务即适住性义务。Ingall v. Hobbs, 156 Mass. 348 (1892).

② [美] 约翰·E. 克里贝特等:《财产法:案例与材料》(第七版),齐东祥、陈刚译,中国政法大学出版社2003年版,第391—392页。

③ 本案中,原告派内斯与被告帕什于1959年6月签订房屋租赁协议,并支付租房押金。同年9月6日,当原告入住时,发现被告没有对房屋进行清理,于是申请房屋管理部门对该房屋进行检查。检查的结果是:电路排布不规范,厨房水槽、马桶、楼梯栏杆有毁损现象,等等。原告于是搬离房屋,并诉至法院,要求被告返还押金。此案后来上诉至威斯康星州最高法院,上诉法院认为:房屋租赁合同中应该暗含着可居住性担保规则,所以出租人应该承担可居住性默示担保义务。法院还指出:根据现行制定法,房屋应该具备一定的适住条件;而之前采取的"租者自慎"规则要求承租人在签订协议之前应当自行检查房屋状况,承租人也不得以可居住性为理由请求解除合同,这是与当前制定法的立法精神相违背的。Pines v. Perssion, 14 Wis. 2d 590, 111 N. W. 2d 409 (1961).

一案成为美国住房租赁法中具有标志性意义的案例。[1] 该案的莱特法官在陈述法庭意见时指出:"当美国的城市居民,不管是穷人还是富人,在寻找住处时,他们是在寻找一系列物品和服务——这不仅包括墙壁和屋顶,而且包括足够的暖气、采光和通风、可以使用的上下水系统、安全的门窗、适当的卫生设备和适当的维护。"[2] 从莱特法官对该案的这些陈述意见可以看出,可居住性默示担保规则已经得到认可。该判例很快获得了广泛关注,而此案中所采用的可居住性默示担保规则也逐渐成为美国法律界的主流意见,并被很多州法院所采纳,在判决作出不到 20 年内,关于出租人和承租人关系的法律发生了广泛的转变。[3] 詹文斯一案之后,人们逐渐认识到"私有财产法……比任何其他法律部门都更受到历史性区别的影响"[4],"法院有责任根据现代生活的现实和价值观来对古老的理论重新进行评价,尤其是那些法院自身创造和发展的普通法理论"[5],而根植于传统普通法基础之上的"租者自慎"规则逐渐被摒弃。1972 年美国出

---

[1] 本案中,出租人第一全国不动产公司将一套公寓租于詹文斯、桑德斯和格罗斯等人,詹文斯等人以房屋不符合适住性条件为由拒绝支付 4 月份的租金。1966 年第一全国不动产公司以詹文斯等人未支付租金为由将其诉至法院,要求终止合同、收回房屋。这一要求得到了一审法院和二审法院的支持,于是承租人詹文斯等人将该案上诉至哥伦比亚特区联邦上诉法院,该法院支持了詹文斯等人的主张,并撤销原审法院的判决。法院认为:在房屋租赁中,出租人应当承担可居住性担保义务,出租人如果违反了该义务,应当承担违约责任。法院还认为:以往的"租者自慎"规则所赖以存在的事实和理由已经发生变化,与当今城市住房租赁的市场现状以及消费者保护理念不相适应,普通法也应当对这一规则进行修正,确认出租人的可居住性担保义务。Javins v. First National Realty Corp., 428 F. 2d 1071 (D. C. Cir. 1970).

[2] [美]约翰·E. 克里贝特、科温·W. 约翰逊、罗杰·W. 芬德利、欧内斯特·E. 史密斯:《财产法:案例与材料》(第七版),齐东祥、陈刚译,中国政法大学出版社 2003 年版,第 392 页。

[3] 同上书,第 401 页。

[4] 琼斯 v. 美国,362 U. S. 257, 266, 80 S. Ct. 725, 733, 4 L. Ed. 2d 697 (1960). 转引自 [美]约翰·E. 克里贝特、科温·W. 约翰逊、罗杰·W. 芬德利、欧内斯特·E. 史密斯《财产法:案例与材料》(第七版),齐东祥、陈刚译,中国政法大学出版社 2003 年版,第 391 页。

[5] [美]约翰·E. 克里贝特、科温·W. 约翰逊、罗杰·W. 芬德利、欧内斯特·E. 史密斯:《财产法:案例与材料》(第七版),齐东祥、陈刚译,中国政法大学出版社 2003 年版,第 391 页。

台了《统一住房租赁法》，该法明确了出租人的义务及适住性内容。[①] 之后，有超过40个州以此为参照，以制定法的形式确立了可居住性默示担保规则。由此，美国住房租赁法中的适住性原则趋于完善。

借鉴美国以可居住性担保为特点的适住性原则，英国也开始了适住性原则的建构。英国对于住宅可居住性标准的设定是通过强制性法律的形式规定下来的。在专门就住宅可居住性标准进行规定之前，英国的《公共卫生法》《防火法》《建筑法》间接地对住宅可居住性做了相关要求，1985年、1996年的《住宅法》以及《地方政府及住宅法》等法律法规中正式确立了住宅的可居住性标准。[②] 总之，英国法律以制定法的形式规定了住宅可居住性的强制性标准，以此为基点，任何住宅都必须符合这些标准。否则，即被认为违反了适合人类居住住宅应提供的最低限度的基本要求，那么此时，地方政府有权力采取相应措施。

大陆法系在罗马法时期就出现了适住性原则的雏形。公元前146年的第三次布匿战争使罗马获得了西部地中海的霸主地位，经济的飞速发展导致大量人口涌入罗马，为满足这些人口的居住问题，投机商们开始兴建旅馆和公寓出租，房屋租赁开始出现。但是，房屋租赁的兴起也带来大量纠纷。为了更好地保护承租人利益，也为了更好地解决纠纷，罗马法在契约

[①] 1972年美国统一州法委员会出台了《统一住房租赁法》，该法第2.104条明确了可居住性默示担保规则，该条第一款规定：出租人应当：（1）遵守建筑法、住房法中有关健康、安全方面的规定；（2）对房屋进行维修或采取其他必要措施使之处于可居住的状态；（3）确保公共场所整洁、安全；（4）确保电力、管道、卫生、供暖、通风、空调、电梯等设施、设备正常、安全运行；（5）适当设置垃圾容器并及时对垃圾进行清理；（6）全天候供应自来水、适量的热水，从每年的10月1日至次年的5月1日还应适当供应暖气，除非相关法律不作这项要求或者供应热水、供应暖气的设备完全由承租人掌控并由公用事业单位直接向承租人供应热水、供应暖气。参见周珺《住房租赁法的立法宗旨与制度建构》，中国政法大学出版社2013年版，第258页。

[②] 这些标准包括：（1）建筑安全标准：房屋没有严重失修的情况；房屋的结构稳定。（2）居住环境标准：有足够的照明、供暖及通风系统；环境不可过于潮湿、以免损害居住者健康。（3）基本生活设施标准：在适当的地方设有专供居住者使用的洗手间；设有浴缸、淋浴间及洗手盆并有冷热水供应；配备适当的厨房设施，包括有冷热水供应的洗涤池，有管道供应的清洁饮用水；配备污水排放和垃圾处理设施。（4）空间标准：住宅中用于居住的房间不得少于一定的面积，每间房间居住的人数也有限制。参见包振宇《论房东对租赁住宅的适住性担保责任》，《特区经济》2011年第3期。

法中就规定了出租人的适住性义务。① 至此，罗马法中这个以出租人修缮、瑕疵担保义务为中心的适住性原则得以产生，并在大陆法系国家得到了继承和发展，如《德国民法典》第536a条②、《日本民法典》第606条③、《法国民法典》第1719条、第1720条④都有相应的条款。

  大陆法系采取这种适住性原则的理论依据是危险控制理论。大陆法系国家普遍将租赁视为一种合同行为，承租人的租赁权就是一种债权，因而即使是房屋出租以后，承租人对房屋的占有仍然是一种表面现象，房屋的实际控制权还是在出租人手里。而作为房屋的实际控制人和所有者，出租人应该更了解租赁物的结构和性能，因而也应该比他人更能预见到房屋可能存在的潜在危险，也比他人更有责任去主动防范危险或减轻损害后果。这就使出租人必须对承租人承担起房屋的安全保障义务，并以此延伸至对房屋进行修缮、对房屋瑕疵进行担保的义务。这种"在属于不作为责任原始形态的对他人侵权行为之责任领域内，（倘若未规定严格责任）监督者

---

① "在租赁关系开始时，出租人应交付合于约定或合于习惯的使用收益要求的标的给对方，否则要负调换或改进的责任。""租赁关系存续期间，出租人应维护标的物，使之符合约定或习惯的使用、收益状态。因此，标的物受自然损耗或因不可抗力而毁损致不能正常使用、收益时，出租人应负责修理、调换或减少租金。……""标的物被第三人追夺或有瑕疵致使承租人遭受损失时，出租人须负赔偿责任。""租赁期满，出租人须偿还承租人支出的必要费用和有益费用。"参见周枏《罗马法原论》（下），商务印书馆1994年版，第719页。

② 《德国民法典》第536a条：(1) 第536条所称之瑕疵，在合同订立之时已经存在，或者此种瑕疵嗣后因可归责于出租人的事由而产生，或者出租人迟延除去瑕疵的，承租人可以请求损害赔偿，由第536条产生的权利不受影响。(2) 在下列情形，承租人可以自行除去瑕疵，并且请求偿还必要的费用：①出租人迟延除去瑕疵；②为维持或者恢复租赁物的状态，有必要即刻除去瑕疵。参见杜景林、卢谌《德国民法典——全条文注释》（上），中国政法大学出版社2014年版，第402页。

③ 《日本民法典》第606条：①出租人对于租赁物的使用及收益负有必要的修缮义务。②出租人要对租赁物实施保存上必要的行为时，承租人不能拒绝。参见渠涛编译《最新日本民法》，法律出版社2006年版，第132页。

④ 《法国民法典》第1719条：出租人，依租约的性质并且无需任何特别条款规定，负以下义务：(1) 向承租人交付出租物；(2) 保持出租物处于在租赁目的之内能正常使用之状态；(3) 保证承租人在承租期间不受妨碍地使用承租物并享有其利益。(4) （1946年4月13日第46—482号法律）并且保证种植的连续性与质量。
第1720条：出租人有义务保持其交付的出租物在各方面均处于良好的修缮状态。在整个租约期间，出租人应对出租物进行一切必要的修缮，但应当由承租人负担的修缮除外。
参见罗结珍译《法国民法典》（下），法律出版社2005年版，第1290—1291、1294页。

控制潜在危险的义务通常来源于他对危险源的控制力"的归责理论就是危险控制理论。① 危险控制理论是大陆法系房屋租赁中适住性原则的理论基础，表面上看，出租人承担了过多的责任，对其要求过于严苛，但实际上出租人承担责任以后提升房屋适住性又可以通过提高房租的方式将此责任转嫁给承租人，因此，出租人承担修缮、瑕疵担保责任是符合公正公平原则的。

（三）我国适住性原则的实践

我国适用适住性原则是有一定必要的，而我国法律中也有关于适住性原则的规定，并且这些规定也经历了一个变化，以 2011 年 2 月 1 日开始施行的《商品房屋租赁管理办法》为节点②，在这之前，我国法律中对租赁住房的适住性要求、修缮义务、安全保障等都有明确规定：根据《合同法》第 216 条，出租人应当在租赁存续期间保证出租住房处于可正常居住状态③；《合同法》第 220 条、第 221 条和第 231 条④，《城市房屋租赁管理办法》第 21 条⑤，以及《城市私有房屋管理条例》第 19 条等⑥，这些法

---

① ［德］克里斯蒂安·冯·巴尔：《欧洲比较侵权行为法》（下），焦美华译，张新宝审校，法律出版社 2001 年版，第 269 页。

② 《商品房屋租赁管理办法》于 2010 年 12 月 1 日由住房和城乡建设部审议通过，自 2011 年 2 月 1 日起施行。

③ 《合同法》第 216 条：出租人应当按照约定将租赁物交付承租人，并在租赁期间保持租赁物符合约定的用途。

④ 《合同法》第 220 条：出租人应当履行租赁物的维修义务，但当事人另有约定的除外。

第 221 条：承租人在租赁物需要维修时可以要求出租人在合理期限内维修。出租人未履行维修义务的，承租人可以自行维修，维修费用由出租人负担。因维修租赁物影响承租人使用的，应当相应减少租金或者延长租期。

第 231 条：因不可归责于承租人的事由，致使租赁物部分或者全部毁损、灭失的，承租人可以要求减少租金或者不支付租金；因租赁物部分或者全部毁损、灭失，致使不能实现合同目的的，承租人可以解除合同。

⑤ 《城市房屋租赁管理办法》于 1995 年 5 月 9 日由建设部通过，1995 年 6 月 1 日起开始施行，2011 年 2 月 1 日《商品房屋租赁管理办法》开始施行起，《城市房屋租赁管理办法》同时废止。《城市房屋租赁管理办法》第 21 条规定：出租住宅用房的自然损坏或合同约定由出租人修缮的，出租人负责修复。不及时修复，致使房屋发生破坏性事故，造成承租人财产损失或者人身伤害的，应当承担赔偿责任。租用房屋从事生产、经营活动的，修缮责任由双方当事人在租赁合同中约定。

⑥ 《城市私有房屋管理条例》于 1983 年 12 月 27 日由国务院发布，即日起开始实施，2008 年 1 月 15 日废止。该条例第 19 条规定：修缮出租房屋是出租人的责任。出租人对房屋及其设备，应当及时、认真地检查、修缮，保障住房安全。房屋出租人对出租房屋确实无力修缮的，可以和承租人合修。承租人付出的修缮费用可以折抵租金或由出租人分期偿还。

条对出租人履行维修义务都作了规定;《合同法》第 233 条规定了出租人的安全保障义务①。此外,我国《侵权责任法》第 16 条和最高人民法院《关于审理人身损害赔偿案件适用法律若干问题的解释》第 17 条等还可以适用于房屋出租人违反安全保障义务时承担损害赔偿的场合。② 这段时期我国关于住房租赁适住性原则规定的特点如下:首先,任意性规范多,强制性规范少,因为这些规定主要集中在《合同法》里,《城市房屋租赁管理办法》第 21 条和《城市私有房屋管理条例》第 19 条虽然也对房屋适住性有所规定,但是其一方面规定少(总共只有两条规定),另一方面这极少的两条规定也仅仅是对租赁双方在维修房屋方面的权利义务进行分配,其条款并无强制性意味,执行力也不强。其次,调整内容有限。这些规范里只是对出租人安全、维修等义务有所规定,适住性原则理论上应当包括的舒适、宜居住房所应包含的内容,这些规定还未提及。2011 年《商品房屋租赁管理办法》施行之后,对适住性原则进行了修改和扩充:第 6 条规定对于不符合安全、防灾等工程建设强制性标准的不得出租③。《商品房屋租赁管理办法》第 7 条明确把房屋和室内设施的安全性能、房屋维修责

---

① 《合同法》第 233 条:租赁物危及承租人的安全或者健康的,即使承租人订立合同时明知该租赁物质量不合格,承租人仍然可以随时解除合同。

② 《侵权责任法》第 16 条:侵害他人造成人身损害的,应当赔偿医疗费、护理费、交通费等为治疗和康复支出的合理费用,以及因误工减少的收入。造成残疾的,还应当赔偿残疾生活辅助具费和残疾赔偿金。造成死亡的,还应当赔偿丧葬费和死亡赔偿金。

最高人民法院《关于审理人身损害赔偿案件适用法律若干问题的解释》第 17 条:受害人遭受人身损害,因就医治疗支出的各项费用以及因误工减少的收入,包括医疗费、误工费、护理费、交通费、住宿费、住院伙食补助费、必要的营养费,赔偿义务人应当予以赔偿。受害人因伤致残的,因其增加生活上需要所支出的必要费用以及因丧失劳动能力导致的收入损失,包括残疾赔偿金、残疾辅助器具费、被扶养人生活费,以及因康复护理、继续治疗实际发生的必要的康复费、护理费、后续治疗费,赔偿义务人也应当予以赔偿。受害人死亡的,赔偿义务人除应当根据抢救治疗情况赔偿本条第一款规定的相关费用外,还应当赔偿丧葬费、被扶养人生活费、死亡补偿费以及受害人亲属办理丧葬事宜支出的交通费、住宿费和误工损失等其他合理费用。

③ 《商品房屋租赁管理办法》第 6 条:有下列情形之一的房屋不得出租:(一)属于违法建筑的;(二)不符合安全、防灾等工程建设强制性标准的;(三)违反规定改变房屋使用性质的;(四)法律、法规规定禁止出租的其他情形。

任等列入租赁合同的内容①；第 8 条规定了最小出租单位、人均租住建筑面积的最低标准等内容，直接针对现实中的群租现象进行规制②；第 9 条对出租人的维修义务进行了规定。③ 这其中第 8 条是新增内容，其针对的是我们通常所说的群租问题。总之，《商品房屋租赁管理办法》对原来的适住性原则内容进行了扩充。

但是到目前为止，我国法律对于住房租赁适住性原则的关注还是远远不够的，现实中主要有以下表现：第一，群租问题。近年来，随着城市化的发展，群租已经成为一个很突出的问题。不可否认，群租确实起到了缓解城市低收入群体住房困难的效果，但同时，群租还存在一系列弊端：除了给其居住社区造成安全管理、噪声、卫生、消防、生活设施透支使用等诸多问题外，对于群租的承租人来说，好多人拥挤于狭小的空间内，远远达不到居住舒适、适宜的状态。但是对于群租中存在的很多问题，我国目前还基本处于无法可依的状态。《商品房屋租赁管理办法》由于第 8 条的规定，被认为是我国第一部适用于全国范围内对群租予以禁止的法律，然而，这部法律不但没有将群租纳入司法解决的通道，还貌似有违宪和限制公民私法权利的嫌疑：首先，城市群租的推广解决了很多城市低收入群体的住房问题，实现了这一部分公民的居住权，而蕴含公民居住和住房权利应予以保障之义的公民居住权和住房权是随着第二代人权——社会权的充实而发展起来的，公民居住权和住房权是人权的基本内容，国家和政府无

---

① 《商品房屋租赁管理办法》第 7 条：房屋租赁当事人应当依法订立租赁合同。房屋租赁合同的内容由当事人双方约定，一般应当包括以下内容：（一）房屋租赁当事人的姓名（名称）和住所；（二）房屋的坐落、面积、结构、附属设施、家具和家电等室内设施状况；（三）租金和押金数额、支付方式；（四）租赁用途和房屋使用要求；（五）房屋和室内设施的安全性能；（六）租赁期限；（七）房屋维修责任；（八）物业服务、水、电、燃气等相关费用的缴纳；（九）争议解决办法和违约责任；（十）其他约定。房屋租赁当事人应当在房屋租赁合同中约定房屋被征收或者拆迁时的处理办法。建设（房地产）管理部门可以会同工商行政管理部门制定房屋租赁合同示范文本，供当事人选用。

② 《商品房屋租赁管理办法》第 8 条：出租住房的，应当以原设计的房间为最小出租单位，人均租住建筑面积不得低于当地人民政府规定的最低标准。厨房、卫生间、阳台和地下储藏室不得出租供人员居住。

③ 《商品房屋租赁管理办法》第 9 条：出租人应当按照合同约定履行房屋的维修义务并确保房屋和室内设施安全。未及时修复损坏的房屋，影响承租人正常使用的，应当按照约定承担赔偿责任或者减少租金。房屋租赁合同期内，出租人不得单方面随意提高租金水平。

论是从尊重和保障人权的角度,还是从建立健全同经济发展水平相适应之社会保障制度的角度,都有义务保障公民居住权和住房权,而不是以公权力对此权利予以强行干预。因而有些学者认为,国家对群租的整治缺乏法律依据,是对公民居住权、住房权的侵犯[1],所以从宪法的角度看,这是违宪的。其次,从群租的私法基础上看,群租是当事人私法自治、合同自由的结果[2],其本质上就是出租人和承租人之间的合同行为,而且出租人将自己具有所有权的房屋出租,是行使自己财产权利的行为,这两种行为都是当事人私法自治内的行为。因而群租也是合法的。从这一角度看,政府对于群租的整治和禁止构成对公民私法自治的侵犯。综合这两点可以看出,群租问题目前在法律上遭遇无法可依的尴尬局面。第二,住房租赁在物质与精神层面难以达到要求的现象比较普遍。由于我国住房租赁市场缺乏监管,法律上对承租人的保护不够,出租房往往缺乏基本的生活条件和设施,甚至有些出租房连基本的安全保障都没有,还有的出租房对承租户的身心健康都造成了损害。以上这类案例在实践中很多,比如,几乎每年都会有很多起承租人在出租房内因煤气泄漏身亡的安全事故,这些事故中,除了有承租人自身疏忽的原因外,出租房本身安全保障设施不到位也是一个重要原因。2013年2月4日,5名在京实习租住房屋的哈尔滨医科大学的大四学生因为出租房里违规安装的燃气热水器造成排气管漏气而煤气中毒身亡,令人唏嘘。[3] 再如,很多房东只考虑经济利益,忽视承租人基本心理层面的感受。现实中很多出租人将所谓"凶宅"出租,对承租人造成心理阴影和精神上的伤害。2016年6月,一则"大学生遇假房东

---

[1] 参见以下文献:1. 许浩:《关于京沪租房新规的合法性探析》,《理论月刊》2012年第3期。2. 沈福俊:《城市群租者的居住权保护问题分析》,《行政法学研究》2011年第1期。3. 屠振宇:《"群租"整治令与宪法隐私权》,《山东社会科学》2008年第4期。4. 沈福俊《论群租者居住权保护中的政府责任》,《上海财经大学学报》2011年第4期。5. 徐迅雷:《禁止"群租",强权的杰作》,《浙江人大》2007年第10期。6. 刘飞宇、黄若谷:《上海市城市房屋群租治理事件的法律分析》,《法治论丛》(上海政法学院学报)2008年第1期。7. 沈福俊:《政府应当如何面对"群租"》,《法治论丛》(上海政法学院学报)2008年第1期。

[2] 参见以下文献:1. 刘春梅:《群租法律问题研究》,《东方企业文化》2012年第3期。2. 石春玲:《"群租"的私法关系与私法保护》,《法治论丛》2008年第1期。

[3] 颜斐:《哈医大5学生煤气中毒案宣判》,2015年7月30日,《北京晨报》(数字报)(http://bjcb.morningpost.com.cn/html/2015-07-30/content_359830.htm)。

被骗租'凶宅'"的新闻在网上传开并引起多方关注①,虽然此案件的重点在于假房东以欺骗方法将"凶宅"租于承租人,但现实中经常会出现其他一些真房东掩盖出租房屋"凶宅"的真相并将房屋出租的案例。②"凶宅"一般是指房间里发生过非正常死亡或者其他恶性事件的情形,在中国,人们在传统观念上认为住"凶宅"是一件不吉利的事情,会给自己带来厄运,一旦居住者有这种想法,就可能会对其造成心理阴影,影响生活和工作。作为一种民间习俗,这种观念应该得到尊重。我国法律没有明确"凶宅"的概念及其出租规则,已有的审判经验基本是按照《民法通则》或《合同法》中的公序良俗原则、诚信原则等,强调尊重承租人的民俗习惯,保护承租人在合同中的知情权,没有专门的法律规则对其进行规制。总体来说,我国现行法律对于租赁房屋中包括居住环境、人文环境等社会因素所体现的适住性原则没有给予足够的、具体的重视。综合以上两点可知,我国住房租赁法律确实已经注意到了适住性原则的要求,但由于我国住房租赁市场化时间不长,还没有积累足够的管理经验,这方面的法律规范还不能满足当前市场的需求。针对当前的市场状况,我国在构建住房租赁契约管制法律体系过程中,有必要将适住性原则列入其中的基本原则体系中,不仅要从物质基础条件上使承租人获得安全、健康的居所,还要从精神层面使承租人获得尊严感和归属感,给予承租人一定的人格上的尊重。这也是现代住房租赁法律应该具备的功能。

五 承租人保护原则

(一) 承租人保护原则在域外各国立法中的表现

两次世界大战之后,由于战争的破坏,欧美国家普遍出现了住房短缺的现象。这对于在经济实力、市场地位、合同利益等方面均处于弱势地位

---

① 周杰:《大学生遇假房东被骗租"凶宅"》,2016年8月12日,看看新闻(http://www.kankanews.com/a/2016-08-12/0037643120.shtml)。
② 夏体雷:《房东将"凶宅"出租给承租人被告上法庭败诉》,2002年6月18日,新浪网(http://news.sina.com.cn/s/2002-06-18/1751609291.html);黄晓波、胡婧:《女子租到"凶宅"彻夜难眠愤怒租客要求退租》,2010年12月16日,厦门房地产联合网(http://news.xmhouse.com/bd/201012/t20101216_256288.htm);张源源:《南京一男子认为租到凶宅租客状告中介房东》,2016年1月4日,中国江苏网(http://life.jschina.com.cn/system/2016/01/04/027546747.shtml)。

的承租人来说是极为不利的。出租人倚仗自己在合同中的优势地位，随意提高租金、解除合同，承租人的境况极不稳定，难以替代性实现"居者有其屋"的理想。为了矫正承租人在住宅租赁中的弱势地位，防止出租人随意提高租金、解除合同，相对公平地将住房资源配置给需要住房的民众，各国从立法方面对承租人进行倾斜性保护。而这种从立法上对承租人进行倾斜性保护的立法原则就是承租人保护原则。承租人保护作为一个原则，其内涵是由一系列具体制度表现出来的，各个国家的承租人保护原则都经历了一个产生发展的历程，因为各国的社会、经济和历史条件各有不同，因此各国承租人保护原则下的相关制度都具有自己的特点。

美国住房租赁相关法律制度向承租人优位的转型，主要体现在住房租赁法内容的变化上。20世纪60年代之前，美国住房租赁方面的法律中，有很多制度和规则还留有传统普通法的痕迹。这主要有以下几个方面的表现：（1）在房屋的居住担保方面。如前文所述，以前的住房租赁法沿用传统普通法的"租者自慎"规则，出租人不需要承担可居住性担保责任。（2）在减损义务方面。所谓减损义务，是指租赁一方违约时，另一方应及时采取合理措施减轻损失，否则不得就扩大的损失请求赔偿。传统普通法认为房屋出租人是无须承担减损义务的。比如承租人在租赁协议期满之前擅自搬离房屋，出租人可不采取任何措施，直到租赁期满时依照协议向承租人收取房屋租赁期间的租金。（3）在通知义务方面。所谓通知义务，是指在同一房屋上同时设定抵押权和租赁权时，出租人在实现抵押权之前将这一事实告知承租人。传统普通法规则不要求出租人承担通知义务，因此实践中经常会出现抵押房屋被拍卖，买受人要求承租人腾出房屋，出租人就会陷入终结租赁、重新找房的被动境地。（4）在侵权责任方面。传统普通法中，因租赁房屋存在瑕疵致使承租人遭受损害，除非出租人故意隐瞒租赁房屋存在瑕疵的事实，否则出租人是不需要承担责任的。[1] 由此可以看出，美国在20世纪60年代之前，其住宅租赁法律基本沿用普通法的规则和制度，表面上看是"公正"的，但这种"公正"缺乏对租赁双方当事人经济实力、市场地位、合同利益等方面的审视和考量，其法律实施的结果是对承租人不利的，也即实质上是不公正的。美国这段时期之前

---

[1] 周珺：《美国住房租赁法的转型：从出租人优位到承租人优位》，中国法制出版社2011年版，第11—13页。

的住宅租赁法的特点被认为是出租人优位。20世纪60年代末，美国住宅租赁法开始了从出租人优位向承租人优位的转型。美国联邦和很多州都采取了一系列向承租人利益倾斜的法律措施。这些措施主要包括对出租人义务的加强和权利的限制两个方面。在对出租人义务的加强方面，针对之前住宅租赁法中沿用普通法的传统制度所表现出的出租人优位特点，美国住宅租赁法进行了多种改革，使出租人承担可居住性默示担保义务、减损义务、通知义务和侵权责任。在对出租人权利的限制方面，又增加了以下几项制度：(1) 设立了租金管制。传统的住宅租赁中，租金由双方自由约定，政府不予干预。但是到了20世纪60年代，由于住房短缺，许多城市出现出租人随意抬高租金的现象，承租人的利益受到严重损害。有鉴于此，美国许多州出台了租金管理条例，对租金数额和其上涨幅度进行限制。(2) 对押金进行规制。押金是住房租赁中比较常见的担保手段。美国住房租赁法律制度对押金采取放任的态度，这种做法看似公平，实则不公平，因为出租人往往利用自己在合同中的优势地位订立过高的押金、向承租人收取押金管理费、在租赁合同终止后拒绝或迟延返还押金，承租人因此承担过高的风险。有鉴于此，当时美国有很多州都采取了对押金进行规制的举措，包括设置押金的最高限额、规定出租人对押金的返还时间、赋予承租人以押金抵偿相关债务的权利等。(3) 限制出租人的合同解除权。依据传统的普通法，出租人可以任意行使解除权来解除租赁合同。这对承租人的居住稳定是极端不利的。因此，美国也有一些州颁布了法律，对出租人的合同解除权进行限制，规定出租人解除租赁合同必须有正当理由。(4) 限制出租人的留置权。根据普通法的传统规定，承租人迟延支付租金时，出租人可以留置租赁房屋中的动产作为实现其债权的担保。(5) 对私力救济的禁止。依据普通法早期规则，租赁关系终止，承租人如不搬离所租房屋，出租人可以采取断水、断电、换锁甚至使用暴力等手段驱逐承租人。虽然法律规定使用私力救济不能超过必要限度，但现实中还是经常出现矛盾激化的后果。所以美国很多地方政府规定禁止任何形式的私力救济，出租人如果需要收回房屋，只能通过司法途径来解决。① 综上所述，美国在20世纪60年代末通

---

① 周珺：《美国住房租赁法的转型：从出租人优位到承租人优位》，中国法制出版社2011年版，第108—181页。

过一系列的改革，完成了住宅租赁法上从出租人优位向承租人优位的转型，确立了承租人保护原则。

英国是普通法国家，其关于不动产租赁关系的主要法律渊源是普通法的相关规则，所以，英国的法律从普通法方面设置了出租人默示义务来保护承租人。英国的普通法以判例法和成文法的方式赋予出租人适住性和房屋修缮的默示义务。这个和美国的适住性担保义务很相似，所不同的是美国的适住性担保义务中包含房屋修缮义务，而英国的房屋适住性默示义务和修缮义务各是独立的，即英国的住房租赁法中既包括房屋适住性默示义务，又包括修缮义务。1985年英国《不动产租赁法》将这两项义务都作了明文规定，如对于房屋适住性默示义务，规定如果出租人没有履行义务而造成他人人身或财产损失的，应当承担赔偿责任。这里的"他人"不仅包括承租人，还包括其家人、朋友、访客以及从房前经过的路人。对于房屋修缮义务，则规定对于承租人生活有影响的房屋常用建筑部分和设施应当承担责任的，出租人承担责任的条件则是出租人明知该缺陷，即对缺陷已经察觉。《不动产租赁法》还规定，出租人这两项义务不能由双方约定撤销，只能通过郡法院针对个案进行排除或修改。此外，英国政府一直以来都致力于加强对住房的政府干预，因此，政府还制定了一些政策性色彩浓厚的住宅法对住宅租赁进行调整，而这一部分法律兼具经济管理和社会管理的管理性法律色彩。而这些法律也体现了英国住宅租赁法律向弱势群体倾斜、保护承租人的立法原则。

第一次世界大战导致英国房租飞涨，工人无力承受，于是开展工人运动迫使政府采取措施，开启了政府全面干预住房市场的序幕：首先，实施房租管制。这一时期，英国制定并不断完善修改《工人阶级住宅法》《房租和抵押贷款利率增加（战时限制）法》等法律，实行房租管制，保护处于弱势的工人的利益。其次，政府由干预转为直接投资。1924年，政府制定《住房金融法》，开始大规模建房投资，之后，更是将住房政策的受惠方由普通工人阶级转为贫民窟和旧城改造中的贫困阶层。此外，英国还实施了一些住房补贴政策，对承租人尤其是一些贫困群体进行倾斜性扶持。第二次世界大战后，由于英国战时很少新建住房，加上战争的摧残，因而住房紧缺现象严重。英国政府这段时间通过修改住房法，增加住房供应，对贫困阶层实施住房补贴。20世纪80年代以来，英国住房政策发生重大变革，政府开始削减住房补贴，鼓励住房私有化，强调私有住房部门在住房供应和管理中的作用。但这段时间，英国政府工作重点还包括补助无家可归者、确定租户特权和选择权，赋予承租人选择房主的权利，并且赋予承租人可自主采取应急维修措施的维修权。如果说，英国把贫困阶层、无家可归者作为弱势一方加以保护的话，那么这些制度确实体现了对承租人的保护。

英国还有一些在管理法中的具体制度也体现了对承租人保护原则：(1) 租金控制。英国租金控制坚持公平租金原则。按照1977年《租金法》的规定，确定租金标准需要以建筑物的年代、特征、位置等因素作参考，但为了防止出租人因为某些地区的租赁房稀缺而获得额外收益，公平租金在制定时不考虑住房短缺状况；租金登记后的有效期为两年，除非双方达成一致或者发生租金价格与房屋状况不相符的情形。此外，附加于租金价格以外的、类似报酬或补偿的金额也被禁止。(2) 回复占有控制制度。英国住房租赁中的回复占有控制制度类似于我们通常说的解除权限制制度。英国法律规定，出租人驱逐承租人，必须具有正当理由，还需要经过法庭裁决甚至执行官的正式授权。对于曾经作为出租人自己居所的出租房屋，如果出租人需要自己居住、曾与出租人一同居住的家人居住、出租人要出售房屋、出租人死亡后其继承人需要自己使用该房屋、抵押权实现需要出售房屋等，出现上述情形，租赁期限届满后，出租房屋即自动回复为出租人占有，这些都属于强制性回复占有。而对于破坏性使用租赁房屋、拖欠租金、非法使用房屋、基于不道德目的使用房屋、对出租人造成妨碍、未经同意转租等行为，这些行为经过法院认定和裁量，可由出租人回复占有，这些都属于自由裁量性回复占有。英国法律规定出租人违法驱逐承租人或者对其进行骚扰，除了承担损害赔偿责任外，还可能构成刑事责任。总之，回复占有控制制度起到了使承租人安居的作用。

在德国，对承租人的保护被看作合同法中社会因素加强的一个表现。[1]德国继承大陆法系传统，民法很发达，相关住房租赁方面的法律被认为是民法的特别法。第二次世界大战之后，德国也经历了战争的破坏和难民的涌入，住房短缺现象严重。政府先后两次通过法律来抑制出租人随意抬高租金的现

---

[1] [德]卡尔·拉伦茨：《德国民法通论》（上），王晓晔、邵建东等译，法律出版社2003年版，第74页。

象，取消出租人的终止合同权，并且授权行政机关可以强制方法要求房屋所有人或者占有人与寻找房屋的人订立合同。因此，在房屋租赁领域，合同自由原则、所有人物权处分原则不像在其他领域那样受到重视，这些现象在当时被认为是对民法的破坏。20世纪60年代初以来，这个被认为遭到破坏的民法特殊领域逐渐消失，随之而来的是对《德国民法典》中的房屋租赁制度进行改革。《德国民法典》中原有关于租赁关系的法律基本适用合同自由原则，出租人和承租人可以自由商议合同内容，没有对承租人的利益采取倾斜照顾的态度。[①] 但是在住房短缺时期，这种自由协商的格局对承租人是不利的。因此，《德国民法典》在其后的修订中对房屋租赁法相关内容进行调整，对承租人给予倾斜性保护。这一调整主要在于对出租人合同终止权的限制上：首先，修订后的《德国民法典》第564b条第1款规定只有对终止租赁关系存在正当利益时，房屋出租人才有权终止租赁合同。但是，如果合同规定的租赁关系的终止对承租人或其家庭造成困难，从出租人的正当利益来评价也不能证明终止的合法性时，即使出租人预告终止合同的通知是合法的，承租人根据法律也有权对出租人的通知提出异议，并有权请求出租人继续租赁关系。[②] 其次，出租人不能以终止合同的手段提高租金。颁布于1974年12月18日的《第二次住房租赁预告终止保护法》第3条对这一点进行了规定，使得出租人无法任意提高租金，从而对出租人的限制有了进一步的扩大。但是出租人并非绝对不能提高租金，根据法律的规定，出租人在特定情形下，可以将租金提高到"地区比较价"的水平，如果承租人不同意的话，出租人还可宣布终止合同；此外，不排除出租人在对房屋进行修缮等情形下，仍可行使提高租金的权利。[③] 最后，法律通过为那些与死亡之承租人具有密切联系的人设置加入合同的权利，以限制出租人终止合同的权利。根据《德国民法典》第563条、第563a条之规定，承租人死亡时，其配偶、子女、其他与其一起维持家庭生活的人以及与死亡承租人一起承租房屋的其他承租人，可以加入或继续租赁关系。从这一点上，出租人终

---

① [德] 卡尔·拉伦茨：《德国民法通论》（上），王晓晔、邵建东等译，法律出版社2003年版，第75页。

② 同上书，第76页。

③ 同上。

止合同的权利也受到限制。① 此外,《德国民法典》还通过租金制度、买卖不破租赁等都对承租人的利益进行了倾斜性保护。"在租赁合同或其他特殊约定中,当事人若要对这些以保护承租人及其家属为目的的法律规定进行变更,必须遵循有利于承租人的原则,否则无效。这样,这些规定就成了'强制性规定'。"② 可见,德国对承租人的保护措施主要是通过加强合同法中的社会因素来达到目的。总之,德国的住房租赁法也注意到了承租人的弱势地位,但是其在合同法中的调整要多一些。

日本和德国同属于大陆法系国家,因此其在较早时期的住房租赁法律和德国一样,把其作为合同法律关系由民法典中的合同法调整。由于日本也是严格奉行传统民法的"所有权绝对"和"契约自由"原则,比较忽略对社会弱势群体的关注,因此,日本传统的相关调整住房租赁的一般性法律规定比较忽略对承租人的保护。随着社会情势的变化,这种立法状况难以保证住房租赁双方当事人之间利益的平衡。因此,除了民法典之外,日本逐步颁布《借地借家法》等为代表的一系列民事特别法来规制住房租赁关系。从20世纪20年代起,日本先后经历了第一次世界大战中的战时景气和城市住宅紧缺问题,还有第二次世界大战时的城市人口激增、物价上扬和城市住宅困难,加之当时"社会政策"思想比较盛行,日本制定了《借家法》《地租房租统制令》《借地法》《建筑物保护法》等一系

---

① 《德国民法典》第563条:(1) 与承租人一起维持共同家庭生活的配偶,在承租人死亡时,加入租赁关系。对于生活伙伴,适用相同规定。(2) 承租人的子女一起生活于共同家庭生活的,在承租人死亡时,其子女加入租赁关系。生活伙伴之加入,不因承租人子女的加入而受影响。与承租人一起维持共同家庭生活的其他家属,在承租人死亡时,以配偶或者生活伙伴不加入为限,加入租赁关系。对于与承租人一起长期维持共同家庭生活的人,适用相同规定。(3) 第1款或者第2款所称之加入的人,在自己知悉承租人死亡之后1个月之内,向出租人表示自己不要继续租赁关系的,加入视为未发生。对于无行为能力或者在行为能力上受到限制的人,相应地适用第210条的规定。有数个人加入租赁关系的,任何人均可以为自己作出表示。(4) 在加入人的人身上存在有重大事由的,出租人在知悉最终加入租赁关系之后1个月的时间之内,可以遵照法定期间,特别地终止租赁关系。(5) 为损害承租人的利益,以及为损害第1款或者第2款有加入权的人的利益,而订立背离性协议的,协议不生效力。

第563a条:(1) 第563条所称的数个人共同为承租人的,在一个承租人死亡时,租赁关系与生存的承租人继续。(2) 生存的承租人在知悉承租人死亡之后1个月的时间之内,可以遵照法定期间,特别地终止租赁关系。(3) 为损害承租人的利益而订立背离性协议的,协议不生效力。

参见杜景林、卢谌《德国民法典——全条文注释》(上),中国政法大学出版社2015年版,第437—438页。

② [德] 卡尔·拉伦茨:《德国民法通论》(上),王晓晔、邵建东等译,法律出版社2003年版,第77页。

列住宅租赁方面的法律，形成了保护承租人利益的鲜明特点，强化了承租人的地位，充分保障其利益。为了加强承租人租赁权的对抗力，日本还采取以下措施：(1) 登记制度。《日本民法典》沿用"买卖击破租赁"制度，承租人的权利不能对抗买受人的权利，地位极不稳定。于是民法典又设立不动产租赁登记制度，承租人以此登记可以对抗第三人，但是这种登记一方面需要出租人同意，另一方面又不能带给出租人更多的利益，所以实践中能够登记的并不多，承租人并没有得到较多保护。当出租人希望提高租金或者收回房屋时，可以通过虚假的土地交易收回土地、再强行拆除土地上的出租房屋以达到目的。这对于承租人而言无异于遭遇地震，因而被称作"地震买卖"。为此，日本于1909年颁布《建筑物保护法》，规定"以建筑物所有为目的设立的地上权或土地承租权，如果建筑物所有权已经登记，即使地上权或土地承租权没有登记，仍然可对抗第三人"[1]。这种登记不需要土地所有人同意和协助，同时，它也可以强化对承租人的保护。(2) 租赁权的物权化。1921年日本颁布《借地法》，按照地上权的标准将宅地租赁权规定为借地权，由此，宅地租赁权由债权上升为带有物权性质的权利，对抗力加强。同年颁布的《借家法》确立了"买卖不破租赁"原则，赋予房屋租赁权以对抗力。20世纪80年代，传统民法中所有权绝对和契约自由原则的格局被彻底打破，租赁权成为半永续化的权利，获得类似物权的对抗效力。(3) 法定期限。1921年的《借地法》还规定了以建筑为目的的土地租赁的法定期限和最短期限，并规定只要建筑物能够使用，承租人就可以请求续约。出租人如不同意续约，承租人可以请求按照市场价格购买建筑物及添附物，否则出租人不能解除租赁关系。《借家法》也延长了民法典规定的解约通知时限，同时赋予承租人请求收买租赁房屋增添物的权利。(4) 正当事由制度。为了对收回房屋的行为进行限制，日本1941年修正了《借家法》，导入正当事由制度，《借家法》第1条之二规定：建筑物之出租人，非有自用之必要或其他正当理由不得拒绝租赁契约之更新或终止契约。[2] 第二次世界大战期间，为了应对城市住宅困难、房租上涨的问题，日本颁布了《地租房租统制令》，该法

---

[1] 包振宇：《日本住宅租赁特别立法研究——以承租人权利保障为中心》，《日本研究》2010年第3期。

[2] 谢哲胜：《房租管制法律与政策》，台湾五南图书出版公司1996年版，第211页。

令的主要内容是规定了双方当事人在租赁合同中约定的租金额度作为地租和房租的最高限额。这个规定可能导致出租人以频繁解约的方式来提高租金、获取法外利益。正当事由制度就是作为《地租房租统制令》的配套措施产生的。即为了保护承租人的利益、保障社会稳定，防止出租人因租金过低而随意解约，法律要求出租人在解约时要具备正当事由。是否构成正当理由则需要根据具体情况来考量，即通过"衡量出租人和承租人之利害关系、整体情形、社会通念、公共利益和最少限度的保障以决定之"[①]。

（5）租金管制。1921年的《借地法》规定在出现赋税、土地价格变动或者与比邻地租相比较租金显然不当时，除非有特别约定，双方当事人均可"不拘契约条件"请求增减租金。1921年的《借家法》出于对承租人利益的考虑，运用国家强制力对房屋租赁价格进行干涉，赋予承租人请求增减租金的权利。《借家法》历经两次修改，但这项规定一直保留。[②] 1939年的《地租房租统制令》规定当事人订立合同时约定的租金应当作为地租房租的最高限额。虽然该法就此还规定合同约定的最高限额明显失当时，可以下令对其予以削减，说明日本法院对此持比较谨慎的态度，但这项具有很强社会政策特点的制度却延续下来。20世纪80年代，对房地产的高度利用目标和保护承租人利益等社会性目标之间频繁发生冲突，民间要求修改《借家法》的呼声不断高涨。于是日本于1991年将《借地法》《借家法》和《建筑物保护法》等整合为《借地借家法》。《借地借家法》没有将住宅租赁和经营用房租赁区分开，而是作了一体规定。这反映了日本在住宅租赁上"缓和规制"的趋势和对住宅承租人保护的退步，因为经营用房租赁强调资本运作的自由和效率，住宅租赁则贯彻平等理念、注

---

① 谢哲胜：《房租管制法律与政策》，台湾五南图书出版公司1996年版，第13页。
② 1991年日本将《借家法》等法律整合为《借地借家法》，《借地借家法》第32条：1. 建筑物之租金，因对土地或建筑物之税捐及其他负担之增减，或因土地或建筑物价格之升降，或较诸邻近建筑物之租金已至不相当时，不问契约条件如何，当事人得请求将来增减租金。但有一定之租赁期间不增加租金之特约者，从其约定。2. 就租额之提高当事人间协议不成立者，被请求人在以增加租额为正当之裁判未确定以前，以支付其认为相当之租金为足，但其裁判确定时，已支付之额有不足者，应附按年一成计算，自支付期之利息，补足不足额。3. 就租额之减少当事人间协议不成立者，被请求人在以减少租额为正当之裁判未确定以前，得请求支付其认为相当之租金，但其裁判确定时，已受支付之额超过被判为正当之租金者，应附按年一成计算自受款时起之利息返还超过额。

重分配正义，两者的价值理念是不同的。但总体来说，《借地借家法》即使对承租人利益的保障有所削弱，但向承租人利益转移的立法价值追求仍然在日本住宅租赁法中有所保留。

以上，即为对承租人保护原则在美国、英国、德国、日本等国立法实践中的表现。

(二) 我国承租人保护原则的实践

我国沿袭大陆法系的法律传统，在《合同法》第十三章里对租赁合同作了规定，其中有个别规定是专门针对房屋租赁的。《合同法》第十三章设置有买卖不破租赁、优先购买权、解约限制等体现保护承租人的制度，但是，很难说我国在制定《合同法》时已经具有保护承租人的立法意识。我国《合同法》制定于1999年，当时市场经济才刚刚起步，房地产市场还很不成熟，《合同法》中貌似对承租人予以保护的制度，实际上仅仅是对大陆法系民法成熟国家的移植而已。而其后的《城市房屋租赁管理办法》和《商品房屋租赁管理办法》等虽然是针对住房租赁制定的法律，但是这些法律制度制定的初衷是针对市场上一些不规范行为加强管理，而没有特别针对承租人加以保护的意味。我国目前住房租赁法律制度还没有形成体系，对承租人予以特别关注和保护虽然在一些法律制度里有所体现，但这并不是基于对承租人保护的住房租赁法律的立法宗旨使然，而是源于对大陆法系民法体系的承继以及对住房租赁市场进行管理的要求。而目前我国住房租赁法律体系并未构筑起自己独立地向承租人予以倾斜性保护的立法宗旨，理论和实践中已有对承租人进行保护的零星立法的理论基础源于《宪法》中人权理论和其他社会保障法的相关理论。综上所述，我国住房租赁法律里还没有完全确立对承租人予以保护的立法思想和原则，相关理论和立法实践的探讨还需要进一步加强。

本章小结

对于住房租赁契约管制理论基础的讨论，离不开其价值与原则，因为这两者是可以作为相关立法的指导精神和准则来适用的。因此，本章在这里，对住房租赁契约管制的目的价值和住房租赁契约管制制度的建构原则进行着重讨论。自由、正义、秩序和效率是法的主要目的性价值，也是基于构筑法律制度所要追求的基本目标，而这些目的性价值在住房租赁契约管制里也演化为住房租赁法律的具体价值：对于自由价值而言，在住房租赁契约管制里体现为对租赁关系当事人合同自由的保护以及承租人谋求生存发展的最基础条件以求发挥自身潜力的自由。对于正义价值而言，在住房租赁契约管制里体现为以公权力对合同关系进行调整，矫正出租人和承租人在租赁合同关系中的权利和义务，使承租人获得实质的公平正义，使其居住权益能够获得实质保障。对于秩序价值而言，在住房租赁契约管制里体现为既要加强市场监管、使住房租赁市场健康平稳发展并且成为市场经济的有机组成部分；又要对租赁关系当事人的行为进行规范，尽可能维护租赁双方的合法权益。对于效率价值而言，在住房租赁契约管制里体现为以制度构建实现社会资源的最优配置，对住房租赁关系当事人的权利义务进行妥善分配，对出租人和承租人的利益都要进行最大限度的保护，实现社会利益最大化。借由对住房租赁契约管制目的价值的探讨、对相关国家住房租赁法律控制制度的考察以及对相关法律理论的分析，笔者以为，在当代，住房租赁契约管制理论应当以对公民住宅权的保护、坚持社会本位、坚持效益均衡、适住性和承租人保护等作为住房租赁契约管制制度构建的原则。

第四章

住房租赁契约管制在我国的生成基础与需求

第一节 住房租赁契约管制在我国的生成基础

一 我国住房租赁法律控制的历史回顾

(一) 近代房地产业的发展

1840年鸦片战争之前,我国还是一个封建农业大国,受经济结构的制约,土地和房屋作为生产资料和生活资料,仅仅是发挥其使用价值。人们希望拥有土地也仅仅是为了积累财富,供自己和子孙后代消费,并不是为了利用其交换价值使自己资本增值,即土地并未成为在市场上流转的商品。因此,当时我国还没有形成独立的房地产业。

我国房地产业的形成来自给中华民族带来巨大耻辱的鸦片战争。1842年,中国和英国签订了《南京条约》,根据该条约以及其后的"附贴善后条款"[①],在广州、福州、厦门、宁波、上海设立了五口通商口岸,允许外国人携眷登岸旅居,并且准许外国人在通商口岸专门开辟特定区域、租地租屋集中居住,形成所谓"租借"。"房地产业诞生的前提是农地大规模转化为市地,土地作为商品进入流通领域。在中国,这一开端体现在租界获取土地的过程之中。"[②] 由于中国官员误将出卖土地等同于割让领土,

---

① 王铁崖编:《中外旧约章汇编》(第一册),生活·读书·新知三联书店1957年版,第34页。
② 赵津:《中国城市房地产业史论(1840—1849)》,南开大学出版社1994年版,第8页。

所以当时通商口岸只允许土地出租而不许卖地，外国人借机将流行于中国江南的租地方式——永租制引入市场来获取土地。永租制就是将土地所有权和使用权分离，业主保有土地所有权，而将土地使用权永久租出的制度。在当时，外国人因为租用土地交纳的年租基本与田赋等同，而且年租不再交给业主，而是交给中国政府，侵略者利用永租制的名号，名为土地租赁，实际上已经将土地买断了。虽然这种变形的"永租制"是侵略者蚕食中国土地的一种变形，但不可否认，它确是中国从封建社会向资本主义社会渐变过程中中国土地制度向商品化过渡的一种独特形式。19世纪50年代以后，上海小刀会起义、太平军进军上海等事件发生，大批华人涌入上海英法租界祈求避难，在巨大利润的驱使下，侵略者打破"华洋分居"的戒律，开启了扩充租界开发房地产的里程。就这样，伴随着外忧内患和耻辱，我国的房地产业开始发端。

20世纪二三十年代，我国资本主义经济发展迅速，成为我国近代经济史上发展最快的时期。经济的发展是促成房地产业发展的最根本原因。与此同时，当时中国社会时局动荡、政府更迭等各地城市社会政治经济发展不平衡的现象客观上又促成了各地房地产业的不同特点。总之，我国近代的房地产业在内忧外患的夹缝中步入了自己的黄金时代。直至1937年，日本开始了全面侵华战争，战火摧残、土地投资大大下降、加上战后恶性通货膨胀的冲击，我国近代房地产业终于走向全面衰落。

(二) 近代的住房租赁控制

1. 我国近代住房租赁控制的发展历程

我国近代史上第一部对房地产租赁进行控制的法律当属1845年11月29日中国政府就上海英租界土地出租事项制定的《上海土地章程》（亦称《上海地皮章程》）。但那仅仅是一部丧权辱国的文件，实质意义上的租赁控制并不存在。

自清末民初以来一直到新中国成立初期，由于资本主义经济的发展导致城市化的聚集作用，加之时局动荡阻碍房地产建设，在我国一些大城市出现住房短缺、租金高涨、出租房质量低下等住宅问题。从20世纪20年代抗日战争前，严重的房荒使得住房租赁双方关系激化，很多大城市掀起了较大规模的减租运动，解决房荒问题成为推动中华民国以来政府推行房租管制立法的直接动因。

我国近代以来到新中国成立前房租管制立法大致可以分为三个阶段：

以解决房荒为目的的房屋救济立法时期（1929—1936年）、以战争为背景的全面租金管制时期（1937—1943年）以及战后租金管制立法的修正与补充时期（1945—1949年）。[①]

第一阶段：南京国民政府于1929年颁布的《民法典》债编中确立了买卖不破租赁原则和出租人对房屋适宜居住的担保责任；1930年，南京国民政府颁布的《土地法》中设置"房屋救济"一节，规定房荒期间政府可以采取标准租金和限制退租的措施保护承租人的利益。[②] 这一段时间的房租管制政策具有明显的临时性和过渡性的色彩，虽然这些立法呈现一种保护承租人利益的趋势，但是政府干预的强度局限于非常有限的范围内。[③]

第二阶段：抗日战争爆发，战争的影响使房屋数量减少，而大批难民又亟待安置收容，房荒加剧，这迫使政府将解决住宅问题的重点转向全面的房租管制。当时，迁到重庆的国民政府先后颁布了三部法律，开始了较为全面的房租管制。[④] 1943年12月13日，国民政府在上述法律的基础上，颁布《战时房屋租赁条例》，继承了此前的限制租金和退租等措施。抗战期间，汪伪政权也曾颁布了有保护房屋租赁关系内容的《战时特别民法》和《战时房屋租赁特别法》。[⑤] 以上这些法律都从管制法的角度规定

[①] 张群：《民国时期房租管制立法考略——从住宅权的角度》，《政法论坛》2008年第2期。
[②] 同上。
[③] 同上。
[④] 这三部法律分别是《重庆市房租评定委员会处理重庆市房屋租赁补充办法》《非常时期重庆市房屋租赁暂行办法》和《重庆市战时房屋租赁补充办法》。其主要内容有：（1）首次规定了标准租金的具体标准。（2）继承了《土地法》关于约定租金和标准租金发生冲突时从低支付的处理原则，但同时又给私法自治留下了空间："系双方同意者，不在此限"。（3）首次明确了转租的租金标准，按原租金比例计算，不得超过20%。这实际上承认了二房东的合法地位。（4）明确规定租金按月计算和支付，承租时预付租金一个月，出租人不得强迫一次收取一个月以上之租金。（5）首次规定了租金的提存制度。即出租人如拒绝收受承租人依照租约按月给付之租金时，承租人得将租金依法提存之，这在一定程度上可以防止承租人因为出租人恶意拒收租金导致长期欠租而被迫退租的情形发生。（6）详细规定了出租人可以主动退租的要件，限制了出租人解除合同的权利。（7）严格限制收回自用。因为收回自用是最为有力的退租理由，因此从保护承租人利益的角度出发，要严格限制收回自用。参见张群《民国时期房租管制立法考略——从住宅权的角度》，《政法论坛》2008年第2期。
[⑤] 张群：《民国时期房租管制立法考略——从住宅权的角度》，《政法论坛》2008年第2期。

了限制出租人退租和限制租金的措施，以保护承租人的利益。

第三阶段：抗日战争胜利后，国民政府修订通过了新《土地法》，并且颁布了和《战时房屋租赁条例》性质类似的《房屋租赁条例》，延续了很多之前的立法规定。这些法律仍然是从管制法的角度向承租人的利益倾斜，对出租人进行限制。还有一些地方立法也很有特色，比如，北平市政府颁布的《北平市政府房屋租赁办法》明确规定了限制住户数量、强制空屋出租的内容。① 这"限制住户数量"的规定应该是我国近代最早的关于适住性原则的规定了。

综上所述，受西方资本主义国家的影响，我国近代以来就开始具有现代意义的住房租赁控制立法，而这种控制经历了一个对个人权利限制逐渐加强、对个人权利干涉由对合同自由进行限制向国家公法管制转变的过程，而那些限制租金、限制出租人退租、限制住户数量等向承租人倾斜或者在特殊时期采用的住房租赁控制制度，即使现在看来仍然具有积极的现实意义。

2. 我国近代住房租赁控制在台湾地区的延续

（1）民法

台湾地区自 1949 年之后一直沿用《中华民国民法》，对于住房租赁，并没有单设专门的法律进行调整。即使在此民法典中，也没有专设章节对住房租赁进行规定。而仅仅是在债编中第五节里有租赁的一般原则规定（第 421—463 条），其中除第 428 条为动产租赁特别规定、第 457 条以下为耕地租赁特别规定以外，其余规定基本上可以适用于房屋租赁，期间也有专门为房屋租赁设置的规定，比如第 424 条、第 440 条第 2 项以及第 443 条第 1 项的但书等。② 而在台湾民法关于租赁的法规中，偏重保护承

---

① 张群：《民国时期房租管制立法考略——从住宅权的角度》，《政法论坛》2008 年第 2 期。
② 谢哲胜：《房租管制法律与政策》，台湾五南图书出版公司 1985 年版，第 8 页。
台湾《民法典》第 424 条：租赁物为房屋或其他供居住之处所者，如有瑕疵，危及承租人或其同居人之安全或健康时，承租人虽于订约时已知其瑕疵，或已抛弃其终止契约之权利，仍得终止契约。
第 440 条第 2 项：租赁物为房屋者，迟付租金之总额，非达二个月之租额，不得依前项之规定，终止契约。其租金约定于每期开始时支付者，并应于迟延给付逾二个月时，始得终止契约。
第 443 条第 1 项：承租人非经出租人承诺，不得将租赁物转租于他人。但租赁物为房屋者，除有反对之约定外，承租人得将其一部分转租于他人。

租人的条款有：第 424 条承租人之契约终止权的规定；第 425 条买卖不破租赁原则；第 426 条之 2 租用基地建筑房屋之优先购买权；第 434 条失火责任的规定；第 440 条租金支付迟延之效力的规定等。① 这几项规定体现了对承租人利益的倾斜。

此外，台湾民法主要确立了两项关于房屋租赁的制度：租金限制和收回房屋之限制。对于前者，依据《民法典》第 442 条，对于不定期房屋租赁，房屋租赁双方均可以房屋市场价格升降为由，请求法院增加或减少租金，但是对于定期房屋租赁，则不得申请法院增加或减少租金。② 但是依据第 450 条之规定，定期租赁届满时，其租赁关系消灭，因而可以重新签订协议，重新出租，以此达到调整租金的目的。③ 民法没有设定房屋租金最高额，如果想要调整租金，不定期租赁可以房屋市场价格升降为由，定期租赁也可以重新签订出租协议调整租金。所以，对于房屋租赁，如果想提高租金，还是有可能的。因而，台湾的租金管制被认为"等于毫无房租之管制"④。对于后者即房屋收回之规定，依据《民法典》第 450 条，

---

① 台湾《民法典》第 425 条：出租人于租赁物交付后，承租人占有中，纵将其所有权让与第三人，其租赁契约，对于受让人仍继续存在。前项规定，于未经公证之不动产租赁契约，其期限逾五年或未定期限者，不适用之。

第 426 条之 2：租用基地建筑房屋，出卖人出卖基地时，承租人有依同样条件优先承买之权。承租人出卖房屋时，基地所有人有依同样条件优先承买之权。前项情形，出卖人应将出卖条件以书面通知优先承买权人。优先承买权人于通知达到后十日内未以书面表示承买者，视为放弃。出卖人未以书面通知优先承买权人而为所有权之移转登记者，不得对抗优先承买权人。

第 434 条：租赁物因承租人之重大过失，致失火而毁损、灭失者，承租人对于出租人负损害赔偿责任。

第 440 条：承租人租金支付有迟延者，出租人得定相当期限，催告承租人支付租金，如承租人于其期限内不为支付，出租人得终止契约。租赁物为房屋者，迟付租金之总额，非达二个月之租额，不得依前项之规定，终止契约。其租金约定于每期开始时支付者，并应于迟延给付逾二个月时，始得终止契约。租用建筑房屋之基地，迟付租金之总额，达二年之租额时，适用前项之规定。

② 台湾《民法典》第 442 条：租赁物为不动产者，因其价值之升降，当事人得声请法院增减其租金。但其租赁定有期限者，不在此限。

③ 台湾《民法典》第 450 条：租赁定有期限者，其租赁关系，于期限届满时消灭。未定期限者，各当事人得随时终止契约。但有利于承租人之习惯者，从其习惯。前项终止契约，应依习惯先期通知。但不动产之租金，以星期、半个月或一个月定其支付之期限者，出租人应以历定星期、半个月或一个月之末日为契约终止期，并应至少于一星期、半个月或一个月前通知之。

④ 谢哲胜：《房租管制法律与政策》，台湾五南图书出版公司 1996 年版，第 9 页。

定期租赁合同期限届满即可收回房屋，对于不定期租赁，各当事人可以随时终止契约收回房屋，但是如果有利于承租人的习惯法，应该从其习惯。前项对于不定期租赁契约的终止，依照习惯应该提前通知。但是不动产租赁的租金是以星期、半个月或一个月为支付期限的，出租人应以历定的星期、半个月或者一个月最后一天为契约终止期，而且应该至少于一个星期、半个月或者一个月前通知。事实上台湾的不定期租赁契约没有有利于承租人的习惯，所以，按照民法的规定，出租人也可依照提前通知的规定终止契约，然后收回出租房屋。

（2）《土地法》

台湾《土地法》里专门设有"房屋及地基使用"一章，在房租上限之规定、收回房屋之限制、适用对象等方面作了特别规定，改变了民法对租赁契约双方当事人平等保护的原则。以下将分别予以说明：首先，关于房租上限的规定。按照《土地法》第97条规定，在城市规划区内房屋的租金，不得超过土地及其建筑物申报总价年息的10%，如果契约双方约定的房屋租金超过前项规定，相关政府行政机关可以依照前款规定的标准强制降低租金。① 根据这项规定，现实中如果租金数额远远低于上述土地及其建筑物申报总价年息的10%，那么这条规定的意义就不大。事实上现实生活中虽然土地公告价值加上房屋估定价值要比实际价值低，但第97条中"土地及其建筑物申报总价"是指实际价值，而实际价值的10%一般指合理的投资利润，但是这个投资利润对于一般承租人而言仍然很高。实际上，市场上一般房屋租金都远远低于法律规定的这个上限，因此这个规定的实际意义并不大。加上这条规定对房租的涨幅未做限制，所以总体来说，《土地法》第97条关于房租上限的规定还是比较粗陋，没有起到多大作用。其次，关于收回房屋的规定。根据《土地法》第100条的规定，出租人只有具备正当理由才可收回房屋。② 而对于承租人而言，其"仍得

---

① 台湾《土地法》第97条：城市地方房屋之租金，以不超过土地及其建筑物申报总价年息百分之十为限。约定房屋租金，超过前项规定者，该管直辖市或县（市）政府得依前项所定标准强制减定之。

② 台湾《土地法》第100条：出租人非因左列情形之一，不得收回房屋：一、出租人收回自住或重新建筑时。二、承租人违反民法第四百四十三条第一项之规定转租于他人时。三、承租人积欠租金额，除以担保金抵偿外，达二个月以上时。四、承租人以房屋供违反法令之使用时。五、承租人违反租赁契约时。六、承租人损坏出租人之房屋或附着财物，而不为相当之赔偿时。

依民法所定情形主张终止租约"①，因此，法律上对于承租人利益的倾斜性保护很明显。但是，根据台湾相关的司法解释，《土地法》第100条仅仅能够适用于不定期租赁，这就使此条款的适用范围和法律效果大打折扣。② 最后，关于适用对象。根据台湾相关法律政策及判例，《土地法》第97条所称"房屋"，是指住宅用房，不包括市场摊位；而《土地法》第100条中的"房屋"，兼指住宅和营业用房，甚至包括工厂。由此看来，"房屋"一词在《土地法》第三章的不同条文中意义有所不同。政府一方面规定限制房租之规定适用于住宅用房，另一方面认为限制出租人收回房屋的规定适用于住宅用房、营业用房和工厂。而且对于第100条收回房屋之规定仅仅适用于不定期租赁，房屋不定期租赁租金的调整，适用《民法典》第442条。由此可见，台湾房屋租赁中房租管制和收回房屋之限制的规定并不完全配套。而且，《土地法》第100条只适用于不定期租赁，对于大多数的房屋定期租赁而言，出租人仍然可以在租期届满时收回房屋，因此《土地法》第100条中对承租人利益进行倾斜性保护的目的很难达到。

综上所述，台湾地区的房屋租赁控制的立法规范是以民法为主、辅之以《土地法》建构起来的框架体系。民法是一个纯粹的私法法律部门，房屋租赁契约作为债法的一个特殊形式，由民法中的债法编中相关规定来规制，其规制方法也是民法中对债法关系进行调整的技术和手段，而其中向承租人利益倾斜的规定比较少，基本上还是体现了民法中对主体平等保护的原则。《土地法》对房租上限、收回房屋限制、适用对象等方面做了特别规定。当下台湾的土地法律体系是以《宪法》为纲，以《土地法》为土地基本法、土地单行法规为辅助，与民法及其他包含土地法规的法律一起构成的。《土地法》和民法在这里是并列关系。《土地法》主要规定了地权、地籍、土地使用、土地税、土地征收五方面的内容，很容易看出，这些法律以行政手段干预土地法律关系，带有很强的管理法意味，显示了经济法的特点。③ 而就在这么一个具有行政管理特点的《土地法》里，规定了房屋租赁的相关制度。因此，台湾的房屋租赁法律控制既包含

---

① 谢哲胜：《房租管制法律与政策》，台湾五南图书出版公司1996年版，第11页。
② 同上。
③ 赵晓耕：《台湾四十年的土地立法》（五），《中国土地》1995年第11期。

债法中调整租赁契约的私法法律规范,也包含《土地法》中政府管理的公法法律规范。

3. 我国近代住房租赁控制的特点

从中华民国开始,我国为了应对战乱年代的住房紧缺问题,就开始进行住房租赁法律控制。一方面沿袭大陆法系的民法体例,在民法的债编里规定了租赁,并对房屋租赁规定了买卖不破租赁和优先购买权等制度,基本上构造了以合同法为基础的住房租赁法律制度;另一方面对住房租赁进行严格的管制,制定了租金控制、押金控制、强制空屋出租、限制住户数量等管制制度,保护了承租人的权利,缓和了当时住房紧缺的状况。总之,我国民国时期住房租赁就具有私法与国家强制性管制法相结合的基础,并且在缓解住房紧张、缓和社会矛盾方面取得了较好的社会效果。总之,我国民国时期住房租赁借鉴大陆法系国家的立法体例,在租赁合同里规定得还是相对完善的,以合同对住房租赁中承租人和出租人的某些关系进行规制是我国民国时期住房租赁的一个很显著的特点。

二 我国现行住房租赁的法律控制

新中国成立之后,我国废除了之前国民党旧的法制基础,开始进行新中国法律体制的建构。从新中国成立之初到1966年,我国在房地产方面的主要任务和目的是对私有房屋进行社会主义改造,在城市建构以公有制为主体的房产体系,实现城市土地的公有化。"文化大革命"时期,受极左思想的影响,除了公有制以外,对"私有制""财产权利""私有房屋"等几乎是谈虎色变。总体上,从新中国成立后到改革开放之前,我国没有建构起真正的房地产市场,房屋租赁市场更无从谈起。在我国,长久以来住房都被视为一种福利型产品,住房的获得全依赖国家、政府和单位分配给个人,国家、政府对于住房的分配和管理完全是一种行政干预式的。因此,这段时期的房地产市场没有真正的走向市场化,而所谓的住房租赁更多的是房屋管理部门或者单位将公有房产分配给个人居住,所谓的租金也基本上是象征性的、非常低廉,并不能代表房屋租赁的实际市场价格。总之,这段时期的住房制度是国家统分统配体制下的福利型住房,完全是计划经济的表现。受计划经济的大环境影响,我国这段时期的住房法制也没有真正的私法或民法,在调整住房关系方面,法律和政策很难区分。因此,这段时间基本上是没有法制环境的,少量建构在公有制和计划经济基础上的房地产法律，行政干预特点比较明显，并不能代表现代房地产法的特点。

我国真正具有现代意义的房地产法的法制建构是在改革开放之后。改革开放以来，我国在进行社会主义市场经济建设的同时也在进行社会主义法制建设，在私法自治的道路上我们还有很长的路要走。我国借鉴大陆法系的立法传统，构建了民法体系下的合同制度。20世纪90年代以来，我国逐步进行房地产改革，进行现代房地产法制建设。到目前为止，我国基本搭建起房地产法律体系，而现代住房租赁法律体系属于房地产法律体系的子体系。我国住房租赁法律体系也基本上分为两个部分：首先，由于在大陆法系里，住房租赁首先是作为一种合同关系看待的，所以当我国构建了民法体系之后，住房租赁就作为一种特殊类型的合同确定下来。我国《合同法》第13章（第212—236条）专门设置了"租赁合同"调整租赁关系，这个"租赁关系"包括动产租赁关系和不动产租赁关系。其中第230条规定了承租人的优先购买权，第234条规定了承租人死亡时的法律后果，这两条规定是专门为房屋租赁设置的法律规范。[①]《合同法》第13章还确立了买卖不破租赁等制度，基本上构建了我国住房租赁合同法律体系，这也构成我国住房租赁法律体系的基本制度，而这些制度体现出私法的特点。其次，我国《房地产管理法》《城市房屋租赁管理办法》（已废止）、《商品房屋租赁管理办法》等多部具有管制法性质的法律对我国住房租赁的某些问题如房屋租赁登记备案制度、群租等给予了政府监管层面的规制，体现出公法的特征，而这一部分法律规制无论是理论基础还是体系构造都非常薄弱的。

比较其他国家的住房租赁法律控制制度，我国的此类制度一直在"炒冷饭"，总体上我国目前住房租赁基本制度还是以合同法的形式构成，只是将大陆法系中传统的买卖不破租赁、承租人优先购买权制度简单移植进来，而解约限制制度、租金控制制度、房屋租赁登记备案

[①]《合同法》第230条：出租人出卖租赁房屋的，应当在出卖之前的合理期限内通知承租人，承租人享有以同等条件优先购买的权利。

第234条：承租人在房屋租赁期间死亡的，与其生前共同居住的人可以按照原租赁合同租赁该房屋。

制度在我国合同法中规定得还不成熟或未有规定。① 也就是说，虽然住房租赁制度的合同法框架基本形成，但是比较其他国家和地区的住房租赁法律制度，其制度体系还不够丰满，没有形成自己的特点，比照我国已经初具规模的住房租赁市场，我国住房租赁法律制度还是相对滞后，不能和住房租赁市场的进程相配套，不能满足我国对住房租赁市场进行规制的需要。

（一）住房租赁的私法规制

住房租赁关系本质上就是一种合同关系，是出租人将自己所有的房屋交于承租人居住，承租人向出租人交纳租金，并于合同约定的时间和范围使用出租房屋的合同行为。《合同法》作为民法体系里一个重要的分支，其第13章"租赁合同"一章专章规定了租赁合同行为的民事规则，对租赁合同行为进行了系统的规制，其中第230条、第234条专门就房屋租赁作了规定，住房租赁的私法框架就此搭建。我国住房租赁的私法规范中总体上确立了以下几个原则和制度：

1. 住房租赁的合同自由原则基础

由于我国主要沿袭大陆法系的法律传统，当下中国的民法框架基本上是一个西法东渐的结果，所以大陆法系的法律传统从整体上影响着我国民法的格局，我国对合同自由原则的承继也是如此。20世纪七八十年代，我国开始从计划经济向市场经济过渡。市场经济是相对于计划经济而言的，在计划经济中，社会资源的配置通过统一计划调配来完成，计划经济的实现则完全依赖政府的权力。市场经济是商品和劳务通过交换实现的经济形式，社会资源的配置依赖价格、供求关系、竞争等市场机制来完成，商品和劳务通过市场机制运行的前提是每个市场参与主体必须有独立的人格，没有等级贵贱之分，这样才能实现市场主体在市场上的自由竞争和优胜劣汰。契约自由就蕴含了主体平等、自由等市场经济有效运行所需要的元素。中国社会由计划经济向市场经济的变迁，实质就是将中国社会由行

---

① 我国《合同法》中没有关于租金控制和房屋租赁登记备案制度的规定，只有零星关于对出租人解约权予以限制的制度，如第234条规定承租人在房屋租赁期间死亡的，与其生前共同居住的人可以按照原租赁合同租赁该房屋，但是这类制度并未形成一个成熟的制度体系，也并非出于对承租人予以倾斜性保护的立法宗旨；再如，第232条将不定期租赁的解约权赋予双方当事人，不具备对承租人予以倾斜性保护的意味。因此，笔者认为，我国住房租赁还未形成成熟的对承租人予以倾斜性保护的解约限制制度。

政性整合向契约性整合转变的过程①，在从计划经济向市场经济转变的过程中，我们尤其应当注重的是将代表私法自治内核的契约自由原则从法律上确立下来，充分保障合同当事人的自由，这样，才能有效鼓励市场主体参与市场交易活动和竞争的积极性。事实上，我国在确立市场经济法制体系的过程中已经在努力做到这一点。改革开放以来，我国一直在努力推进市场经济的改革建设。我国《宪法》更是在1992年明确我国"实行社会主义市场经济"②。在这样的改革背景下，我国开始构建以市场机制来配置资源的法律体系，而合同自由的私法内核在市场经济中无疑具有很重要的分量。

从法律规范上看，《民法通则》第4条规定"民事活动应当遵循自愿"的原则就从基本法律的层面赋予了民事行为主体从事民事行为可以遵照自己的意愿，自主地从事民事行为的权利。③虽然这不是关于合同自由的具体原则，但它基本确立了私法自治的灵魂。《合同法》第4条和第8条对合同自由的基本内容作了比较完整的表述，以基本原则的方式赋予当事人依法订立合同的权利和自由，将私法自治的理念具体到了合同自由。④根据这两条规定，合同自由原则的内涵应当表述为，当事人有权按照自己意志缔结合同，该合同对于合同双方具有法律约束力，任何外部力量的干涉必须具有法律依据。合同自由原则在合同法中的具体表现是当事人依照自己的意愿即依照约定作出的合同内容，只要不违反法律法规的强行性规定、不违背社会公共利益，都将会得到法律积极的肯定和保护。《合同法》第13章"租赁合同"中第216条、第217条、第226条和第235条以标准的调整性规范模式规定了承租人和出租人"应当按照约定"

---

① 郑成良：《法律、契约与市场》，《吉林大学社会科学学报》1994年第4期。
② 我国《宪法》第15条：国家实行社会主义市场经济。国家加强经济立法，完善宏观调控。国家依法禁止任何组织或者个人扰乱社会经济秩序。
③ 《民法通则》第4条：民事活动应当遵循自愿、公平、等价有偿、诚实信用的原则。
④ 《合同法》第4条：当事人依法享有自愿订立合同的权利，任何单位和个人不得非法干预。
第8条：依法成立的合同，对当事人具有法律约束力。当事人应当按照约定履行自己的义务，不得擅自变更或者解除合同。依法成立的合同，受法律保护。

履行义务，突出了当事人意愿在合同中的地位。① 第218条和第219条以对称型条款的形式指明"按照约定"和"未按照约定"的方法或者租赁物的性质使用租赁物时，致使租赁物受到损耗的，所应承担的积极和消极的法律后果。② 第220条和第225条以"当事人约定除外"的方式赋予当事人意愿优先的效力。③ 第232条是典型的当事人意志优先于任意性法律的规定，只有在当事人意思表示不明确时，才能适用任意性法律规定作为补充。④ 综上，我国《合同法》沿袭大陆法系的法律传统，确立了合同自由原则。而住房租赁合同作为一种特殊的合同，也以合同自由原则作为其最基本的原则。

2. 买卖不破租赁

买卖不破租赁体现了合同法的实质正义和社会本位要求。基于对处于弱势地位的承租人的利益保护，买卖不破租赁对于保护交易安全、稳定市场秩序、缓和贫富差异带来的社会矛盾激化都具有积极作用。但是，我国的买卖不破租赁制度还有不尽完善的地方。1988年最高人民法院《关于贯彻执行〈中华人民共和国民法通则〉若干问题的意见（试行）》（以下简称《民通意见》）第119条第2款规定了私有房屋"买卖不破租赁"

---

① 《合同法》第216条：出租人应当按照约定将租赁物交付承租人，并在租赁期间保持租赁物符合约定的用途。

第217条：承租人应当按照约定的方法使用租赁物，对租赁物的使用方法没有约定或者约定不明确，依照本法第六十一条的规定仍不能确定的，应当按照租赁物的性质使用。

第226条：承租人应当按照约定的期限支付租金。对支付期限没有约定或者约定不明确，依照本法第六十一条的规定仍不能确定，租赁期间不满一年的，应当在租赁期间届满时支付，租赁期间一年以上的，应当在每届满一年时支付，剩余期间不满一年的，应当在租赁期间届满时支付。

第235条：租赁期间届满，承租人应当返还租赁物。返还的租赁物应当符合按照约定或者租赁物的性质使用后的状态。

② 《合同法》第218条：承租人按照约定的方法或者租赁物的性质使用租赁物，致使租赁物受到损耗的，不承担损害赔偿责任。

第219条：承租人未按照约定的方法或者租赁物的性质使用租赁物，致使租赁物受到损失的，出租人可以解除合同并要求赔偿损失。

③ 《合同法》第220条：出租人应当履行租赁物的维修义务，但当事人另有约定的除外。

《合同法》第225条：在租赁期间因占有、使用租赁物获得的收益，归承租人所有，但当事人另有约定的除外。

④ 《合同法》第232条：当事人对租赁期限没有约定或者约定不明确，依照本法第六十一条的规定仍不能确定的，视为不定期租赁。当事人可以随时解除合同，但出租人解除合同应当在合理期限之前通知承租人。

的规则①，此外，我国原《经济合同法》第23条第2款也有类似的规定②，但此法对买卖不破租赁规则的适用范围又扩及至"财产"租赁而不是"私房"租赁。1999年颁布的《合同法》第229条的规定正式将买卖不破租赁制度确立下来，并将其适用范围概括地适用于所有的财产租赁。③ 2009年最高人民法院《关于审理城镇房屋租赁纠纷案件具体应用法律若干问题的解释》第20条进一步在房屋租赁领域将买卖不破租赁制度确定下来。④《民通意见》确立买卖不破租赁规则时，只把私有房屋作为这一规则的适用对象，盖因为当时我国经济体制正值从计划经济向市场经济转变时期，公有房屋不允许自由出租、买卖，所以作此限定，因此这一规定具有明显的历史特点。目前来说，关于买卖不破租赁适用范围最权威的法律应该是《合同法》，而《合同法》中买卖不破租赁的适用范围为一般财产。从我国买卖不破租赁适用范围在各个法律中的变化可以看出，我国在立法时对买卖不破租赁这一传统法律制度并没有足够深刻的认识，完全是各个法律根据自身领域应时需要的结果。

从其他国家的立法来看，《德国民法典》第566条规定买卖不破租赁规则仅适用于"出租的住房"⑤，而第578条对其的援引将这一规则的适

---

① 《民通意见》第119条第2款规定：私有房屋在租赁期间，因买卖、赠与或者继承发生房屋产权转移的，原租赁合同对承租人和新房主继续有效。

② 原《经济合同法》1982年7月1日起实施，1999年10月1日废止，其第23条第2款规定：……如果出租方将财产所有权转移给第三方时，租赁合同对财产新的所有方继续有效。

③ 《合同法》第229条：租赁物在租赁期间发生所有权变动的，不影响租赁合同的效力。

④ 《最高人民法院关于审理城镇房屋租赁合同纠纷案件具体应用法律若干问题的解释》第20条：租赁房屋在租赁期间发生所有权变动，承租人请求房屋受让人继续履行原租赁合同的，人民法院应予支持。但租赁房屋具有下列情形或者当事人另有约定的除外：（一）房屋在出租前已设立抵押权，因抵押权人实现抵押权发生所有权变动的；（二）房屋在出租前已被人民法院依法查封的。

⑤ 《德国民法典》第566条：（1）出租的住房在交付于承租人之后，由出租人出让于第三人的，受让人取代出租人，加入到在自己所有权存续期间由租赁关系产生的权利和义务之中。……

第578条：（1）对于土地之租赁关系，相应地适用第550条、第562条至562d条、第566条至567b条以及第570条的规定。（2）对于非为住房之房屋的租赁关系，相应地适用第1款中所列举的规定以及第552条第1款、第554条第1款至第4款和第569条第2款的规定。另外，房屋是用于人之逗留的，相应地适用第569条第1款的规定。

参见杜景林、卢谌《德国民法典——全条文注释》（上），中国政法大学出版社2015年版，第441、461—462页。

用对象扩及土地和房屋,而这里的房屋不区分住房与否,包括住房和营利事业用房。《法国民法典》第 1743 条规定买卖不破租赁的规则适用于"已订立经公证或规定有确定期日的租赁契约的土地或房屋"①。《日本民法典》第 605 条规定"经登记的不动产"租赁可以对抗取得物权的不动产物权。②《瑞士债法典》第 259 条第 2 项和第 260 条第 2 项规定"不动产"和"经过租赁登记的房屋"具有对抗新的物权所有人的效力。③《奥地利普通民法典》第 1095 条规定买卖不破租赁适用于在公共登记簿中登记过的租赁合同,而对大陆法系各国相关的立法实践进行观察可知,一般只对不动产租赁进行登记,因此可以推断奥地利民法也规定买卖不破租赁的适用对象一般为不动产。④⑤ 之所以这些大陆法系国家都倾向于将买卖不破租赁的适用范围界定为不动产,是因为土地、房屋等不动产是人们的基本生活资料,对人们的生活稳定具有至关重要的意义,一旦失去,承租人可能处于颠沛流离的悲惨境地。因此,法律为了保护弱者,赋予承租人租赁权对抗物权的效力。法律在这里从实质正义的角度,对出租人和承租人的权益失衡进行了矫正。从上文看,我国《合同法》在确定买卖不破

---

① 《法国民法典》第 1743 条:如出租人出卖其出租物,买受人不得辞退已订立经公证或规定有确定期日的租赁契约的土地承租人、佃农或房屋承租人。但是,如在租赁契约中原已保留此种权利,买受人得辞退非乡村财产的承租人。参见罗结珍译《法国民法典》(下),法律出版社 2005 年版,第 1319 页。

② 《日本民法典》第 605 条:不动产租赁,一经登记,对于其后就其不动产取得物权的人也发生效力。参见渠涛编译《最新日本民法》,法律出版社 2006 年版,第 132 页。

③ 《瑞士债法典》第 259 条第 2 项规定:租赁物为不动产的,第三人在合同不允许提前取消的限度内,允许承租人继续占有租赁物,直到合同依法终止时;第三人未能通知承租人的,应当视该第三人为已成立租赁协议的一方当事人。

第 260 条第 2 项规定:登记具有使各后手之房屋所有人允许承租人依照租赁合同对上述房屋继续使用收益的效力。

参见吴兆祥、石佳友、孙淑妍译《瑞士债法典》,法律出版社 2002 年版,第 63 页。

④ 苏永钦:《走进新世纪的私法自治》,中国政法大学出版社 2002 年版,第 339 页。

⑤ 《奥地利普通民法典》第 1095 条:租赁契约已登记于公共登记簿者,承租人的权利视为物权,在租赁关系存续期间,租赁物的占有承继人须容忍承租人继续行使其权利。

第 1120 条:承租人的权利未登记于公共登记簿者,如租赁物的所有权人将租赁物让与并交付于第三人,经以合法方式通知承租人终止契约后,承租人不得对抗新的占有人。但承租人就其所受之损害和所失之收益,得请求出租人完全赔偿。

参见戴永盛译《奥地利普通民法典》,中国政法大学出版社 2016 年版,第 210、215 页。

租赁规则时,没有对租赁物进行具体的界定,没有区分动产和不动产,而是概括地将所有动产和不动产都纳入买卖不破租赁的调整范围里。这应该是我国立法的一大缺失,虽然这对住房租赁中的买卖不破租赁制度没有造成太大影响,但反映出我国在这方面立法技术的相对落后。

3. 承租人优先购买权

在我国,承租人的优先购买权最早是在1988年《民通意见》第118条中规定的①,1999年我国颁布并施行的《合同法》第230条规定以法律的方式确立了这一制度。② 但是,因为这项制度规定得过于简单、操作性不强,因而在司法实践中存在很多问题。2007年《物权法》颁布实施,因为《民通意见》118条与《物权法》有关规定相冲突,于是最高人民法院2008年12月24日发布公告废止该条款。2009年7月,最高人民法院颁布《关于审理城镇房屋租赁合同纠纷案件具体应用法律若干问题的解释》(以下简称《房屋租赁合同司法解释》),该解释第21—24条对房屋承租人优先购买权的相关制度作出了具体规定。至此,承租人优先购买权的法律架构基本建立。③

根据以上法律规定,对于承租人优先购买权的理解主要有以下几个方面:第一,承租人优先购买权的发生条件,应为出租人意欲出卖出租房

---

① 《民通意见》第118条:出租人出卖出租房屋,应提前三个月通知承租人,承租人在同等条件下,享有优先购买权;出租人未按此规定出卖房屋的,承租人可以请求人民法院宣告该房屋买卖无效。

② 《合同法》第230条:出租人出卖租赁房屋的,应当在出卖之前的合理期限内通知承租人,承租人享有以同等条件优先购买的权利。

③ 《房屋租赁合同司法解释》第21条:出租人出卖租赁房屋未在合理期限内通知承租人或者存在其他侵害承租人优先购买权情形,承租人请求出租人承担赔偿责任的,人民法院应予支持。但请求确认出租人与第三人签订的房屋买卖合同无效的,人民法院不予支持。

第22条:出租人与抵押权人协议折价、变卖租赁房屋偿还债务,应当在合理期限内通知承租人。承租人请求以同等条件优先购买房屋的,人民法院应予支持。

第23条:出租人委托拍卖人拍卖租赁房屋,应当在拍卖5日前通知承租人,承租人未参加拍卖的,人民法院应当认定承租人放弃优先购买权。

第24条:具有下列情形之一,承租人主张优先购买房屋的,人民法院不予支持:(一)房屋共有人行使优先购买权的;(二)出租人将房屋出卖给近亲属,包括配偶、父母、子女、兄弟姐妹、祖父母、外祖父母、孙子女、外孙子女的;(三)出租人履行通知义务后,承租人在十五日内未明确表示购买的;(四)第三人善意购买租赁房屋并已经办理登记手续的。

屋，有包括承租人在内的两个以上的希望购买出租房屋的受让人。如果承租人不打算购买租赁房屋，就不可能发生承租人的优先购买权。第二，承租人优先购买权的适用对象为房屋租赁。《合同法》和《房屋租赁合同司法解释》的相关规定中都有明确的"出租人出卖租赁房屋"的字样，显然，优先购买权发生于出租人出卖租赁房屋的场合。通常租赁房屋可以是商业用房，也可以是居住用房，显然，这里的房屋包括居住用房，即住房。因此，我们说承租人优先购买权适用于住房租赁。第三，承租人优先购买权的行使条件。《合同法》第230条规定承租人在同等条件下可以行使优先购买权。对于"同等条件"的理解，应从受让价格、支付方式等全面考量。比如，所有意欲受让房屋的潜在受让人愿意支付的价金相同，或者他们愿意以相同的支付方式来支付，如一次性付款还是分期缴付等。第四，对承租人优先购买权的通知。根据法律规定，出租人出卖租赁房屋、出租人与抵押权人协议折价变卖租赁房屋的，都应当在合理期限内通知承租人。否则，出租人要承担侵犯承租人权利的责任。出租人委托拍卖租赁房屋，应当在拍卖5日前通知承租人，承租人接到通知而未能参加拍卖的，应认定其放弃优先购买权。上述出租人承担责任的认定，以及承租人放弃优先购买权的认定，其权力均由人民法院行使。第五，承租人优先购买权与其他权利的竞合与解决。法律规定，出租人在两种情况下会发生与其他权利的竞合：一是承租人与出租房屋的其他共有人均要求购买出租房屋的，二是出租人的近亲属，包括配偶、父母、子女、兄弟姐妹、祖父母、外祖父母、孙子女、外孙子女要求购买房屋的。对于前一种情况，从物尽其用、保护房屋共有人使用便利的角度考虑，承租人不能获得优先权；对于后一种情况，出租人将房屋出卖给自己的近亲属，是概括的自己一方的利益，法律保护承租人的利益，但不能使出租人的利益受损，最多只是消极地不增加。因此，从公平的角度考量，承租人不能优于出租人的近亲属优先购买房屋。第六，承租人优先购买权的丧失与放弃。承租人丧失优先购买权的情况有三种：第一种是出租人出卖租赁房屋未在合理期限内通知承租人，已经与第三人签订有效房屋买卖合同的，承租人不得请求法院认定合同无效，此时，承租人丧失优先购买权。第二种是出租人履行通知义务后，承租人在合理期限内未明确表示购买的，视为承租人放弃优先购买权。第三种是第三人善意购买租赁房屋并已经办理登记手续的，承租人丧失优先购买权。

一般认为，承租人和出租人的地位相比较的话，出租人基于房屋的物权人地位处于相对强势的一方，而承租人处于相对弱势一方，为了达到实质的平等和正义，法律向弱势一方倾斜。承租人租住房屋，就是为了安居的需要，承租人在租赁期间，出租人将出租房屋转让，无疑会使承租人被迫做出选择：要么退出租赁房，重新找房租赁；要么将租赁房买下，从而使用权和所有权合而为一。为了体现法律的公正，法律对这种关系进行矫正，赋予承租人优先购买权，事实上就是给予承租人一种期待权和选择权，以使承租人在与出租人的力量比较中获得相对平等的地位。与买卖不破租赁制度相似，承租人的优先购买权也是体现对社会弱势群体的一种人道主义关怀。它以承租人的利益为中心，将承租人视为交易活动中相对弱势的一方，赋予承租人对抗所有权人和其他买受人的权利，以期达到实质的正义。

4. 解约限制

我国《合同法》第13章将租赁分为不定期租赁和定期租赁。对于不定期租赁而言，出租人和承租人可以随时解除合同。[①] 对于定期租赁而言，《合同法》第219条、第224条第2款、第227条规定了法定解除租赁合同的事由[②]，《合同法》中这些条款不是专门针对住房租赁的，因而在租赁合同关系里具有普适性的作用。出于对与承租人生前共同居住的人的保护，《合同法》第234条规定承租人在房屋租赁期间死亡的，与其共同居住的人可以按照原租赁合同租赁该房屋。[③] 这个条款是规定在特定情形下出租人的解约权被限制的情况。此外，我国《合同法》再无关于住房租赁解约限制的专门条款。因此，与德国、美国和日本等国

[①] 《合同法》第232条：当事人对租赁期限没有约定或者约定不明确，依照本法第六十一条的规定仍不能确定的，视为不定期租赁。当事人可以随时解除合同，但出租人解除合同应当在合理期限之前通知承租人。

[②] 《合同法》第219条：承租人未按照约定的方法或者租赁物的性质使用租赁物，致使租赁物受到损失的，出租人可以解除合同并要求赔偿损失。

第224条第2款：承租人未经出租人同意转租的，出租人可以解除合同。

第227条：承租人无正当理由未支付或者迟延支付租金的，出租人可以要求承租人在合理期限内支付。承租人逾期不支付的，出租人可以解除合同。

[③] 《合同法》第234条：承租人在房屋租赁期间死亡的，与其生前共同居住的人可以按照原租赁合同租赁该房屋。

家的住房租赁解约限制相比较，我国《合同法》在这一方面对承租人的人道主义关怀是远远不够的。为了保护承租人的利益，维护租赁关系的稳定，我国有必要仿效德国、美国、日本等国，构建自己的住房租赁合同解约制度。

（二）住房租赁的公法规制——房屋租赁登记备案制度

在我国，与本书所谈的和住房租赁相关的并且带有国家干预性质的法律有《城市房地产管理法》《商品房屋租赁管理办法》，由于我国现有的国情，因而对住房租赁进行了一定的国家干预，这些法律的名称中都带有"管理"二字，而这些法律隶属于经济法部门，确立了一些对于房屋租赁进行管理的制度，其中比较有争议的是房屋租赁登记备案制度。

我国《城市房地产管理法》对房屋租赁规定得非常简单，仅仅4个法条：第53条为定义性规范，它的使命在于从法律上明确房屋租赁的概念；第54条、第55条和第56条均为调整性规范，规定了房屋租赁当事人应当履行的法律义务。其中，第54条规定房屋租赁当事人应当向房产管理部门登记备案。[①] 1995年建设部发布《城市房屋租赁管理办法》（已废止），其中第三章专门规定了"租赁登记"，租赁登记的核心内容是房屋租赁实行登记备案制度（第13条）[②]，经登记备案后核发的《房屋租赁证》是租赁行为合法有效的凭证（第17条）。[③] 这里面存在三个问题：第一个问题是，根据《房地产管理法》和《城市房屋租赁管理办法》，房屋

[①] 《城市房地产管理法》第53条：房屋租赁，是指房屋所有权人作为出租人将其房屋出租给承租人使用，由承租人向出租人支付租金的行为。

第54条：房屋租赁，出租人和承租人应当签订书面租赁合同，约定租赁期限、租赁用途、租赁价格、修缮责任等条款，以及双方的其他权利和义务，并向房产管理部门登记备案。

第55条：住宅用房的租赁，应当执行国家和房屋所在城市人民政府规定的租赁政策。租用房屋从事生产、经营活动的，由租赁双方协商议定租金和其他租赁条款。

第56条：以营利为目的，房屋所有权人将以划拨方式取得使用权的国有土地上建成的房屋出租的，应当将租金中所含土地收益上缴国家。具体办法由国务院规定。

[②] 《城市房屋租赁管理办法》第13条：房屋租赁实行登记备案制度。签订、变更、终止租赁合同的，当事人应当向房屋所在地市、县人民政府房地产管理部门登记备案。

[③] 《城市房屋租赁管理办法》第17条：《房屋租赁证》是租赁行为合法有效的凭证。租用房屋从事生产、经营活动的，房屋租赁证作为经营场所合法的凭证。租用房屋用于居住的，房屋租赁证可作为公安部门办理户口登记的凭证之一。

租赁是需要备案的，那么，房屋租赁分为公房租赁和私房租赁，公房租赁一般包括计划经济体制下公房基础上的租赁和保障房租赁，因为我们这里只谈市场化体系下的租赁，所以对于公房租赁我们暂且不论，对于城市私房租赁来说，这是一个很典型的民事合同行为、私行为，国家强制要求对一个民事行为进行登记，是否侵犯了公民的私权利？况且，现实中大量的私房租赁完全是当事人私下里完成，并未进行登记，这是否影响了法律的权威性？第二个问题是，《城市房屋租赁管理办法》第 17 条规定"《房屋租赁证》是租赁行为合法有效的凭证"，私房租赁行为是一个典型的民事合同，它的合法有效在于合同的生效要件是否齐备，也就是说只需要看它是否符合私法的要件，它一旦合法有效，还需要用《房屋租赁证》来证明吗？国家在这里是否构成了对私法的干预，而这种干预是否具有正当性？第三个问题是，《城市房地产法》和《城市房屋租赁管理办法》关于房屋租赁登记备案制度的设计比较粗陋，前者只有简单的第 54 条规定，没有法律责任制度的设计；而后者仅仅是在第 32 条第 2 款规定"不按期申报、领取《房屋租赁证》的责令限期补办手续，并可以罚款"，而具体由哪个机关执行、罚款数额是多少，没有一个很细致的规定，因此，这个制度规定得比较简单，执行力不强，仅仅是个摆设而已。2010 年 12 月 1 日，住房和城乡建设部发布《商品房屋租赁管理办法》，废止了《城市房屋租赁管理办法》，商品房屋租赁是指原计划经济体制下的公房租赁以外的房屋租赁，其实就是私房租赁。《商品房屋租赁管理办法》中住房租赁登记备案的规定相较于《城市房屋租赁管理办法》，在基本制度构建上没有太大的区别，仍然保留了房屋租赁合同订立后要进行登记备案的制度，只是删去了《房屋租赁证》的相关规定[1]，但又充实和细化了违反房屋租赁登记备案制度的相关法律责任。[2] 可以看出，《商品房屋租赁管理办法》注意到了《房屋租赁证》制度的不合理现象并对其予以矫正，在法律责任规定上相对要细致得多。但是该办法仍然不能解决国家行政机关干预私

---

[1] 《商品房屋租赁管理办法》第 14 条：房屋租赁合同订立后三十日内，房屋租赁当事人应当到租赁房屋所在地直辖市、市、县人民政府建设（房地产）主管部门办理房屋租赁登记备案。房屋租赁当事人可以书面委托他人办理租赁登记备案。

[2] 《商品房屋租赁管理办法》第 23 条：违反本法第十四条第一款，第十九条规定的，由直辖市、市、县人民政府建设（房地产）主管部门责令限期改正；个人逾期不改正的，处以一千元以下罚款；单位逾期不改正的，处以一千元以上一万元以下罚款。

人合同行为的正当性问题。

我国房屋租赁登记备案制度不同于传统民法中的房屋租赁登记制度。传统民法中的房屋租赁登记制度是指房屋承租人和出租人签订租赁合同之后，向登记机关进行登记，按照公示公信原则，承租人即取得对抗物权的效力。比如法国、日本、瑞士等大陆法系国家的不动产租赁登记制度。住房租赁登记不仅保护了交易关系中承租人的利益，对住房租赁关系承租人的长期稳定的居住利益给予了足够尊重，也保护了买卖不破租赁中承租人的利益，保护了交易安全。但我国住房租赁登记备案制度的制定背景更多的是出于行政管理的需要，缺乏对登记申请人的激励机制，实践中的执行力度也是远远不够的。

（三）我国住房租赁法律控制的特点

1. 我国住房租赁法律控制以合同法为主、以管制法为辅

由于承袭大陆法系的民法传统，我国的住房租赁法律制度主要建构在合同法的体例之下，将住房租赁看作租赁合同行为，在合同法中予以规定，并且设置了买卖不破租赁、承租人优先购买权等制度。但是我国住房租赁法律制度也具有其自己的特色，比如住房租赁登记备案制度。国际上的通行做法是认为房屋登记是私法内的事务，对房屋租赁不进行行政法范畴内的登记备案，而我国目前基于管理的需要，对住房租赁进行登记备案，但这部分制度在整个住房租赁法律体系中占有的份额还是相对较少。总体来说，我国住房租赁法律制度基本上是以合同法为主、以管制法为辅。

2. 我国住房租赁法律控制还没有形成完整的体系

我国现行住房租赁法律控制起步较晚，还没有形成完整的体系。比如，我国现行住房租赁法律控制里关于租金控制只有零星规定，几乎没有形成有体系的租金控制制度。[①] 相比于其他国家和地区，我国在新中国成立后所形成的住房租赁法律控制制度还很不成熟。买卖不破租赁、承租人优先购买权等制度完全是我国在移植大陆法系民法时"被批发搭售"来

[①] 之所以这么说，是因为我国在新中国成立后到 2011 年之前没有关于租金控制的制度。2010 年住房和城乡建设部颁布《商品房屋租赁管理办法》，该办法第 9 条规定"出租人应当按照合同约定履行房屋的维修义务并确保房屋和室内设施齐全。未及时修复损坏的房屋，影响承租人正常使用的，应当按照约定承担赔偿责任或者减少租金"。此项规定明确租房人在租赁期不得提高租金，这也是我国新中国成立后法律首次出现租金控制方面的规定。

的，而住房租赁登记备案制度虽然带有一定的管制法特征，但其产生并没有完整的价值理念、原则等理论作支撑，完全是在实践中因为需要而随机、自发产生的结果，制度之间也缺乏衔接。更为重要的是，我国还没有形成建构住房租赁法律控制制度所需要的最基本的价值理念、原则体系等。因此，我国目前的住房租赁法律控制基本上还没有形成一个由基础理论到具体规则的完整系统。

3. 我国住房租赁法律控制还没有形成独立的立法宗旨

我国现行住房租赁法律控制制度主要来自对大陆法系其他国家相关制度的生硬移植，并不是出于我国自身住房租赁市场的实际需要。房屋租赁登记备案制度确实是为适应对住房租赁市场管理的需要，但并未形成我国住房租赁控制制度的主要特点。国外的住房租赁法律控制基于一定的社会历史时期，为适应一定的社会经济需要而产生。因此，在这样的需求下产生的住房租赁法律控制必然有一定的价值追求，形成独特的立法宗旨。而国外不论大陆法系还是英美法系的住房租赁制度由于经历了类似的社会经济发展轨迹，基本上都形成了对处于弱势地位的承租人倾斜的立法宗旨，而以此为立法宗旨形成的住房租赁控制制度在当时都起到了一定的社会效果。我国由于住房租赁市场起步较晚，并且这一制度是以移植大陆法系合同法制度为主要建构方法，而不是出于对承租人进行保护的立法需求，因此没有形成这一法律体系独特的立法宗旨。我国近代住房租赁控制在当时战争摧残、住房奇缺的状态下起到了缓和住房矛盾、保护承租人利益、维持稳定的住房秩序的作用。当下，城市化的进程正改变着城乡格局和城市人口、住房等状况，外来人口涌入城市尤其是大城市，城市房价居高不下，很多外来的城市建设者和服务者购买力有限，难以通过购买解决住房问题，住房租赁成为其解决安居问题的重要途径。而在很多大城市，租房租金也成为处于弱势群体的承租人不能承受之重。从国外和我国历史经验来看，住房租赁法律控制在我国目前城市化发展的过程中，对于解决低收入阶层的住房问题、缓和城市住房矛盾、平抑贫富差距造成的不满情绪等，具有一定的存在必要。在这样的情势下，我国有必要借鉴国外关于住房租赁控制制度的先进经验，确立向承租人倾斜的立法宗旨。

第二节 我国住房租赁契约管制的必要性分析

一 住房租赁社会经济效果的需求

综观德国、美国等国家和地区的住房租赁法律控制制度,虽然很多制度的产生都是特殊时期应对特殊情况的结果,但是有些制度即使在特殊时期之后仍然留存下来。这些制度之所以能够保留下来,还在于这些制度本身所焕发出的对社会的优益价值。

(一) 住房租赁法律控制能最大限度地保障公民居住权利的实现

住房是人生存的最基础的条件。人们只有居住稳定,才能安居乐业。因此,《世界人权宣言》《经济、社会、文化权利国际公约》等国际文件都将居住权纳入公民基本权利。现代任何一个民主国家,无不将保障公民基本人权作为其基本职责。而保障公民居住权利的实现,既是国家和政府的基本职责,也是其推行其他政策措施、稳固执政地位的基础。因此,各国都将保障公民居住权利作为其基本国策之一。但即使是美国、德国、日本等发达国家也不可能仅凭国家的力量就达到"居者有其屋"的社会目标,住房租赁便成为实现这一目标的替代性措施。而且由于观念的不同,有的国家即使经济比较发达,仍然有相当一部分人不介意住在租住的房子里,比如在德国,约有一半的家庭住在租赁房屋里。因此住房租赁在帮助政府解决居民住房问题、保障居民居住权益方面扮演着不可替代的角色。居住权不仅包括公民拥有可居住的住房,还包括具有舒适、安宁、稳定的居住环境。住宅租赁本身是一种合同行为,是根据当事人的意志建构起来的一种民事合同关系,出租人和承租人的地位本应是平等的。因而,传统的住房租赁将出租人和承租人视为平等的民事主体,对于出租人在合同内的权利不加限制,出租人可以随意抬高租价、终止合同而不受任何约束。这种表面貌似平等自愿的合同行为实质上蕴含着不平等。实践中出租人和承租人往往因为经济实力、市场地位的不对等而使承租人处于弱势地位:首先,出租人往往都是拥有两套以上住房的中产阶级甚至资金实力雄厚的房地产公司,而承租人往往都是无力购房的中低收入阶层,经济实力上的差距常常导致承租人在租赁关系中处于被动的境地;其次,承租人受制于住房奇缺和经济条件的不利地位,对于出租人抬高租金、解除合同的要求也无力辩驳。出租人抬高租金、随意解约等都可能导致承租人居住质量下降以及非自愿性搬迁造成一些社会问题。在这种情况下,必须对出租人的这些行为进行限制,以保障承租人能够避免非自愿性搬迁带来的居住利益损失,最大限度地保障其居住权利的实现。基于上述两点,承租人的境况有待改善。

为了保障承租人的利益,很多国家在住房租赁法中确立了承租人优位的立法宗旨。从德国、美国、日本、我国民国时期实行住房租赁法律控制的起因来看,要么是因为战乱,要么是因为垄断经济的影响,一方面住房供给量无法满足需求,另一方面社会贫富差异确实造成社会矛盾激化。在当时的情况下,承租人无论从社会地位上还是经济条件上确实处于比较弱势的一方。如果不能从法律上对其加以特别的保护,其居住状况难以保障,这必然会影响到社会的稳定。在这样的历史背景下,法律向承租人利益倾斜是顺应社会趋势的。但是在当代,对承租人利益予以保护的立法宗旨受到了怀疑,因为有人认为很难证明承租人一定是弱势的,一定是必须受到保护的。对于承租人必须要受到法律特殊保护这个问题,有学者提出可替换财产和人格财产的理论。美国学者玛格丽特认为,财产可以分为可替换财产和人格财产两类。前者纯粹属于物质方面的,和人格没有直接、密切的联系,这些财产一般都属于可以替换的财产,而通常一般财产都属于可替换财产;后者带有精神、情感方面的因素,和人格具有直接、密切联系,比如住房、结婚戒指和传家宝等除了具有经济价值,还带有情感因素,因此这类财产应当受到法律的特殊保护。在住房租赁关系中,承租人和出租人对房屋都享有财产权,但这个财产权对两者的意义是不同的。对于出租人而言,这种基于出租权利的财产权是可替换财产权;而对于承租人而言,因为租赁房屋属于其自治空间,为其提供人格尊严、人格自由以及个人隐私等基本保障,承租人对于长期居住于此,产生了安定感、归属感等情感,出租房屋于他而言,寄托了很多个人情感在里面,因而他对房屋享有的财产权应该是一种人格财产权。人格财产权比可替换财产权更应该受到保护。[①] 从这个意义上来说,房屋承租人的利益是应该受到特殊保护的。所以,即便是在难以区分承租人是否是弱势群体的场合中,各国住

---

① 周珺:《住房租赁法的立法宗旨与制度构建》,中国政法大学出版社2013年版,第35页。

房租赁法中采取向承租人利益倾斜的立场也不为过。

现代民主国家通过住房租赁控制，从保护承租人利益的立场出发，抑制出租人有损承租人利益的合同行为，有效地调配住房资源，最大限度地满足市场的居住需求，平抑贫富分化所造成的不满情绪。通过这一法律控制，最大限度地保障公民居住权利的实现。

(二) 住房租赁法律控制能够增进社会和谐

单从经济方面考量，住房租赁法律控制带给社会经济价值的增益还值得商榷。第一，一般人认为，配置资源是市场经济所具有的基础性作用。在市场经济条件下，自由、自主、平等和充分竞争的商品交换条件所形成的市场价格分配机制是市场经济的基本特点，市场经济正是通过这种具有客观公平性和合理性的分配方式进行资源的有效配置，达到资源配置效率的最大化，获得最大的经济效益。而住房租赁本身是一种合同行为，是当事人通过自由交易进行租赁房屋的分配，而对住房租赁进行法律控制阻却了自由市场条件下市场自由配置资源的作用，使效益受到减损。第二，对出租人过多的限制会使其利益直接或间接地受到损害（比如租金控制会直接减少其租金收益，解约限制使其无法任意地将房屋出租给愿意出更高价格的人而间接地影响其收益），出租人获利减少，缺乏将房屋投入租赁市场的激励机制，客观上会造成市场可调配住房减少，即租赁房屋供给不足。第三，住房租赁法律控制需要有一个监管机制，需要立法、行政和司法机构等各部门的介入，需要国家付出运行成本，会增加经费支出。第四，住房租赁法律控制可能会导致资源分配不当。[①] 比如，在租金控制之下，那些本来收入相对较高的承租人不能获得与其收入相当的住房，而那些本来只能承担价格比较低廉的住房的承租人反倒因为国家的补贴获得与其经济能力不相当的住房，这种"未将住房分配给对其评价最高的人"的状况是违反经济规律的，从经济学的角度看，是一种"浪费"。[②] 第五，住房租赁法律控制可能会影响劳动力市场效率。比如，在租金控制下，那些保有低租金住房的劳动者为了继续享受福利而不愿意搬到更适合自己发挥劳动技能的地方；或者到更远的地方工作而不退先前的承租房，而选择每天往返，这样也会增加通勤成本。综上所述，采取住房租赁法律控制措

[①] 许德风：《住房租赁合同的社会控制》，《中国社会科学》2009年第3期。

[②] 同上。

施可能会减损经济效益。

但是,从功利主义角度看,住房租赁法律控制对社会和谐的增益作用是确定无疑的。功利主义者认为,将社会福利极大化是社会唯一的目标。从人类的生存状况出发,社会福利指的是一个社会里包括人们的健康、经济状况、快乐和生活质量等因素在内的幸福状况,他所追求和关心的是社会中的每个人都能满足包括社会、经济、休闲等方面的需求,帮助人们过上满意的生活。从社会制度角度出发,社会福利是指能满足人们社会需要的各种方法和政策体系。社会是由单个的人组成,单个人的幸福感提升就意味着整个社会幸福感提升。社会福利通过其制度化的保障机制,最大限度地做到使每个人的幸福感得以提升。社会福利可以提高人们的生活质量,减少因贫富差距造成的生活状况的巨大落差,平抑社会不满情绪,缓和社会矛盾,促进社会和谐。具体到住房租赁,住房租赁法律控制的本质就是一种社会福利,它从承租人利益的角度出发,对处于弱势地位的承租人予以扶助,最大限度地改善承租人的居住状况,提升整个社会的幸福感。承租人这一社会群体居住舒适、安定,有归属感,社会情绪平稳,必然能够增进整个社会的幸福指数,必然能够促进社会和谐。

(三) 住房租赁法律控制能够促进社会公平

住房租赁法律控制被经济学家指责为"经济上的蠢事"[1],原因即在于这种政府干预经济的做法阻碍市场经济的自主性,降低资源使用的效率。诚然,经济学家比较重视效率最大化,但是"有效率地分配资源不必然是为社会或伦理所接受的"[2]。在契约自由的状态下,出租人的自由意志不受任何限制,他可以通过抬高租金、随意解约以寻找愿意出价更高的承租人,在这种情况下,出租人可以获取更高的利润。从这个角度上说,这样的租赁关系是有效率的,但出租人的利润或是效率是以对承租人的不公平为代价的。因此,自由经济下的住房租赁关系在效率和公平的天平上更加倾向于前者,而忽视了对承租人的公平待遇。由于出租人和承租人在社会、经济地位上的不平等,出租人所作出的合同行为必然有利于自己一方,承租人受制于出租人的强势,无法自由表达自己的意愿甚至被迫向出租人提出的严苛条件妥协,这对于承租人来说是极不公平的。这种不公平

---

[1] 谢哲胜:《房租管制法律与政策》,台湾五南图书出版公司1996年版,第71页。
[2] 同上书,第80页。

极易加剧贫富差异的分化,也容易积累社会不满情绪,成为潜在的不安定因素。而住房租赁法律控制通过对出租人行为的限制和约束,对租赁关系中的不公平力量配比进行矫正。因此,它能更好地促进社会公平。

(四) 住房租赁法律控制对于市场失灵有一定的矫正作用

西方早期古典政治经济学家们认为市场经济中的价格机制、供求机制和竞争机制就像一只"看不见的手",自动地调节着经济,构成一个完全竞争的市场,通过市场机制的调节,完全可以有效地达到资源的最优配置,实现帕累托最优。这种市场机制就是自由市场经济,契约自由原则正是和这种经济形式相契合的。但是这种完全竞争的自由市场经济的运作是建立在很多假设基础上的:第一,市场规模比较小,卖者和买者都是小规模的市场参与者,也就是每个出卖者提供的产品数量和每一个买方需要购买的产品数量在市场上占有的份额都是微不足道的,因而每个卖者或买者所做的决策对市场都影响不大。第二,市场上的产品都是同等质量的。这意味着市场上每一个卖主的产品都可以互相替代,其中一个卖主提高价格,所有的买主都可以转而购买其他卖主的产品。第三,市场上每一个参与者都可以自由进出该行业。市场是一个完全自由竞争的市场,不存在任何市场之外的包括法律、社会或资金的障碍。第四,市场主体具备完全的信息和知识,即任何消费者和生产者都确切掌握与自己的经济决策有关的产品信息。以上这些条件只有完全达到,才可能是一个完全竞争的市场,才可能自主调节、达到资源的最优配置。反观住宅租赁市场,这些条件都是不可能达到的:第一,无法确定卖主和买主都必须是小规模的市场参与者。第二,异质性是房地产市场的最基本特点,市场上没有两个完全相同的房屋,即使是面积、户型、楼层完全一样,但位置、周边环境以及因此所带来的差异带给人的感受也不一样。第三,对于承租人来说,即使是没有法律、社会方面的障碍,但是受经济能力的限制,仍然不可能自由进出市场。第四,自由市场理论假设市场是完全透明的、它会灵敏地反映消费者的需求,并将这个信息传导给市场,但是住宅市场被许多不会感应消费者需求的因素所主导着,比如,新的住宅是为了有消费能力的人而建的,住宅市场是不会反映无法付得起最低房价的低收入户的需求的。[1] 基于以上原因,现实中的住宅租赁市场难以有效率地自主分配资源,达到效益最

---

[1] 谢哲胜:《房租管制法律与政策》,台湾五南图书出版公司1996年版,第82页。

大化，也就是说，市场机制的作用无法实现经济资源的合理配置，就出现了市场失灵。① 市场失灵的存在为政府通过调控行为改变资源配置效率提供了一个理由。当市场不能自发调节达到效率最大化时，就需要借助市场以外的力量来矫正。而对于住房租赁来说，当出租人抬高租金、承租人无法承受面临被迫搬家的境遇时，市场不能有效地通过自我调整机制将住房分配给最需要住房的承租人，承租人颠沛流离，幸福感和安定感降低，社会总效益减少，说明资源配置无效率或效率低下，这时就需要政府干预住房租赁市场来矫正市场失灵。

综上所述，从住房租赁的社会经济效果来考量，住房租赁法律控制能最大限度地保障公民居住权利的实现、增进社会和谐、促进社会公平并且在一定程度矫正市场失灵。从这一点来说，对住房租赁进行法律控制还是有必要的。

二 国家行使职能的需要

党的十一届三中全会以来，我国的改革开放取得了举世瞩目的成就。进入 21 世纪，我国经济增长速度进一步加快，经济发展使我们和发达国家的差距缩小，我国居民的收入水平和生活水平也大幅提高，但随之也带来贫富差距不断扩大的问题。② 贫富差距过大必然会带来很多的社会不安定因素。目前，我国正在加速推进城市化进程，住房问题是贫富差距拉大所引发的诸多社会矛盾中比较突出的一个。贫富差距使不同阶层的居民对住房产生差异化需求，即住房分层。③ 住房分层既是贫富分化的结果，又是贫富分化的起点；既反映贫富分化，又能加剧贫富分化。④ 由中国社会

---

① 胡代光、周安军编著：《当代国外学者论市场经济》，商务印书馆 1996 年版，第 16—17 页。

② 根据国家统计局资料显示，我国国内生产总值自 1978 年的 3645.22 亿元增加到 2014 年的 636138.7 亿元，增长了 632493.48 亿元。短短 36 年，我国国内生产总值较 1978 年增长了将近 175 倍，增长速度惊人。现今中国已经成为世界第二大经济体。但同时我国居民收入差距也在不断加大。自 2000 年起至 2016 年，我国已经连续十六年基尼系数高于国际公认的基尼系数警戒线 0.4，这说明我国居民收入的差距很大。参见杨璐《浅析中国居民收入差距的现状和原因》，《中外企业家》2015 年第 12 期。

③ 住房分层即住房无产者（无产权房阶层）、有产者（有产权房阶层）和富有者（多产权房阶层）三分格局的状态。

④ 刘祖云、毛小平：《中国城市住房分层：基于 2010 年广州市千户问卷调查》，《中国社会科学》2012 年第 2 期。

科学院财经院、中国社会科学院城市与竞争力研究中心及社会科学文献出版社共同举办的"《住房绿皮书：中国住房发展报告（2014—2015）》发布暨经济新常态下的中国住房发展研讨会"提到 2013—2014 年我国"住房投资投机全面退潮，商品住宅首现过剩"①。虽然我国商品房库存过剩，但仍有相当一部分城市居民因为支付能力有限而无力购置房产。按照联合国每人每天 1 美元收入的标准，我国仍有 1.5 亿人口生活在贫困线以下，而且地区和城市之间存在着比较严重的经济发展失衡现象。如此情况下，保障人人"有房产"不太现实，但是保障人人"有房住"符合当前我国经济社会发展的实际状况，还是有可能的。我国《宪法》规定"国家尊重和保障人权"，居住权是人生存发展的最基本的权利、是人权中最基础的内容，而保障"人人有房住"就是保障公民的居住权利、就是保障人权，因而国家在这里担负着重要的职责。

我国城市低收入群体获得租住房的路径有两条：第一，通过国家社会福利保障制度达到"有房住"的状态。即通过公租房形式获得房屋的居住权。第二，通过租赁方式获得房屋的居住权。当前，我国的住房租赁市场仍然存在很多问题，比如群租现象带来很多社会矛盾，有的租赁房屋居住条件恶劣，有些地方尤其是大城市租金过高、房屋条件和租金不成正比，如此种种，带来很多社会问题。这些都成为潜在的社会不安定因素，同时也为社会管理的介入提供了理由。因此，不论从社会管理的角度，还是保障公民居住权利的角度，对住房租赁进行法律控制都是有必要的。国家通过住房租赁法律控制，一方面行使社会管理职责，另一方面保障公民基本居住权利的实现，这也是当前经济环境下国家行使职能的一个方面。

三 我国住房租赁管制实施的法理障碍

大陆法系民法里有一些古老而基本的原理或原则一直为大陆法系国家所崇尚和坚守，而这些基本原则和原理因其符合市场经济中对一般市场元素的基本需要而为我国民法所沿袭：首先是契约自由原则。大陆法系合同法里最古老、最基本的原则就是契约自由原则。契约自由原则发轫于罗马万民法上所体现的契约自由思想，在经历了漫长的中世纪之后，契约自由

---

① 《住房绿皮书：中国住房发展报告（2014—2015）》，2014 年 12 月，中国不动产（http://www.chinahouse.info/html/BDCZX_scdt/2014-12/31/10_56_23_141.html）。

思想又以其独特的魅力影响着近代民法特别是契约法，18、19世纪在近代资本主义商品经济、资产阶级的民主政治制度、自然法和人文精神等的综合影响下，契约自由思想发展到了至高无上的地步。"自由权利为天赋人权，这不仅是政治权利，而且也表现为私法上的权利。"[①] 这个被普遍接受的观念把契约自由推向了顶点，契约自由不仅在大陆法系，甚至在英美法系也成为法律的核心价值。我国在制定合同法时就坚持了这一古老原则，《合同法》第4条中规定的"意思自治原则"就是对这一原则的具体体现。[②] 按照这一原则，在住宅租赁合同关系里，租赁双方可以自由议定合同的内容，可以自由选择租赁关系的对方当事人，也可以自由作出缔约还是不缔约的决定。其次，是所有权绝对原则。所有权绝对原则是指所有权人对自己享有所有权的物具有绝对的、排他的所有权，不受任何来自外力的干涉。按照这一原则，处于住宅租赁关系中的出租人对自己拥有所有权的住宅享有占有、使用、收益和处分的权利，除非涉及公共利益的需要，任何其他人不能干涉。再次，合同双方当事人权利义务平等原则。该原则是指缔结合同的双方当事人拥有平等的权利、承担平等的义务。按照这一原则，在住宅租赁关系中，出租人和承租人的权利义务是对等的。最后，是债的相对性原理。债的相对性原理在合同中指合同只对双方当事人发生效力，第三人不介入合同关系。按照这一原理，在住宅租赁关系中，租赁合同的权利义务只针对出租人和承租人发生效力，对合同外的第三人不发生效力。我国私法体系的构建深受大陆法系的影响，虽然我们到现在还没有一部民法典，但是我国在构建自己的民法体系时也在尽量汲取大陆法系的精髓。以我国现有立法例来讲，住房租赁属于合同行为，是当事人通过租赁合同建立起来的合同关系。因此，我国的住房租赁法律制度主要建构在合同法的体例之下，住房租赁在私法领域内基本上可以纳入合同法律规范里。既然是合同关系，就应该严格遵循民法的相关理论和原则，按照这些理论和原则构造自己的制度。所以，以上我们所说的契约自由原则、所有权绝对原则、合同双方当事人权利义务平等原则、债的相对性原理成为我国住房租赁法律关系中必须遵循的原则和原理。

但是，沿袭大陆法系的传统，我国住房租赁法律控制体系中同时设立

[①] 李永军：《合同法》，法律出版社2010年版，第45页。
[②] 《合同法》第4条：当事人依法享有自愿订立合同的权利，任何单位和个人不得非法干预。

了买卖不破租赁制度、承租人优先购买权制度、解约限制和房屋租赁登记备案制度。而这几个制度却有违这几项原则,成为纯正私法体系中常常令人质疑的异数:首先是买卖不破租赁制度。买卖不破租赁制度不为住房租赁制度所专有,我国的买卖不破租赁没有区分动产与不动产,只是概括地规定包括住房租赁在内的所有财产租赁都适用买卖不破租赁制度。根据这项制度,通过合同关系建立起来的债权关系中的债权人即承租人获得了对抗物权人即出租人和买受人的效力,也就是说,已经成立的债权可以对抗出租人对租赁物物权上的处分,就是债权对抗物权,这违反了所有权绝对原则。同时,买卖不破租赁阻止了出租人在租赁期内再处分租赁物的自由,出租人不能和任意第三人缔结转移物权的契约,出租人作为物权人的缔约自由被限制。买卖不破租赁同时也限制了买受人缔约后的效果。因此,买卖不破租赁有违契约自由原则。其次是优先购买权制度。和买卖不破租赁很类似,承租人优先购买权制度也是以承租人的债权对抗出租人作为租赁房屋所有权人选择交易相对人的自由,显然,这项制度既限制了出租人的契约自由,又限制了出租人的所有权。再次是解约限制,我国合同法里关于解约限制只有少量、分散的规定,基本上我国的住房租赁解约限制还没有形成一个完整的制度体系,而这项制度本身也如买卖不破租赁和优先购买权一样,对出租人的合同自由进行了限制,也限制了出租人的所有权。最后是房屋租赁登记备案制度。我国实行房屋租赁登记备案制度,由行政机关对房屋租赁实行登记备案,之前的《城市房屋租赁管理办法》规定登记备案之后由登记机关发出的《房屋租赁证》是租赁行为合法有效的凭证。相较于《城市房屋租赁管理办法》,现在的《商品房屋租赁管理办法》对于住房租赁备案登记虽然取消了《房屋租赁证》效力的规定,但又增加了违反房屋租赁登记备案规定应当受到行政处罚,因而房屋租赁登记备案仍然是一个行政强制行为,与之前的规定没有太大区别。[①] 这个制度颠覆了以往合同行为只要合同当事人意思自愿、不违反法律的强制性规定,合同行为即合法有效的规定,这也违反了契约自由原则。总之,我国涉及住房租赁关系的买卖不破租赁制度、承租人优先购买权制度、解约限制和房屋租赁登记备案制度违背了私法的一些古老、传统的原则和

[①] 这部分内容在本章第一节之二"我国现行住房租赁的法律控制"之关于住房规制的公法规制中已有阐述,这里不再赘述。

理论。

20 世纪 80 年代末，我国开始启动房地产市场，由此逐步开始了房地产法律体制的构建。住房租赁市场也只是在房地产市场相对成熟、私有房屋数量达到一定程度之后才开始形成。住房租赁法律体制形成较晚、制度还不够完善。国际上通行的某些住房租赁法律控制制度还没有在我国确立下来，比如租金控制、解约管制、可居住性默示担保规则和押金管制等。这些制度来源于英美法系的实践，主要表现为管制法形式。但是住房租赁在我国总体上属于合同行为，对于私法领域内的合同行为进行公法上的管制，目前我国的法律体系还不能为其提供充足的法律依据。综上所述，我国现有住房租赁法律由于承袭传统民法，而传统民法中有些制度与传统理论本来就相互矛盾，在民法体例中难以找到合理的解释和依据。而在我国现有制度中，如果借鉴和引进英美法系中的住房租赁管制制度，显然也难以找到合理的依据。因此，我国现有的住房租赁法律体系无论是对本身制度的自圆其说还是对国外制度的引进，都存在一定的法律障碍。

四　我国住房租赁管制实施的物理障碍

（一）住房租赁市场还未发育成熟

我国的市场经济起步于 20 世纪 80 年代末 90 年代初，房地产市场起步更晚一些。从新中国成立后到改革开放前我国一直实行计划经济，计划经济下城市实行福利住房政策，城市居民住房非常紧张。20 世纪 90 年代中后期，我国逐步开放房地产市场，房地产市场才逐渐注入商品经济的因素，在住房制度上，由以前的国家包、福利包逐渐向住宅商品化转变。我国房地产市场开放之时，市场经济起步不久，社会主义市场经济秩序有待梳理，房地产市场一路走来，也会遇到很多新情况、新问题。到目前为止，还未形成完全、有序的市场环境。房地产市场改革开放之初，市场的主要任务是加快住房建设，大力推动住宅商品化，通过大量住房涌入市场的方式缓解城市居民住房紧缺的矛盾。在城市居民自住住房还没有解决的时候，市场上并没有过多的富余住房用来出租。因此，住房租赁市场是近年来房地产市场发展的一个新变化，作为房地产市场一部分的住房租赁市场，也是住宅商品化发展到一定阶段的产物。伴随着我国近年来城市化的加速发展、贫富差距加剧的现实状况，住房租赁市场的压力也不断增大，加之我国对于房地产市场并没有积累太多的管理经验，目前的住房租赁市场还没有完全发育成熟。

(二) 住房租赁市场比较混乱

近年来，随着城市化的加速发展和地区经济发展的不平衡，大批人口涌入一些发达城市。而在这些城市里，由于土地的稀缺性，房价暴涨。外来人口没有经济能力购置自有房屋，租赁住房成为其解决居住矛盾的主要方式。由于城市低收入人口住房问题非常突出，加之我国在这方面缺乏管理经验，住房租赁市场乱象丛生。表现在：第一，租住房屋条件恶劣。由于市场缺乏监管，经济条件差的承租人对廉价租赁房的需求使其放弃话语权，租赁房屋的居住条件难以获得保障。租住房屋的卫生、安全设施不到位，普通的适居条件都难以达到；出租人逃避适住性责任，市场上群租房、胶囊公寓等忽视对人的人文关怀的房屋到处可见，这不仅仅使承租人自身的居住权益难以获得保障，恶劣的居住条件还容易触发邻里纠纷，引起一系列社会问题。第二，承租人的权益难以获得保障。在城市低收入人群中，廉价租住房屋的供给与市场需求之间的矛盾还是比较紧张的。出租人利用自己在租赁关系中的优势地位，随意抬高租金、终止合同、加收押金、逃避适住性义务等，承租人面临极不稳定的居住状态，其居住权益很难得到保障。基于以上的理由，我国的住房租赁市场有必要进行管制。

本章小结

我国近代住房租赁制度在移植大陆法系传统的背景下以及战乱等经济环境的影响下，基本上形成了稍具体系的住房租赁法律制度。新中国成立后到改革开放前我国实行计划经济体制，以行政管制为主，在住房租赁上基本丢弃了原先已经形成的住房租赁法律制度。改革开放以后，我国在建构房地产法律制度体系的同时，也在建构住房租赁法律制度体系。在住房租赁制度方面，我国承袭大陆法系的传统，将其纳入合同法领域；但由于受到计划经济下行政管制的影响，有一些制度还在继续沿用管制法来处理。这反而促成了我国目前住房租赁法律制度公私兼具的特点。只是我国目前的住房租赁法律控制仅仅是制度层面的建构，理论层面还需要进一步铺垫。

对于住房租赁契约管制理论在我国应用的必要性，我们可以从这几个方面来考察：第一，从社会和经济效果的角度看待住房租赁法律控制，其具有最大限度保障公民居住权利的实现、增进社会和谐、促进社会公平、矫正市场失灵的作用。就我国目前的国情来看，由于我国正处在城市化进程中，地区间经济失衡现象还比较突出，要保障在城市中的人都"有房住"，住房租赁应该是一个比较现实的途径。第二，从国家行使职能的角度看，为了保障城市里属于弱势群体的无房居民在住房租赁中获得法律和制度的保护，国家对这一制度进行调控是必不可少的。这也是国家行使社会管理职责、保障公民基本居住权利实现的一个表现。从比较法的角度看，几乎所有采取市场经济的国家和地区基于市场经济运行规律和国家职能行使的考虑，都在进行住房租赁法律控制。而我国正在进行的住房租赁市场是房地产市场的一部分，更是市场经济的一部分，对市场进行国家干预是当下实行市场经济的国家的共同点，学习西方发达资本主义国家住房租赁法律控制的先进经验，结合我国近代史上住房租赁法律控制的历史经验和现实状况，对我国住房租赁进行法律控制也是很有必要的。第三，从我国目前住房租赁管制面临的法律障碍看，一方面，我国主要借鉴大陆法系的法律传统，而现代大陆法系中关于住房租赁法律控制的一些制度与传统大陆法系中的原则相背离，比如对出租人限制的制度与契约自由原则相背离，等等；另一方面，面对英美国家关于住房租赁的相关管制制度，我们又缺乏英美法系的理论和制度基础。我们在进行住房租赁法律控制制度建构时，还需要作一个选择。第四，从我国住房租赁管制面临的物理障碍看，我国住房租赁市场尚未发育成熟，还比较混乱，加之我国在这方面缺乏管理经验，市场上还存在很多诸如租住房屋条件恶劣、承租人的权益难以获得保障的现象，这不利于城市的发展、居民生活质量的提高、社会秩序的稳定等。综合以上四个方面的情况，我国在住房租赁方面有必要进行管制。而基于我国住房租赁以合同法为主的体例特点，对住房租赁管制的改革也主要是以合同法为基础展开，从中寻求理论突破和创新。因此，本书将我国住房租赁管制称为"住房租赁契约管制"。

第五章

住房租赁契约管制在我国的建构

第一节 我国住房租赁契约管制的确立

一 我国住房租赁契约管制的立法宗旨

我们这里谈到的住房租赁是一种平等主体之间的合同关系，合同关系本来应该是以私法自治为核心，贯彻平等、自愿原则的，国家不应对其过多干预。但在当前，我国的住房租赁仍然具有特殊性，客观上要求法律对承租人进行特殊保护。我国目前住房租赁的特殊性表现在：第一，租赁双方市场地位不对等。由于我国目前正处在城市化发展的过程中，城市中涌入大量人口，尤其是比较发达的城市，吸引了大量农村剩余人口和希望在城市里谋求更好发展的人。这些人中的大多数不能立刻获得自有住房，而原先在城市里拥有住房并且将其出租的出租人在市场中就占据优势地位。出租人不论是在订立合同时还是在履行合同时，都可能利用自己的优势地位，基本不给承租人与之协商的机会，租金、居住条件等往往都由出租人单方决定，承租人没有任何讨价还价的余地。出租人这么做，也根本不用担心自己的房屋租不出去，毕竟市场上对租赁房屋的需求量足以保障其出租房屋愿望的实现。这种租赁双方在市场上不对等的地位使承租人难以获得与出租人平等协商的机会，因此，其正当、合理的利益需求也无法获得保障。第二，租赁双方合同利益不对等。在住房租赁合同中，租赁双方的合同利益是有差异的。出租人希望通过租赁合同的履行获得一定租金收益，而承租人则希望满足自己及其家人的居住利益。常言道："安居才能乐业。"居所是个人生存发展的前提条件，通过租住房屋，承租人可以获得满足其居住需求的最基本的物质生活条件；而且居所是个人活动的中心场所，个人居所的品质直接影响到个人生活、学习、工作等各个方面；还有，居所也是个人家庭之所在，是个人与其他家庭成员栖息的基础场所，因而也会影响整个家庭成员的生活、关系和感情。而承租人正是通过租住房屋获得以上居住利益的。相比于出租人获得租金的纯粹财产利益，承租人这种居住利益带有感情因素，是不可复制或者不可替换的。美国学者玛格丽特将这种带有人格和感情因素的财产界定为人格财产，与之相对的不带有人格因素的财产称为可替换财产，她认为，诸如住房、传家宝、结婚戒指等都属于人格财产，人格财产是不可替换的，因而比可替换财产更应当受到保护。[①] 而对于租赁关系来说，出租人的租金利益属于可替换财产，承租人的居住利益属于人格财产，因此承租人基于合同的居住利益更应当受到保护。第三，租赁双方经济实力不对等。众所周知，一般的租赁双方关系中，出租人都拥有相对雄厚的经济实力，而承租人的经济基础一般都要弱一些。而就我国目前城市住房租赁的现实看，出租人一般都是拥有两套以上住房的人，承租人往往是中低收入阶层，由于受到经济能力的限制，承租人在租房时考虑更多的是租金，对于适住性问题往往不予过多考虑，而当租赁出现问题时，承租人也往往不能获得法律上的帮助。

综上所述，我国的住房租赁市场虽然和美国、德国等国家在成因、背景上有所不同，但是在承租人需要特殊照顾这一点上是相同的。因此，我国在构建自己的住房租赁契约管制制度时，应当将对承租人进行倾斜性保护作为立法宗旨，以此为基础进行具体法律制度体系的搭建。

二 我国住房租赁法律的性质

自1992年开始建立社会主义市场经济秩序以来，我国的房地产市场也在不断发育壮大，作为房地产市场一部分的住房租赁市场也是不可忽视的。在大陆法系中，住房租赁被看作一种合同关系，而合同行为被看作私人行为，主要受民法调整。承袭大陆法系传统的我国主要将住房租赁制度规定在合同法中。《合同法》第13章"租赁合同"中的规定适用于住房

[①] Margaret Jane Radin, "Property and Personhood"，转引自周珺《美国住房租赁法的转型：从出租人优位到承租人优位》，中国法制出版社2011年版，第35页。

租赁合同法律关系，其中第 230 条关于"承租人优先购买权"、第 234 条关于"承租人在租赁期间死亡时对出租人之解约限制"的规定是专门调整住房租赁关系的。《合同法》是我国住房租赁领域效力层次最高的法律，因此，可以认为我国住房租赁法律控制主要是以私法为主的。在管制法方面，现行《城市房地产管理法》第四章用四条规范对房屋租赁作了概括性规定具有，强调住房租赁应当执行国家和政府的租赁政策，奠定了住房租赁国家管制的基调，并确立了房屋租赁登记备案制度。[①] 但是，这些规定具有概括性、原则性，实践操作性不强。建设部曾于 1995 年 5 月 9 日发布、并于 1995 年 6 月 1 日起施行《城市房屋租赁管理办法》。2010 年 12 月 1 日，住房和城乡建设部发布《商品房屋租赁管理办法》，该办法于 2011 年 2 月 1 日起施行，此前的《城市房屋租赁管理办法》同时废止。这两个办法都属于部门规章，效力层次比较低。目前施行的《商品房屋租赁管理办法》第 3 条首先确定房屋租赁应当遵循私法中的平等、自愿、合法和诚实信用原则[②]，继而又从管制法的角度对之前属于合同关系或者私法权利的如转租、协议租金、群租等进行了规制，使之演化为管制法框架下的租赁规制、租金控制和抑制群租等；《商品房屋租赁管理办法》在《合同法》框架下，进一步明确了租赁双方对租赁房屋进行维修以及合理使用等义务；进一步细化了优先购买权等法律制度、房屋租赁登记备案制度，等等。《商品房屋租赁管理办法》虽然效力层次低，但是体现了国家对住房租赁进行管制、侧重保护承租人权益、稳定租赁关系的意图。也就是说，目前我国住房租赁法律控制制度的性质既有私法属性的一面，又有公法属性的一面，即以私法为主、公法为辅，这与其他大陆法系国家如德

---

① 《城市房地产管理法》第 53 条：房屋租赁，是指房屋所有权人作为出租人将其房屋出租给承租人使用，由承租人向出租人支付租金的行为。

第 54 条：房屋租赁，出租人和承租人应当签订书面租赁合同，约定租赁期限、租赁用途、租赁价格、修缮责任等条款，以及双方的其他权利和义务，并向房产管理部门登记备案。

第 55 条：住宅用房的租赁，应当执行国家和房屋所在城市人民政府规定的租赁政策。租用房屋从事生产、经营活动的，由租赁双方协商议定租金和其他租赁条款。

第 56 条：以营利为目的，房屋所有权人将以划拨方式取得使用权的国有土地上建成的房屋出租的，应当将租金中所含土地收益上缴国家。具体办法由国务院规定。

② 《商品房屋租赁管理办法》第 3 条：房屋租赁应当遵循平等、自愿、合法和诚实信用原则。

国、日本住房租赁法律的性质比较相似；并且，我国目前的住房租赁法律正在从以私法为主逐渐向国家对私权进行干预转型，而这种对合同进行管制的做法正契合了本书所提出的契约管制理论。

第二节 适住性管制制度

一 我国关于适住性管制的现有规定

我国《合同法》第 220 条、第 221 条将租赁物的维修义务分配给出租人，第 233 条是关于房屋危及承租人安全或健康时承租人处理模式的规定，即以承租人解除合同条件的形式要求租赁物不得危及承租人的安全或健康，而不是以出租人适住性保障义务的形式规定的。[①]《城市房屋租赁管理办法》在适住性方面规定得要具体一些，该办法第 6 条规定不得出租的房屋时，明确不符合安全标准的和不符合公安、环保、卫生等主管部门有关规定的房屋不得出租；同时，该办法第 21 条还规定了出租人的房屋修缮义务。[②] 该办法于 2011 年 2 月 1 日《商品房屋租赁管理办法》施行时被废止。《商品房屋租赁管理办法》第 6 条和第 9 条基本延续了《城市房屋租赁管理办法》中关于出租房屋标准和出租人修缮义务的规定，第 8

---

① 《合同法》第 220 条：出租人应当履行租赁物的维修义务，但当事人另有约定的除外。

第 221 条：承租人在租赁物需要维修时可以要求出租人在合理期限内维修。出租人未履行维修义务的，承租人可以自行维修，维修费用由出租人负担。因维修租赁物影响承租人使用的，应当相应减少租金或者延长租期。

第 233 条：租赁物危及承租人的安全或者健康的，即使承租人订立合同时明知该租赁物质量不合格，承租人仍然可以随时解除合同。

② 《城市房屋租赁管理办法》第 6 条：有下列情形之一的房屋不得出租：（一）未依法取得房屋所有权证的；（二）司法机关和行政机关依法裁定、决定查封或者以其他形式限制房地权利的；（三）共有房屋未取得共有人同意的；（四）权属有争议的；（五）属于违法建筑的；（六）不符合安全标准的；（七）已抵押，未经抵押权人同意的；（八）不符合公安、环保、卫生等主管部门有关规定的；（九）有关法律、法规规定禁止出租的其他情形。

第 21 条：出租住宅用房的自然损坏或合同约定由出租人修缮的，由出租人负责修复。不及时修复，致使房屋发生破坏性事故，造成承租人财产损失或者人身伤害的，应当承担赔偿责任。租用房屋从事生产、经营活动的，修缮责任由双方当事人在租赁合同中约定。

条则对出租房屋的人均租住面积以及厨房、卫生间、阳台和地下储藏室的使用做了限定。①同时,此条款还被普遍认为是我国目前仅有的对群租进行限制的法律规定。综观我国对住房租赁适住性的规定,《合同法》第220条、第221条仅仅是明确了房屋出租人的维修义务;第233条从承租人角度对房屋的安全保障作了规定,只是把对房屋的安全保障作为承租人解除合同的条件,而不是作为出租人的义务,这就使这项规定更加具有任意性,即对于不符合安全保障的房屋,承租人能做的就是解除合同,出租人不需承担任何强制性义务。《商品房屋租赁管理办法》作为管制法,对租赁房屋的安全保障、居住条件和房屋维修义务等做了强制性规定。但是,由于《商品房屋租赁管理办法》仅仅是一部部门规章,效力层次比较低,即使该办法也规定了法律责任,但是其中的适住性相关制度在实践中并未得到很好的落实。而且,总体来说,我国目前的住房租赁法律中关于适住性的规定基本上都是一些间接性规范、任意性规范,而很少对房屋适住性进行正面规范、强制性规范,法律规定并未形成一个完整的体系,而且这些法律中只是对出租人的维修义务和瑕疵担保义务作了一些一般性规定,这些都制约了其对承租人予以保护的作用发挥。

二 关于我国适住性管制的完善建议

在今后住房租赁适住性法律制度的构建中,我国有必要对住房租赁法律制度中的适住性管制进行完善:首先,要明确适住性的内涵。房屋适住性是指住宅安全、舒适、健康、适于居住。把握住这一适住性的内涵,就可以在实践中有的放矢,围绕这一主线,建构关于房屋适住性的法律制度。其次,要以效力层次高的管制法取代任意法以及某些效力层次低的管制法。再次,明确出租人的适住性担保义务。对于出租人提供的住宅,必

---

① 《商品房屋租赁管理办法》第6条:有下列情形之一的房屋不得出租:(一)属于违法建筑的;(二)不符合安全、防灾等工程建设强制性标准的;(三)违反规定改变房屋使用性质的;(四)法律、法规规定禁止出租的其他情形。

第8条:出租住房的,应当以原设计的房间为最小出租单位,人均租住建筑面积不得低于当地人民政府规定的最低标准。厨房、卫生间、阳台和地下储藏室不得出租供人员居住。

第9条:出租人应当按照合同约定履行房屋的维修义务并确保房屋和室内设施安全。未及时修复损坏的房屋,影响承租人正常使用的,应当按照约定承担赔偿责任或者减少租金。房屋租赁合同期内,出租人不得单方面随意提高租金水平。

须符合适合居住的条件，即房屋必须安全、卫生、适合居住；出租人要承担维修义务等。复次，法律应该明确房屋适住性的标准。比如房屋、地板、墙壁、楼梯无破损，门窗完好，管道、水电、天然气设施、暖气设施等符合正常使用的状态，卫生设施完善，房屋符合建筑法、规划法、卫生法中关于健康、安全的规定等。最后，应当明确出租人违反适住性义务的法律后果。当出租人违反适住性义务时，法律应当赋予承租人拒绝支付租金的抗辩权；承租人还可以向主管机关申请强制令，主管机关可以以行政强制的方法强制出租人履行义务；出租人违反适住性义务造成承租人人身和财产损害的，承租人有权要求损害赔偿，造成精神损害的，还可要求精神损害赔偿；出租人违反适住性义务的，承租人还可单方终止合同等。

第三节 租金管制制度

一 我国实施租金管制的必要性

租金控制是在美国、德国等国家住房租赁法律控制中比较常见的制度。美国的租金控制主要以管制法的形式出现，德国的租金控制兼具公法和私法的内容。我国在当前城市化进程中，大量农村人口涌入城市，在北京、上海、深圳等大城市中，由于购房价格不断走高，大量的城市人口也逐渐加入到租赁住房大军中。租赁住房已经成为城市里比较普遍的现象，而一些城市和地区由于租赁住房的需求量高，租金上涨成为住房租赁中一个很重要的矛盾。因此，为了维护住房市场的经济秩序，维护社会稳定，国家有必要设立租金控制制度。这既是对国外住房租赁市场先进管理经验的借鉴，也是顺应我国住房租赁市场经济形势的需要。2011年的《商品房屋租赁管理办法》（以下简称《办法》）第9条第2款是我国法律中首次出现对租金进行管控的规定。[①]《办法》是一部管制法，这部法律中出现对租金的规定说明我国对租金控制的法律规制倾向于公法。但是《办

[①] 《办法》第9条：出租人应当按照合同约定履行房屋的维修义务并确保房屋和室内设施安全。未及时修复损坏的房屋，影响承租人正常使用的，应当按照约定承担赔偿责任或者减少租金。房屋租赁合同期内，出租人不得单方面随意提高租金水平。

法》中对租金控制的规定不论内容上还是形式上都过于简单，仅仅是规定在租赁合同期内不得单方面提高租金，而类似于美国、德国等国家由政府确定租金标准甚至于德国那样规定出租人过分提高租金者，对其要处以刑罚的规定，我国更是没有。并且，我国法律中对于出租人单方面提高租金仅仅是禁止，这项规定和其他法律还未联动起来，也就是说，因为这项规定并未形成制度体系，使得这项规定不具有操作性，因而为了体现现阶段我国住房租赁法律对承租人的保护，有必要参照国外住房租赁法律中的租金控制法律制度，构建我国的住房租赁租金管制制度。

二 关于我国实施租金管制的制度构想

构建我国租金管制制度，需要进行以下制度设计：（1）对租赁房屋分类设置租金上限。参照德国制定《租金水平法》等做法，由政府牵头，并根据地理位置、房屋状况等对特定租赁房屋设置租金上限，作为租赁双方签订租赁协议时议定租金的参考价格。（2）对租金涨幅进行规定。政府还应根据特定地区的经济发展水平和物价水平，对租金上涨幅度进行限定，允许租金随着经济发展水平和物价水平合理上涨。（3）设置法律责任制度。完善的法律责任制度是一项制度完整的标志，也是法律规则得以圆满施行的保障。德国的租金控制制度就规定了法律责任制度，规定如果租金的涨幅超过一定比例属于违法，涨幅过大时甚至构成犯罪，出租人可能面临刑事处罚。我国在构建自己的租金管制制度时，也应当借鉴国外关于租金控制制度的立法经验，完善相关的法律责任制度。

第四节 解约管制制度

一 我国完善解约管制的必要性

在住房租赁法律里，对出租人的解约权予以限制是保护承租人利益的一项重要制度。租赁房屋是承租人生存和发展最基本的生活条件，出租人突然解约，会对承租人的生活带来重大影响，承租人会陷入流离失所的境地。因此，为了保护承租人生活稳定，对出租人的解约权有必要进行限制。在住房租赁法律控制制度较为完善的国家，一般都对出租人的解约权进行限制。我国在《合同法》中对出租人解约权的限制主要从定期租赁和不定期租赁两个方面进行限制。对于定期租赁的合同解除，法律规定出租人解约时必须具备以下法定事由：（1）承租人未按约定使用租赁物，致使租赁物受到损失的；（2）承租人擅自转租租赁房屋的；（3）承租人逾期不支付租金的。[①]《城市房屋租赁管理办法》也有关于定期租赁合同解除的法定事由：（1）承租人擅自转租承租房屋的；（2）承租人擅自转让、转借或者调换使用承租房屋的；（3）承租人擅自拆改房屋结构或者改变用途的；（4）承租人不支付租金达到6个月以上的；（5）承租人利用承租房屋进行违法活动的；（6）承租人故意损坏承租房屋的。[②] 其中，第2条、第3条、第5条、第6条是《合同法》相关规定之外新增内容，第4条内容较《合同法》第227条则更加具体化。但是，随着《商品房屋租赁管理办法》出台，《城市房屋租赁管理办法》被废止，《商品房屋租赁管理办法》只对"承租人擅自转租的，出租人可以解除合同"予以保留，其余没有再做规定。[③] 相当于对出租人的解约限制进行了瘦身。《合同法》第232条规定：在不定期租赁中，租赁双方可以随时解除合同，但为了避免出租人任意解除合同可能导致承租人陷入无房居住的困窘境地，法律要求出租人单方解除合同时应当在合理期限之前通知承租人，但是对合理期限又没有具体规定，民间的交易习惯一般为2—3个月。[④] 此外，我

---

① 《合同法》第219条：承租人未按照约定的方法或者租赁物的性质使用租赁物，致使租赁物受到损失的，出租人可以解除合同并要求赔偿损失。

第224条：承租人经出租人同意，可以将租赁物转租给第三人。承租人转租的，承租人与出租人之间的租赁合同继续有效，第三人对租赁物造成损失的，承租人应当赔偿损失。承租人未经出租人同意转租的，出租人可以解除合同。

第227条：承租人无正当理由未支付或者迟延支付租金的，出租人可以要求承租人在合理期限内支付。承租人逾期不支付的，出租人可以解除合同。

② 《城市房屋租赁管理办法》第24条：承租人有下列行为之一的，出租人有权终止合同，收回房屋，因此造成损失的，由承租人赔偿：（一）将承租的房屋擅自转租的；（二）将承租的房屋擅自转让、转借他人或擅自调换使用的；（三）将承租的房屋擅自拆改结构或改变用途的；（四）拖欠租金累计六个月以上的；（五）公用住宅用房无正当理由闲置六个月以上的；（六）租用承租房屋进行违法活动的；（七）故意损坏承租房屋的；（八）法律、法规规定其他可以收回的。

③ 《商品房屋租赁管理办法》第11条：承租人转租房屋的，应当经出租人书面同意。承租人未经出租人书面同意转租的，出租人可以解除租赁合同，收回房屋并要求承租人赔偿损失。

④ 《合同法》第232条：当事人对租赁期限没有约定或者约定不明确，依照本法第六十一条的规定仍不能确定的，视为不定期租赁。当事人可以随时解除合同，但出租人解除合同应当在合理期限之前通知承租人。

国《合同法》第 234 条、《城市房屋租赁管理办法》第 11 条和《商品房屋租赁管理办法》第 12 条规定：承租人在租赁期间死亡的，与其生前居住的人可以继续租赁该房屋。① 这项规定也可以被认为是对出租人解约权的限制。总之，我国在出租人解约限制方面规定得非常简陋，住房租赁的期限一般都比较短，承租人对租赁缺乏稳定的预期。由中国人民银行天津分行主持的一项调查报告显示，天津市租赁住房的租赁期限主要集中在 1 年以下，所占比重为 95.8%。② 中国人民银行福州中心支行货币信贷管理处课题组的调查分析可知：在福州，63.8% 的租赁住房合同租期为 12 个月，27.6% 的合同租期为 6 个月③，近年来，房屋中介的兴起在很大程度上加剧了这一现象，北京大多数中介机构的格式文本中的租赁期限都是 1 年。④ 而中国人民银行福州中心支行货币信贷管理处课题组所作的调查报告还显示：在问及被调查人"买房前是否考虑过租房"时，81.09% 的借款人表示不曾考虑租房。在问及"考虑过租房，仍然选择买房的原因"时，57.69% 的借款人认为租房没有归属感。⑤ 而且，《合同法》第 13 章中规定较多的都是出租人在承租人不履行某项义务的时候可以解除合同，而出租人单方解除合，除了第 232 条规定出租人应履行提前告知义务之外，对出租人单方解除合同的其他条件则基本不做限制；而即使是第 232 条对提前告知的时间也没有作明确具体的规定。综上所述，我国在解约限制制度方面没有给予承租人充分的关注，这对

---

① 《合同法》第 234 条：承租人在房屋租赁期间死亡的，与其生前共同居住的人可以按照原租赁合同租赁该房屋。

《城市房屋租赁管理办法》第 11 条：租赁期限内，房屋出租人转让房屋所有权的，房屋受让人应当继续履行原租赁合同的规定。出租人在租赁期间死亡的，其继承人应当继续履行原租赁合同。住宅用房承租人在租赁期限内死亡的，其共同居住两年以上的家庭成员可以继续承租。

《商品房屋租赁管理办法》第 12 条：房屋租赁期间内，因赠与、析产、继承或者买卖转让房屋的，原房屋租赁合同继续有效。承租人在房屋租赁期间死亡的，与其生前共同居住的人可以按照原租赁合同租赁该房屋。

② 中国人民银行天津分行课题组：《天津市住房租赁抽样调查情况分析报告》，《华北金融》2006 年第 2 期。

③ 赖永文、张燕等：《2007 年度福州市住房贷款及租赁市场抽样调查分析》，《福建金融》2008 年第 4 期。

④ 许德风：《住房租赁合同的社会控制》，《中国社会科学》2009 年第 3 期。

⑤ 赖永文、张燕等：《2007 年度福州市住房贷款及租赁市场抽样调查分析》，《福建金融》2008 年第 4 期。

于保护承租人居住权益是极为不利的。解约限制制度在国外住房租赁法律比较完善的国家里是非常重要的制度，不论是大陆法系国家还是英美法系国家，解约限制都作为保护承租人的重要制度而存在。当下我国正处在城市化飞速发展的时期，城市发展需要大量的城市建设者和服务者，这其中有很多人需要租房而居，如果这部分人的稳定居住利益都难以获得保障的话，城市发展、社会和谐势必受到影响，这与我国所追求的健康、稳定、高速的经济发展目标不相匹配。因此，我国有必要建构并完善住房租赁解约管制制度。

二 关于我国解约管制的完善建议

我国已有的住房租赁解约限制制度在合同法和管制法里都有规定，但是比较简陋，实践操作性和执行力不强。在构建这一制度时，应该仿效英美法系的管制理论，结合本书提出的住房租赁契约管制的需要，主要以管制法的体例来构建这一制度，力求较好的社会效果。对于具体的制度设计，应当作以下安排：（1）严格限制出租人解约条件，出租人不能随意解约。（2）出租人如果解约，必须在足够期限之前通知承租人，以便承租人可以再找住处，而对于这一"期限"，法律应当作明确、具体的规定。（3）解约管制必须是单向的，也就是说解约管制只针对出租人，对于承租人应当赋予其充分的解除合同的自由。实践中，租赁双方在签订合同时，常常也对承租人设定了解约限制，要求承租人如果解约，必须于一定时间前通知出租人。承租人遇到合适的房源不能立即解除原租约，否则出租人将从承租人所交的押租金中扣除其一定的数额，这个数额习惯上以1—3个月的租金为限，名义上是承租人交纳的违约金。承租人迫于交纳违约金的压力，往往就放弃解除原合同，在原来所租房屋中迁就。所以在设计解约限制制度时，解约限制应该是单向的，赋予承租人比出租人的自由，这样才能真正做到向承租人倾斜、达到对承租人保护的效果。

第五节 押金管制制度

一 我国关于押金管制的习惯做法

住房租赁的押金也叫押租金，其实质就是租赁保证金，是指在房屋租赁中租赁双方约定，由承租方向出租方缴纳一定数额保证金，以担保承租人租金债务的履行、出租房屋中物品的合理使用或者租赁期间可能发生的损害赔偿责任。我国民间住房租赁广泛存在着押租金的现象，但法律对押租金并没有明确规定。一般认为，当事人双方就租金债务或者租赁期间可能产生的损害赔偿责任自行约定保证金属于私法自治的范围，应当是合理的。但是我国住房租赁市场上关于押金还存在着很多问题：一些出租人凭借自己在合同中的优势地位，随意要求押金数额，任意克扣押金，承租人的利益难以获得保障。因此，我国有必要对这一租赁中的合同行为进行管制。

二　关于我国押金管制的制度设计

本书在此，对押金管制制度的构建提出几点设想：首先，对押金的最高限额应该予以明确规定。为了防止出租人利用自己的优势地位任意收取押金，给承租人造成经济压力或损失，法律应该明确押金的最高限额。一般来说，押金除了担保租金的履行，还担保出租房内所配备的家具、家电等其他设施，出租房内的条件不同，承租人所支付的押金也应该不同，押金是随着出租房条件而变化的。美国的押金管理实践中，押金数额以一个月的租金为限。笔者以为，法律以这样的方式确定押金最高数额比较明确具体。其次，对押金的管理和利息收入的归属进行管理。对于租住时间较长的房屋，押金存于银行的利息也可能是一笔可观的收入。因此，对于押金的管理和利息收入的归属也应该有一个明确的规定。对于押金的管理，应该双方商议存于一个特定的账户，对于租赁合同履行期间的利息，应该明确规定由承租人所有。因为押金只是暂时由出租人保管，而实际的所有人是承租人。再次，对押金的抵扣进行规定。实践中，有的出租人在承租人不知情的情况下对押金任意抵扣，待承租人知晓抵扣情形时已经时过境迁，错过了提出异议或者取证的最佳时机，这对承租人是极为不公平的。为了防止出租人抵扣押金的任意性，法律应当对出租人抵扣租金的程序进行规定。需要抵扣时，出租人应当提出抵扣要求，并出具抵扣清单。法律需明确发生抵扣的截止时间，一般以发生抵扣原因之后的两个月之内为宜，以利于承租人搜集证据提出异议。承租人同意的才可抵扣，承租人若提出异议，还需双方商议，必要时还要寻求调节和诉讼来解决，出租人不能私自抵扣。最后，明确房屋退租后出租人向承租人返还押金的相关程序以及出租人违反押金返还义务的法律后果。法律应当规定租赁合同终止后，出租人应于确定的时间范围内返还押金及押金在租赁期间产生的利息。出租人无正当理由非法扣留租金的，承租人可以向行政机关要求行政裁决或者提起诉讼。对于非法扣留押金拒不返还的，法律可以规定除了判处出租人返还押金及非法扣留期间的利息外，承租人还可以主张惩罚性赔偿金，对出租人的行为予以处罚。

第六节 房屋租赁登记备案制度

一 我国房屋租赁登记备案制度的性质与功能

（一）我国房屋租赁登记备案制度的性质

严格意义上说，我国没有大陆法系传统意义上的房屋租赁登记制度，而目前我国和房屋租赁登记制度相关的有房屋租赁登记备案制度。我国《城市房地产管理法》第54条、《城市房屋租赁管理办法》（已废止）第13条和《商品房屋租赁管理办法》第14条均规定了房屋租赁登记备案制度。[①] 这项制度在《城市房地产管理法》立法过程中就引起过激烈的讨论。支持者认为，从社会管理的角度，房屋租赁登记备案制度是有存在价值的，它在进行城市人口和治安管理、提供纳税依据方面可以起到积极作用。反对者则认为，房屋租赁是一个私法行为，市场经济应该尊重当事人个人的意愿，不应该以这种带有浓厚行政色彩的行为干预私权。

《城市房屋租赁管理办法》第16条、第17条规定房屋租赁申请经房产管理部门审查合格后，颁发《房屋租赁证》，《房屋租赁证》是租赁行

[①] 《城市房地产管理法》第54条：房屋租赁，出租人和承租人应当签订书面租赁合同，约定租赁期限、租赁用途、租赁价格、修缮责任等条款，以及双方的其他权利和义务，并向房产管理部门登记备案。

《城市房屋租赁管理办法》第13条：房屋租赁实行登记备案制度。签订、变更、终止租赁合同的，当事人应当向房屋所在地直辖市、市、县人民政府房地产管理部门登记备案。

《商品房屋租赁管理办法》第14条：房屋租赁合同订立后三十日内，房屋租赁当事人应当到租赁房屋所在地直辖市、市、县人民政府建设（房地产）主管部门办理房屋租赁登记备案。房屋租赁当事人可以书面委托他人办理租赁登记备案。

为合法有效的凭证。① 显然，房屋租赁登记备案制度是房屋租赁行为合法有效的条件。而且，根据该条规定，房屋租赁当事人提出登记申请，市、县人民政府房地产管理部门审查合格后，才能颁发《房屋租赁证》，因此可以看出房屋租赁登记备案是行政许可行为。我国当初实行房屋租赁登记备案的初衷是加强房屋租赁市场管理，对房屋租赁价格进行控制，遏制非法出租房屋现象，同时配合城市人口和治安管理，防止国家税收流失。实践中我国的房屋租赁登记备案制度被分解为两种类型：对符合出租条件的房屋租赁合同进行登记，对违法建筑的租赁合同进行备案。因此，房屋租赁登记备案制度无法制止违法建筑进入租赁市场，也就是说，房屋租赁登记备案制度无法实现这一市场管理权能。"随着《行政许可法》的实施，房屋租赁行政审批制也通过地方法规的修改被废止，登记备案只是成为房屋租赁行为纳入市场管理的标志，房屋租赁合同登记备案制度的最初目的根本无法实现。"②《商品房屋租赁管理办法》虽然延续了房屋租赁登记备案制度，但是并未像《城市房屋租赁管理办法》那样，规定房屋租赁登记备案是租赁行为合法有效的间接条件，即房屋租赁登记备案制度并未对租赁合同的有效性造成影响。

综上所述，我国的房屋租赁登记备案制度是一种行政行为，带有强烈的行政化色彩。政府设置这一制度的目的，是想通过对房屋租赁进行登记备案，加强对房屋租赁市场的调控。但是我国关于房屋租赁登记备案制度的立法还存在一些问题：首先，这项制度的执行性不强。除了已经被废除的《城市房屋租赁管理办法》，《城市房地产管理法》第54条只简单提到了房屋租赁双方在签订书面租赁合同之后，应当向房产管理部门登记备案，没有说明这项制度的目的及具体操作方案。《商品房屋租赁管理办法》删去了《城市房屋租赁管理办法》中办理登记备案手续之后取得租

---

① 《城市房屋租赁管理办法》第16条：房屋租赁申请经直辖市、市、县人民政府房地产管理部门审查合格后，颁发《房屋租赁证》。县人民政府所在地以外的建制镇的房屋租赁申请，可由直辖市、市、县人民政府房地产管理部门委托的机构审查，并颁发《房屋租赁证》。

第17条：《房屋租赁证》是租赁行为合法有效的凭证。租用房屋从事生产、经营活动的，房屋租赁证作为经营场所合法的凭证。租用房屋用于居住的，房屋租赁凭证可作为公安部门办理户口登记的凭证之一。

② 李朝晖：《论房屋租赁合同登记备案制度的立法价值目标》，《广西社会科学》2008年第2期。

赁证明效力的规定，对登记备案只是进行程序上的指导，没有说明登记备案的目的。虽然总体上来说房屋租赁登记备案制度是一个强制性规定，但是从《商品房屋租赁管理办法》中也看不出来即使没有遵循这一规定，会对租赁当事人带来类似于租赁合同无效那样的法律后果，仅仅是对当事人予以一定的行政处罚。因此这一制度在实践中的执行力并不大。其次，这项制度设计不合理。《城市房屋租赁管理办法》规定只有进行房屋租赁登记备案，租赁行为始得合法有效。租赁行为是一个典型的合同行为，其合法有效与合同法中评价此合同行为的相关禁止性条款以及当事人间的意思表示一致有关，但该办法以一个行政行为来约束私法范畴的租赁合同行为，以一个部门规章对抗《合同法》的效力，不论是从公私权利的界限还是从法的效力层次来说都是不妥当的。当然，随着《城市房屋租赁管理办法》被废止，《商品房屋租赁管理办法》没有延续这一规定，但是房屋租赁登记备案制度的行政法属性还是被延续下来，还是没有解决公权力介入私法行为正当性的问题。

（二）我国房屋租赁登记备案制度的功能

既然房屋租赁登记备案制度属于一种行政行为，那么这项制度必然具备管理功能。我国设立房屋租赁登记备案制度的目的是进行城市综合管理、避免国家税收流失等，因此，这项制度的首要功能是管理。

传统意义上大陆法系国家房屋租赁登记制度的重要功能是公示功能，通过登记公示，使承租人在出租人将租赁房屋转让于第三人时获得对抗第三人从而继续租赁原房屋的效力，即这种公示功能只存在于买卖不破租赁制度中。从《城市房屋租赁管理办法》的规定看，我国的房屋租赁登记备案制度也具有此项功能。该办法规定《房屋租赁证》是租赁行为合法有效的凭证，而只有登记备案才能取得《房屋租赁证》，因此只有合法的登记备案手续才能使租赁行为合法有效，而合法有效的租赁行为或者租赁合同是当事人转租、买卖不破租赁、优先购买权等制度的基础，因此，在《城市房屋租赁管理办法》立法体系下，我国房屋租赁登记备案制度所获得的对抗力比传统大陆法系国家房屋租赁登记制度所获得的对抗效力要广泛得多，即这一房屋租赁登记备案制度在立法上具有私法上的公示功能。但是，2009年最高人民法院《关于审理城镇房屋租赁合同纠纷案件具体应用法律若干问题的解释》第4条规定："当事人以房屋租赁合同未按照法律、行政法规规定办理登记备案手续为由，请求确认合同无效的，人民法院不予支持……"这说明司法实践中对于房屋租赁登记备案制度的这种公示功能是持否定态度的。《商品房屋租赁管理办法》颁布之后,《城市房屋租赁管理办法》被废止,《商品房屋租赁管理办法》虽然已经不再规定"《房屋租赁证》是租赁行为合法有效的凭证",表明立法上赋予房屋租赁登记备案制度的这种公示功能已经不复存在,但是《商品房屋租赁管理办法》第23条对违反房屋租赁登记备案制度的法律责任又进行了明确,即对违反此法律规定的行为处以行政处罚。① 这说明,在《商品房屋租赁管理办法》体系下的我国房屋租赁登记备案制度是一个具有强制性的行政行为,具有行政管理功能。

总之,我国目前的房屋租赁登记备案制度采取强制登记原则,当事人于法律范围内没有选择是否登记备案的权利,只有登记备案的义务,当事人违反此项义务要受到行政处罚;同时,我国的房屋租赁登记备案制度赋予租赁权的对抗效力仅仅存在于学理讨论中,司法实践中并未赋予租赁权对抗效力。因此,从性质上来说,我国的房屋租赁登记备案是一个行政行为,具有鲜明的公法色彩,发挥管理功能。

二 我国房屋租赁登记制度的价值取向

我国房屋租赁登记备案制度不同于大陆法系传统中的房屋租赁登记。我国的房屋租赁登记备案是一个行政行为,具有强制性和强烈的公法色彩,当事人如果不遵守这项规则,则会受到行政处罚。而传统大陆法系中的房屋租赁登记是一个民事行为,具有任意性和鲜明的私法色彩,当事人如果不选择适用这项规则,则会承受其租赁权不能取得对世效力的不利益。但是,我国的房屋租赁登记制度仍然存在着很多问题,在市场经济发展的今天,我国的房屋租赁登记制度必然要进行改革,因此,我国在建构自己的房屋租赁登记制度时应该有自己的价值选择。

1. 公法管制价值的必要性

我国房屋租赁登记备案制度具有鲜明的公法管制色彩,这个制度是我国所特有的,也遭到了很多质疑:房屋租赁是民法上的合同行为,属于私

---

① 《商品房屋租赁管理办法》第23条:违反本办法第十四条第一款、第十九条规定的,由直辖市、市、县人民政府建设(房地产)主管部门责令限期改正;个人逾期不改正的,处以一千元以下罚款;单位逾期不改正的,处以一千元以上一万元以下罚款。

法范畴,可是房屋租赁登记备案制度以行政管制的方式对私权利进行干预,侵犯了公民的意思自治,因而是不适当的。因此,从理论上说,登记备案这一制度是违背私法理念的。但是,从房屋租赁登记备案制度的功能来说,这项制度确有其存在的必要性:在我国当下城市化进程中,大量外来人口涌入城市,这对城市的管理者提出了挑战。经过登记,政府可以有效进行以房屋承租人为主体的流动人口的户籍、治安、卫生防疫、计划生育、税务、城市规划、城市管理综合执法等行政管理,因此,房屋租赁登记备案是政府进行城市综合行政管理的前置手段。而这一手段在目前我国社会经济发展时期是必不可少的。

2. 私法公示价值的必要性

我国在立法上并未赋予房屋租赁登记备案以民法上权利登记的公示公信效力,也就是说,我国的房屋租赁登记备案不同于日本、瑞士、奥地利等国的房屋租赁登记制度,通过登记赋予租赁权类似于对世权的对抗效力。根据最高人民法院《关于审理城镇房屋租赁合同纠纷案件具体应用法律若干问题的解释》第4条,房屋租赁登记备案对租赁权的民事效力没有产生任何影响。但是,目前我国关于房屋租赁合同中有买卖不破租赁、优先购买权等保护承租人的制度,理论上称为"债权物权化"的表现,即租赁权具有一定的对抗第三人的效力。法律赋予租赁权这种强制性的"对世效力"从传统民法中找不到理论依据。虽然这种保护房屋承租人利益的制度现象在民法的发展中被称为"社会因素的加强"[1]。但是传统民法中并没有产生这种"社会性因素加强"制度的逻辑。"社会性因素加强"的现象是强加于传统民法之上的桎梏,它使得传统民法中的"意思自治""契约自由"等原则发生扭曲。大陆法系的一些国家秉持传统民法观念,通过房屋租赁登记,对这种对传统民法原则的偏离和扭曲进行矫正,以期从立法上平衡这种国家对私法进行干预的现象。无论是日本、瑞士、奥地利等国的房屋租赁登记,或是法国的房屋租赁公证,还是德国的"规定出租人对承租人就受让人债务不履行负无先诉抗辩保证人的责任"的方法,都是以平衡当事人间责任的方法矫正国家对私权干预带来的偏差。我国民法本来是因袭大陆法系的私法传统,但是在保护承租人的相关制度中却直

---

[1] [德]卡尔·拉伦茨:《德国民法通论》(上),王晓晔、邵建东等译,法律出版社2003年版,第74—77页。

接以公权力对私权利施以影响，这样显然是不妥当的。因此，对我国的房屋租赁登记备案制度进行改革，通过赋予租赁权以对抗效力是我国房屋租赁登记制度所应追求的私法公示价值。

综上所述，我国房屋租赁登记备案制度是我国特有的房屋租赁登记制度。按照我国现实情况，应该具有公法管制和私法公示的双重价值。但是，即使是现在房屋租赁登记备案所具有的公法管制的单纯价值也有法律逻辑上的障碍。毕竟房屋租赁是一个合同行为，属于公民私法范畴内的事情，公权力的干预应该有一个界限。但是从我国现有法律状况来看，房屋租赁登记备案制度还没有一个很好的理论支撑。住房租赁契约管制理论是一个公权力介入私权利的理论，可以为政府介入公民房屋租赁合同行为提供正当的理由，即住房租赁契约管制理论破解了我国当前房屋租赁登记备案制度中政府以行政行为介入租赁合同行为理论缺失的问题。

第七节　群租管制

一　我国关于群租问题面临的法律困境

群租不是一个法律概念，实践中对群租概念没有权威的界定。一般认为，群租是将一个大的居住单位分割成若干小单位，各小单位所居住的人互不相识，没有家庭共同生活关系，对大单位的使用属于平行使用关系，即各小单位的人对大单位的功能需求都是全方位的，比如都要长期连续地居住，都要使用此单元住宅所提供的全套设施，即都要利用厨房设备做饭、都要使用卫浴设施等。但即使如此，群租在实践中还是很难认定。比如两个互不相识的家庭各有三口人，共同租住一套130平方米的单元公寓，而这个单元公寓有三室一厅一卫一厨，虽说是两个互不相识的家庭居住于一个大单位，但是人均20多平方米的居住面积无论对承租人还是对他人都没有太大的影响，那么这属于群租还是合租？而群租留给政府法律监管的难题还不仅于此。2012年9月11日，杭州市东方红街小区的业主们和业委会为了"驱逐群租，打响杭州群租第一案"，向江干区人民法院提起诉讼，出于对社会影响以及相关法律法规不健全的考量，法院最终决定不予受理。① 2012 年 10 月 13 日，南京集庆门一高档小区的住户曹先生因不满楼上群租客们的搅扰，拉出"防火防盗防群租"的横幅予以"反击"，可是相关方面均表示无可奈何、无法可依、无法定性。② 综上所述，城市化的进程和房屋租赁市场的活跃，催生出群租这么一个让人爱恨参半的"顽童"，在缓解城市低收入群体住房问题的同时，也因其给居住社区造成的安全管理、噪声、卫生、消防、生活设施透支使用等问题而遭到多方声讨。人们因此痛斥它对城市的安居造成恶劣影响，质疑住房保障不能及时到位，指责政府监管不力，加之近年来因群租引发的民事案件、刑事案件频频发生，群租俨然已经成为"万恶之源"，遭受着各方的舆论谴责。

  与此同时，理论界对于群租的探讨也可谓风生水起。2006 年至 2017 年 5 月，中国期刊全文数据库中以"群租"为主题的文章共 219 篇，从法学的视角，关于群租的观点主要有以下几个方面：第一，群租合法。从宪法或民法的角度出发，群租是公民居住权的表现③，从群租的私法基础上看，群租是当事人私法自治、合同自由的结果④，从这两点看，群租是合法的。第二，政府对群租的整治行为是不合法的。这个结论和上述结论具有关联性，因为既然群租是公民的合法权利，保护公民的权利就是政府的责任，政府对群租应该采取有效的治理措施而不是以公权力强行干预，因而政府对群租的整治是不合法的。⑤ 第三，政府应该对群租进行限制。⑥ 群租房由于其存在的不合理性应该受到公权力的干预，政府介入其中是社会公共利益和秩序的需要，对群租房进行必要的限制是应该的。第四，为

---

① 贝楚楚：《杭州首例群租案被驳回》，2012 年 9 月，新浪网（http://news.dichan.sina.com.cn/2012/09/20/568256.htm）。

② 唐悦：《群租，当真是打不开的死结?》，2012 年 10 月，网易（http://news.163.com/12/1023/06/8EFVK8UD00014AED.html）。

③ 参见以下文献：1. 沈福俊：《城市群租者的居住权保护问题分析》，《行政法学研究》2011 年第 1 期。2. 许浩：《关于京沪租房新规的合法性探析》，《理论月刊》2012 年第 3 期。

④ 参见以下文献：1. 刘春梅：《群租法律问题研究》，《东方企业文化》2012 年第 3 期。2. 石春玲：《"群租"的私法关系与私法保护》，《法治论丛》2008 年第 1 期。

⑤ 参见以下文献：1. 屠振宇：《"群租"整治令与宪法隐私权》，《山东社会科学》2008 年第 4 期。2. 沈福俊：《论群租者居住权保护中的政府责任》，《上海财经大学学报》2011 年第 4 期。

⑥ 徐洪军、薛东琦：《私法公法化视野下的公权干预私权》，《长春理工大学学报》（社会科学版）2008 年第 2 期。

解决群租问题提出了一些法律对策。学者们对群租问题的权利救济进行了一些有益的探索，比如通过完善业主公约①、有条件地剥夺业主的建筑物区分所有权②等方式来解决因群租引发的纠纷。综上可知，理论界关于群租的争论还是相当激烈的。

鉴于群租为城市管理和居民安居带来的诸多困扰，相关政府部门出台了一些法律法规对群租进行规制。2006年11月30日，上海市房屋土地资源管理局发布的《关于加强居住房屋租赁管理的若干规定（试行）》被广泛解读为是对"群租"的禁止③，在这之后，上海、广州、北京等地执法部门相继开展了一系列大规模的整治群租活动，因群租引发的矛盾十分突出。2010年12月1日，住房和城乡建设部出台的《商品房屋租赁管理办法》是我国第一部适用于全国范围的对群租进行禁止的法律④，应该说，它表明了政府对于群租的态度和立场，但这部法律对于群租的治理并未起到很好的效果，这是因为：第一，从法律的层面看，群租确实有其正当性。在房屋租赁中，出租人对自己财产即房屋的处分权利是受宪法和民法等法律保护的。按照传统民法理论，出租人将自己的房屋出租给一人或多人是自己处分权的一部分，其完全可以按照自己的意愿去处分自己的财产，因此从理论上说，群租是个人对自己的财产行使自治权利的结果，是有一定的正当性。这种观点对现实生活中政府管制群租造成了一定障碍。第二，从法律的效力层次上，《商品房屋租赁管理办法》第22条规定对于违反群租禁止性规定的行为要处以行政处罚⑤，但其毕竟是一部部门规

---

① 参见以下文献：1. 史以贤：《论业主自治对专有权的限制》，《上海房地》2014年第3期。2. 宋安成：《"群租"写进业主规约的相关问题——从上海市房地局下发完善业主规约增补规范租赁行为的通知谈起》，《中国房地产》2007年第12期。

② 高峰、刘来双：《"群租"法律问题浅析——以建筑物区分所有权为视角》，《山东审判》2009年第6期。

③ 《关于加强居住房屋租赁管理的若干规定》第1条：居住房屋应当以原规划设计的房间为最小出租单位，不分门进出的客厅、厨房间、卫生间等均不得单独出租；一间房间只能出租给一个家庭或一个自然人，出租给家庭的，家庭人均承租的居住面积不得低于5平方米。

④ 《商品房屋租赁管理办法》第8条：出租住房的，应当以原设计的房间为最小出租单位，人均租住建筑面积不得低于当地人民政府规定的最低标准。厨房、卫生间、阳台和地下储藏室不得出租供人居住。

⑤ 《商品房屋租赁管理办法》第22条：违反本办法第八条规定的，由直辖市、市、县人民政府建设（房地产）主管部门责令限期改正，逾期不改正的，可处以五千元以上三万元以下罚款。

章，效力层次比较低，加之群租有宪法和民法的理论支撑，所以实践中该办法关于群租的禁止性规定的对抗力度和执行力度是远远不够的。

总之，基于群租具有正当性的法律依据和公众对群租的排斥这一对理论和现实之间的矛盾，社会上关于群租的争议远未休止。现实生活里因群租引起的纠纷很多，但能进入司法程序的却很少。比如，截至 2017 年 3 月 9 日，在北大法宝和北大法意两个法律信息数据库中，仅能从北大法宝中搜索到两个群租纠纷的案例报道[1]，即使这两个数据库并不能覆盖所有案例来源，但至少也起到管中窥豹的作用。而这次管中窥豹所得出的结论是实践中大量群租纠纷并不能通过司法程序予以解决，即理论探讨和立法定位并不能从根本上解决群租引发的类似于本小节开头所提到的纷争。因为：首先，群租从理论上讲是合法的。蕴含公民居住和住房权利应予以保障之义的公民居住权和住房权是随着第二代人权——社会权的充实而发展起来的，公民居住权和住房权是人权的基本内容，国家和政府无论是从尊重和保障人权的角度，还是从建立健全同经济发展水平相适应之社会保障制度的角度，都有义务保障公民居住权和住房权。所以群租具有公民居住权和私法自治之正当性的法律依据，即使《商品房屋租赁管理办法》表明了政府对于群租禁止的态度，也只能说明其有违宪之嫌。其次，现有法律规定不能为解决群租纠纷提供有效的支持。根据现有法律规定，解决群租纠纷大致有三个思路：第一条思路：以侵害相邻关系为由来解决。其他业主反对群租的原因无非是群租对于其他业主的生活带来了不便，即构成了一种相邻关系纠纷。但是，如果以侵害相邻关系为由提起诉讼会面临两个方面的问题，一是在现实生活中群租给居住社区造成的安全管理、噪声、卫生、消防、生活设施透支使用等问题往往是概括的，因此对侵害相邻关系的实质性损害的举证会存在困难；二是业主对出租房屋享有建筑物区分所有权，业主把房屋群租出去是行使所有权处分权能的表现，除非群租对其他业主的损害构成明显的实质性侵权，否则，相邻关系是难以对抗建筑物区分所有权的。由此，以相邻关系处理群租纠纷还存在着一定的障碍。第二条思路：以业主擅自改变住宅用途为由来解决。根据《物权法》

---

[1] 这两个案例分别为北京市海淀区人民法院审理的"北京首例因群租引起的业主纠纷案"（法宝引证号：CLI.CR.108979 和 CLI.CR.131372）、上海市浦东新区人民法院审理的上海绿城物业阻止二房东群租的物业服务合同纠纷案（法宝引证号：CLI.CR.122353）。

第77条、最高人民法院《关于审理建筑物区分所有权纠纷案件具体应用法律若干问题的解释》第10条规定：业主将住宅改变为经营性用房，未经有利害关系的业主同意，有利害关系的业主请求排除妨碍、消除危险、恢复原状或者赔偿损失的，人民法院应予支持。[①] 这两个规定似乎为群租纠纷的解决提供了一个思路，但群租是否"经营性用房"，这个概念还比较模糊，我国《物权法》对此还没有明确规定。因此，这也成为司法实践中适用这个思路解决群租问题的一个障碍。第三条思路：以群租侵害公共利益为由，提起公益诉讼或者由政府介入进行管制。2012年我国修改了《民事诉讼法》，其中第55条规定了公益诉讼制度。[②] 公益诉讼制度在我国是一个新的司法实践，我国目前只有民事公益诉讼制度。《民事诉讼法》第55条虽然规定"对污染环境、侵害众多消费者合法权益等损害社会公共利益的行为"都可以提起诉讼，但是实践中对污染环境、侵害众多消费者合法权益以外损害社会公共利益的行为能够提起公益诉讼的非常少，原因在于对公共利益的认定。"公共利益"远不是在法学范畴里能够得以阐明的概念，古往今来，它活跃于哲学、法学、伦理学、经济学等诸多领域，是人们永远难以割舍的话题。按照德国公法学者的通说，公共利益是典型的不确定法律概念，这种不确定性通常表现在：第一，受益对象的不确定性。"公共利益"中的"公共"，还有大众、公众之义，用"公共"来修饰"利益"，是说利益的受益对象是不确定的多数人，即受益对象是不特定的。第二，利益内容的不确定性。所谓利益，是被主体所获得或肯定的积极的价值。[③] 利益内容的不确定性一方面表现为利益的涵括面非常广泛，既包括物质上的利益，也包括精神上的利益；另一方面表现为

[①] 《物权法》第77条：业主不得违反法律、法规以及管理规约，将住宅改变为经营性用房。业主将住宅改变为经营性用房的，除遵守法律、法规以及管理规约外，应当经有利害关系的业主同意。

最高人民法院《关于审理建筑物区分所有权纠纷案件具体应用法律若干问题的解释》第10条：业主将住宅改变为经营性用房，未按照物权法第七十七条的规定经有利害关系的业主同意，有利害关系的业主请求排除妨碍、消除危险、恢复原状或者赔偿损失的，人民法院应予支持。将住宅改变为经营性用房的业主以多数有利害关系的业主同意其行为进行抗辩的，人民法院不予支持。

[②] 《民事诉讼法》第55条第1款：对污染环境、侵害众多消费者合法权益等损害社会公共利益的行为，法律规定的机关和有关组织可以向人民法院提起诉讼。

[③] 陈新民：《德国公法学基础理论》，山东人民出版社2001年版，第182页。

利益形成和利益价值判断随着社会客观历史条件的变化而变化，不同的社会发展阶段，其利益形成条件和价值判断标准有所不同。那么，群租所触及利益是否具备公共利益所具有之不确定性特点呢？在日常少数的群租民事纠纷中，提起诉讼的通常是被群租所侵害之直接利害关系人，如邻居、小区的其他业主等，这些邻居、业主和群租关系人都属于一个相对封闭的空间及物业小区，而小区的人数又是相对固定的，因而表面上看来，群租最多侵害了特定多数人的利益，这种利益并不具备公益性特征。因此，群租的非公益性特点使其难以被纳入公益诉讼范围。同样的道理，对于政府介入管制，如果没有影响到公众利益的话，可能也难以成为公权力介入私权利的理由。

以上对于群租理论、立法、司法实践的梳理反映出一个问题，即现实中对于群租纠纷的解决还没有一个有效解决路径。综上所述，单纯依据现有的法律，难以形成对群租进行约束和限制的理由。本书在这里引入住房租赁契约管制理论，该理论的核心就是为公权力介入私法行为找到一个合理正当的理由，在公权力和私权利之间搭建一个沟通的桥梁，由此破解当下对于群租无法可依的困境。

二 关于我国群租管制的制度设计

对于群租进行法律管制，应该从以下几个方面入手：首先，法律应该对群租进行清晰的界定。生活中的群租样态多种多样，从立法技术上看，即使用列举的方法，也难以穷尽群租的多种表现，采取定义性规范的立法技术确定群租的范围显然难以实现。因此，在群租的法律界定方法上采取禁止性规范的表述方法可能更能贴切地表达出群租的范围。在这方面，2006年上海市房屋土地资源管理局发布的《关于加强居住房屋租赁管理的若干规定（试行）》和2010年住房和城乡建设部出台的《商品房屋租赁管理办法》做了有益的探索和示范。这两个法规从人文关怀的角度，规定居住租赁房屋应当以原设计的房间为最小出租单位、对家庭人均最小居住面积作了限定、对于不分门进出的一个单元公寓内的功能区如客厅、厨房、卫生间、阳台等区域不得单独出租，一个房间的承租人只能是一个家庭或一个自然人。当然，随着社会经济生活水平的提高、文明的进步，人们居住权内涵中所包括的权益范围会有所提升和扩大，那么群租的范围也可能会有所变化。比如家庭人均承租的居住面积。其次，明确政府在扶助困难群体居住权中的责任。群租的存在在于还是有相当数量的公民生活贫困，无法获得适宜居住的居所。因此，要治理群租还是要着力解决这部分困难群体的住房保障问题。洛克曾说过："政府的目的在于为人民谋福利"①，这句话准确概括了政府在提供公共服务中的角色定位。2004年国务院通过的《全面推进依法行政实施纲要》中第一次提出建设服务政府的目标，并要求"逐步建立统一、公开、公平、公正的现代公共服务体制"。"以人为本，以追求公民的最大福祉为宗旨"是服务型政府的最大特征。② 在这样的时代发展趋势下，政府的职能已经从原来的干预行政发展为福利行政。我国《宪法》规定"国家尊重和保障人权"，政府有责任保障每一个公民实现作为其基本生存和发展权的居住权利。因此，建立住房保障制度、扶助弱势群体、帮助其实现居住权，减轻因为居住给其带来的生活负担是疏导群租、从根本上治理群租的有效手段。最后，政府监管和社区自治相结合发挥监管作用。现代单元式住房疏离了邻里之间的关系，邻里之间的交往变得稀少。群租发生在生活社区里，群租的承租人出入社区，表面上和普通社区居民没有区别，因此其隐蔽性非常强。基于此原因，在对群租进行管制的时候，应当发挥社区自治组织的作用，才能做到全面细致管理。采取政府监管和社区自治相结合的方式治理群租还有一个原因：群租的"租群"由于经济条件差、生活水平低下，容易产生自卑感，缺乏安全感和社会认同感。对于这部分"租群"，采取政府单一的、强制的治理方式会加重这些不良心理因素。而社区自治组织能够深入到"租群"的生活中，便于采取比较贴近细致的工作方式，使"租群"从感情上更容易接受。因此，政府监管和社区自治组织相结合对群租进行监管能够更加体现对"租群"的人文关怀。

本章小结

本章主要探讨了住房租赁契约管制在我国的展开。我国正处在城镇化

---

① ［英］洛克：《政府论》（下篇），叶启芳、瞿菊农译，商务印书馆1964年版，第144页。
② 姜明安：《加强对服务型政府建设的理论研究》，载姜明安主编《行政法论丛》（第13卷），法律出版社2011年版，第1—16页。

高速发展的时期，一方面城市外来人口增加给城市的住房带来压力，另一方面城市里还有一部分人处于贫困线下，其基本的住房需求难以获得保障。而对于租住房屋的承租人来说，大部分是经济条件比较差的在城市里的居民。这部分人口由于所处经济社会地位、文化背景等多方面的原因，难以通过法律途径表达自己的诉求，因而很难得到法律的保护。基于此，我国在建构契约管制理论下的住房租赁法律制度时，应该适当地向承租人利益作出倾斜，以对承租人的保护为其立法宗旨。而契约管制下的住房租赁法律的性质，应当不受传统大陆法系下租赁制度为纯粹私法的性质局限，学习英美法系以管制法为主的立法体例，制定住房租赁法律控制的行政规范，充分发挥私法和公法的功能，在保障公民契约自由和对承租人给予倾斜性保护的价值之间作一个很好的平衡。此外，在完善我国原有住房租赁法律制度的同时，我们还应吸纳国外住房租赁管制法律经验，建构契约管制理论下的住房租赁法律控制制度，比如适住性管制、租金管制、解约管制、押金管制、房屋租赁登记备案和群租管制等具体制度，完善我国住房租赁法律制度体系。

结　语

　　当前，我国正处在城市化的进程中，贫富分化、房价高涨成为当下城市住房问题的主要矛盾，而住房租赁是缓解这一矛盾的主要途径。但是，经历过计划经济的我国住房租赁法律制度一方面需要通过复苏来应对市场经济带来的挑战，另一方面又要面对制度本身所产生的内生问题，即传统租赁制度中契约自由与契约限制之间的矛盾。那么，如何解决存在于住房租赁中的这些法律问题呢？本书在对发达国家以及我国既往住房租赁法律制度进行比较分析的基础上，试提出住房租赁契约管制理论。这一理论体系的提出既能充实我国现有住房租赁法律理论体系，又能从理论上解释我国现有住房租赁法律体系所面临的障碍，还能从理论上解决我国当下住房租赁中存在的法律问题。本书希望通过这一研究，为我国住房租赁法律体系的发展贡献一己之力。

参 考 文 献

一 中文译作

［德］海尔穆特·库勒尔：《〈德国民法典〉的过去与现在》，孙宪忠译，载梁慧星主编《民商法论丛》第2卷，法律出版社1994年版。

［德］康德：《法的形而上学原理》，沈叔平译，商务印书馆1991年版。

［德］卡尔·拉伦茨：《德国民法通论》（上、下），王晓晔、邵建东等译，法律出版社2003年版。

［德］克里斯蒂安·冯·巴尔：《欧洲比较侵权行为法》（上、下），焦美华译，张新宝审校，法律出版社2001年版。

［德］约翰·艾克豪夫：《德国住房政策》，毕宇珠、丁宇译，中国建筑工业出版社2012年版。

［古希腊］亚里士多德：《政治学》，吴寿彭译，商务印书馆1965年版。

《马克思恩格斯选集》第三卷，人民出版社2012年版。

［美］安德鲁·肖特：《自由市场经济学——一个批判性的考察》（第二版），叶柱政、莫远君译，中国人民大学出版社2013年版。

［美］阿列克斯·施瓦兹：《美国住房政策》，陈中立译，中国社会科学出版社2012年版。

［美］伯纳德·施瓦兹：《美国法律史》，王军等译，法律出版社2007年版。

［美］波斯纳：《法律的经济分析》（上），蒋兆康、林毅夫译，中国

大百科全书出版社 1997 年版。

［美］道格拉斯·C. 诺斯：《制度、制度变迁与经济绩效》，杭行译，韦森审校，格致出版社 2008 年版。

［美］E. 艾伦·范思沃斯：《美国合同法》（第三版），葛云松、丁春艳译，中国政法大学出版社 2004 年版。

［美］E. 博登海默：《法理学：法律哲学与法律方法》，邓正来译，中国政法大学出版社 2004 年版。

［美］格兰特·吉尔莫：《契约的死亡》，曹士兵等译，中国法制出版社 2005 年版。

［美］J. 格里高利·西达克、丹尼尔·F. 史普博：《美国公用事业的竞争转型》，宋华琳、李鸻等译，上海世纪出版集团、上海人民出版社 2012 年版。

［美］J. 范伯格：《自由、权利和社会正义——现代社会哲学》，王守昌、戴栩译，贵州人民出版社 1998 年版。

［美］罗伯特·考特等：《法和经济学》，张军等译，上海三联书店、上海人民出版社 1994 年版。

［美］罗尔斯：《正义论》，何怀宏等译，中国社会科学出版社 1988 年版。

［美］罗斯科·庞德：《通过法律的社会控制》，沈宗灵译，楼邦彦校，商务印书馆 2008 年版。

［美］罗斯科·庞德：《通过法律的社会控制法律的任务》，沈宗灵译，商务印书馆 1984 年版。

［美］曼昆：《经济学基础》，梁小民、梁砾译，北京大学出版社 2010 年版。

［美］R. B. 布兰特：《功利主义的问题：真正的和所谓的》，晋运锋译，《世界哲学》2011 年第 1 期。

［美］斯蒂格利茨：《政府为什么干预经济：政府在市场经济中的角色》，郑秉文译，中国物资出版社 1998 年版。

［美］约翰·E. 克里贝特、科温·W. 约翰逊、罗杰·W. 芬德利、欧内斯特·E. 史密斯：《财产法：案例与材料》（第七版），齐东祥、陈刚译，中国政法大学出版社 2003 年版。

［日］美浓部达吉：《公法与私法》，黄冯明译，周旋勘校，中国政法

大学出版社 2003 年版。

[日] 内田贵:《契约的再生》,胡宝海译,中国法制出版社 2005 年版。

[日] 平山洋介:《日本住宅政策的问题——展望"自有房产社会"的将来》,丁恒译,中国建筑工业出版社 2012 年版。

[日] 我妻荣:《债法在近代法中的优越地位》,中国大百科全书出版社 1999 年版。

[日] 星野英一:《日本民法的 100 年》,渠涛译,《环球法律评论》2001 年秋季号。

[英] 巴里·尼古拉斯:《罗马法概论》(第二版),黄风译,法律出版社 2004 年版。

[英] 戴维·莫林斯、艾伦·穆里:《英国住房政策》,陈中立译,中国建筑工业出版社 2012 年版。

[英] 哈耶克:《自由宪章》,杨玉生等译,中国社会科学出版社 1999 年版。

[英] 洛克:《政府论》(下),叶启芳、瞿菊农译,商务印书馆 1964 年版。

[英] 梅特兰:《普通法的诉讼形式》,王云霞等译,商务印书馆 2015 年版。

[英] P. S. 阿狄亚:《合同法导论》(第五版),赵旭东等译,法律出版社 2002 年版。

[英] P. S. 阿蒂亚:《合同法概论》,程正康等译,法律出版社 1982 年版。

[英] 唐纳德·温奇:《亚当·斯密的政治学》,褚平译,凤凰出版传媒集团、译林出版社 2010 年版。

戴永盛译:《奥地利普通民法典》,中国政法大学出版社 2016 年版。

费安玲、丁玫、张宓等译:《意大利民法典》,中国政法大学出版社 2004 年版。

罗结珍译:《法国民法典》(上、下),法律出版社 2005 年版。

吴兆祥、石佳友、孙淑妍译:《瑞士债法典》,法律出版社 2002 年版。

徐久生、庄敬华译:《德国刑法典》,中国法制出版社 2000 年版。

二　中文著作

艾建国：《中国城市土地制度经济问题研究》，华中师范大学出版社2001年版。

陈婉灵：《经济法原理》，北京大学出版社2011年版。

陈新民：《德国公法学基础理论》，山东人民出版社2001年版。

陈朝壁：《罗马法原理》，法律出版社2006年版。

董明堂：《市场经济原理研究》，上海三联书店2014年版。

杜景林、卢谌：《德国民法典——全条文注释》（上、下），中国政法大学出版社2015年版。

傅静坤：《二十世纪契约法》，法律出版社1997年版。

高鸿业：《西方经济学（微观部分）》，中国人民大学出版社2007年版。

葛洪义：《法理学》，中国政法大学出版社1999年版。

葛洪义：《法律学》，中国人民大学出版社2011年版。

顾书桂：《住宅市场与政府管制》，经济科学出版社2010年版。

郭春镇：《法律父爱主义及其对基本权利的限制》，法律出版社2010年版。

郭明瑞、王轶：《合同法新论·分则》，中国政法大学出版社1997年版。

胡代光、周安军编著：《当代国外学者论市场经济》，商务印书馆1996年版。

黄茂荣：《法学方法与现代民法》，法律出版社2011年版。

黄名述、张玉敏：《罗马契约制度与现代合同法研究》，中国检察出版社2006年版。

黄泰岩、雷达：《市场的功能与失灵——西方市场理论考察》，经济科学出版社1993年版。

江平、米健：《罗马法基础》（修订本），中国政法大学出版社2004年版。

金俭：《中国住宅法研究》，法律出版社2004年版。

金俭：《不动产财产权自由与限制研究》，法律出版社2007年版。

李斌：《分化的住房政策：一项对住房改革的评估性研究》，社会科学文献出版社 2009 年版。

李剑阁主编：《中国房改：现状与前景》，中国发展出版社 2007 年版。

李培锋：《英美法要论》，上海人民出版社 2013 年版。

李旭东、段小兵：《合同法专题研究》，人民出版社 2012 年版。

李永军：《合同法》，法律出版社 2004 年版。

李永军：《合同法》，法律出版社 2005 年版。

李永军：《合同法》，法律出版社 2010 年版。

李瑜青：《法律社会学导论》，上海大学出版社 2004 年版。

梁慧星主编：《中国物权法研究》（上、下），法律出版社 1998 年版。

刘得宽：《民法诸问题与新展望》，中国政法大学出版社 2007 年版。

龙灏：《城市最低收入阶层居住问题研究——重庆市廉租房体制及其选址与设计探析》，中国建筑工业出版社 2010 年版。

陆丁：《看得见的手——市场经济中的政府职能》，上海人民出版社、智慧出版有限公司 1993 年版。

马俊驹、余延满：《民法原论》，法律出版社 2010 年版。

孟星：《城市土地的政府管制研究》，复旦大学出版社 2005 年版。

戚兆岳：《不动产租赁法律制度研究》，法律出版社 2009 年版。

邱聪智：《新订债法各论》（上、中、下），中国人民大学出版社 2006 年版。

渠涛编译：《最新日本民法》，法律出版社 2006 年版。

沈达明：《英美合同法引论》，对外贸易教育出版社 1993 年版。

沈宗灵：《法理学》，北京大学出版社 2000 年版。

施继元、李杰群、尚秀芬、查建华：《房奴、房价及其治理——国际经验和中国道路》，上海财经大学出版社 2011 年版。

宋承宪：《现代西方经济学（微观经济学）》，复旦大学出版社 1997 年版。

苏号朋：《格式合同条款研究》，中国人民大学出版社 2004 年版。

苏永钦：《私法自治中的国家强制》，中国法制出版社 2005 年版。

苏永钦：《走入新世纪的私法自治》，中国政法大学出版社 2002 年版。

苏永钦：《私法自治中的经济理性》，中国人民大学出版社 2004

年版。

孙国华：《法理学》，法律出版社 1995 年版。

孙宪忠：《德国当代物权法》，法律出版社 1997 年版。

孙学致：《唯契约自由论——契约法的精神逻辑导论》，吉林人民出版社 2007 年版。

王洪亮、张双根、田士永等编：《中德私法研究》（2006 年·第一卷），北京大学出版社 2006 年版。

王军：《美国合同法》，中国政法大学出版社 1996 年版。

王铁崖编：《中外旧约章汇编》（第一册），生活·读书·新知三联书店 1957 年版。

王泽鉴：《债法原理》（第一册），中国政法大学出版社 2001 年版。

王泽鉴：《民法学说与判例研究》（第六册），北京大学出版社 2006 年版。

王泽鉴主编：《英美法导论》，北京大学出版社 2012 年版。

王志伟：《现代西方经济学流派》，北京大学出版社 2002 年版。

吴立范编著：《美英住房政策比较》，经济科学出版社 2009 年版。

肖厚国：《所有权的兴起与衰落》，山东人民出版社 2003 年版。

谢哲胜：《房租管制法律与政策》，台湾五南图书出版公司 1996 年版。

杨人寿：《法学方法论》，中国政法大学出版社 2004 年版。

杨桢：《英美契约法论》，北京大学出版社 2007 年版。

杨震：《法价值哲学导论》，中国社会科学出版社 2004 年版。

尹田编著：《法国现代合同法》，法律出版社 1997 年版。

尤春媛：《市场经济·契约文明·法治政府》，中国政法大学出版社 2012 年版。

余建源：《中国房地产市场调控新论》，上海人民出版社 2009 年版。

余永定、张宇燕、郑秉文：《西方经济学》，经济科学出版社 2002 年版。

袁锦秀：《优先购买权法经济学分析》，中国民主法制出版社 2006 年版。

张千帆：《西方宪政体系》（上册·美国宪法），中国政法大学出版社 2004 年版。

张文显：《二十世纪西方法哲学思潮研究》，法律出版社 2006 年版。

张文显：《法理学》，法律出版社 1998 年版。

赵秉志总编：《澳门民法典》，中国人民大学出版社 1999 年版。

赵津：《中国城市房地产业史论（1840—1849）》，南开大学出版社 1994 年版。

赵肖筠：《市场经济运行中的法律问题研究》，中国检察出版社 2008 年版。

周珺：《美国住房租赁法的转型：从出租人优位到承租人优位》，中国法制出版社 2011 年版。

周珺：《住房租赁法的立法宗旨与制度建构》，中国政法大学出版社 2013 年版。

周枏：《罗马法原论》（上、下册），商务印书馆 1994 年版。

三 中文论文

班健波、黄茂钦：《论房屋租赁的社会控制》，载刘云生主编《中国不动产法研究》第 7 卷，法律出版社 2012 年版。

包振宇：《印度的租金管制政策》，《上海房地》2012 年第 5 期。

包振宇：《论现行法上房屋租赁的担保制度》，《上海房地》2011 年第 1 期。

包振宇：《论房东对租赁住宅的适住性担保责任》，《特区经济》2011 年第 3 期。

包振宇：《论住宅租赁立法体系和性质定位》，《上海房地》2011 年第 6 期。

包振宇：《直面生活世界中的居住需求——整体性权利视野中的住宅租赁权》，《云南大学学报》（法学版）2011 年第 3 期。

包振宇：《日本住宅租赁判例与调停制度研究》，《日本研究》2011 年第 1 期。

包振宇：《简论住宅租赁关系的社会控制》，《上海房地》2011 年第 8 期。

包振宇：《从"居有其屋"到"住有所居"——简析南非住宅租赁政策》，《上海房地》2011 年第 10 期。

包振宇：《美国住宅租赁法律制度研究——以承租人住宅权保障为

例》,《美国研究》2010 年第 2 期。

包振宇:《日本住宅租赁特别立法研究——以承租人权利保障为中心》,《日本研究》2010 年第 3 期。

陈训敬:《海峡两岸合同(契约)立法的比较》,《法律科学》(西北政法大学学报)1994 年第 2 期。

程延园:《劳动合同立法:寻求管制与促进的平衡》,《中国人民大学学报》2006 年第 5 期。

崔裴、胡金星、周申龙:《房地产租赁市场与房地产租买两重机制——基于发达国家住房市场的实证分析》,《华东师范大学学报》(哲学社会科学版)2014 年第 1 期。

董藩、陈辉玲:《住房保障模式经济效应考查——基于住房过滤模式的思考》,《河北大学学报》(哲学社会科学版)2010 年第 2 期。

杜芳:《论公民住房权的二重性》,《山西大学学报》(哲学社会科学版)2010 年第 4 期。

段匡:《日本民法百年中的债法总论和契约法》,《环球法律评论》2001 年秋季号。

高芳英:《美国城市化初期的贫民住宅——"哑铃公寓"》,《扬州大学学报》(人文社会科学版)2009 年第 2 期。

高峰、刘来双:《"群租"法律问题浅析——以建筑物区分所有权为视角》,《山东审判》2009 年第 6 期。

葛盼盼:《劳动关系调整中管制与自治的思考》,《商品与质量》2011 年第 S8 期。

郭春镇:《论法律父爱主义的正当性》,《浙江社会科学》2013 年第 6 期。

韩敬:《基于社会权视角反思我国住房权保障》,《河南师范大学学报》2011 年第 2 期。

何建华:《走向形式公正与实质公正的统一——西方公正观演进的现实启示》,《伦理学研究》2012 年第 5 期。

贺卫方:《"契约"与"合同"的辨析》,《法学研究》1992 年第 2 期。

胡光志、张剑波:《中国租房法律问题探讨——现代住房租住制度对我国的启示》,《中国软科学》2012 年第 1 期。

胡晓媛:《融资租赁出租人风险承担及其控制》,《法学》2011 年第 1 期。

胡绪雨:《〈鹿特丹规则〉下批量合同中的契约自由》,《法律科学》(西北政法大学学报) 2015 年第 6 期。

黄荟:《阿玛蒂亚·森的贫困概念解析——以他的自由发展观为视域》,《江汉论坛》2010 年第 1 期。

黄文艺:《作为一种法律干预模式的家长主义》,《法学研究》2010 年第 5 期。

黄曦:《融资租赁中的风险控制》,《法学》2012 年第 7 期。

江帆:《经济法实质正义及其实现机制》,《环球法律评论》2007 年第 6 期。

江平、程合红、申卫星:《新合同法中的合同自由原则与诚实信用原则》,《政法论坛》1999 年第 1 期。

姜明安:《住房权绝不等于住房所有权》,《人民论坛》2010 年第 16 期。

蒋承菘、楚道文:《论住房权利社会保障立法的若干问题》,《政治与法律》2008 年第 2 期。

蒋华东:《住房保障:建立健全政府主导的多元供给体制》,《经济体制改革》2009 年第 3 期。

金俭:《论公民居住权的实现与政府责任》,《西北大学学报》(哲学社会科学版) 2011 年第 3 期。

金俭、张先贵:《财产权准征收的判定基准》,《比较法研究》2014 年第 2 期。

金可可:《鲁道夫·索姆论物权与债权的区分》,《华东政法学院学报》2005 年第 1 期。

晋运锋:《当代西方功利主义研究评述》,《哲学动态》2010 年第 10 期。

赖永文、张燕等:《2007 年度福州市住房贷款及租赁市场抽样调查分析》,《福建金融》2008 年第 4 期。

李声炜:《契约自由失衡之初探》,《河北法学》2000 年第 2 期。

李伟、马英:《预付式消费合同的法律管制》,《中小企业管理与科技》2011 年第 8 期。

李永军:《私法中的人文主义及其衰落》,《中国法学》2002 年第 4 期。

李永军:《从契约自由原则的基础看其在现代合同法上的地位》,《比较法研究》2002 年第 4 期。

李有星、阮赞林:《试论国际技术贸易中限制性商业条款的界定与管制》,《国际商务研究》1996 年第 3 期。

李朝晖:《论房屋租赁合同登记备案制度的立法价值目标》,《广西社会科学》2008 年第 2 期。

李志明、徐悦:《城市中低收入者住房保障:巴西经验及启示》,《学术论坛》2012 年第 3 期。

李中原:《论违反安全保障义务的补充责任制度》,《中外法学》2014 年第 3 期。

梁慧星:《从近代民法到现代民法——二十世纪民法回顾》,《中外法学》1997 年第 2 期。

梁慧星:《从近代民法到现代民法》,《律师世界》2002 年第 5 期。

廖治宇:《荷兰社会住房租赁体系及其对我国的启示》,《价格理论与实践》2015 年第 6 期。

林静:《浅谈国际技术转让合同中限制性商业条款及我国有关的立法》,《广东社会科学》1988 年第 1 期。

凌维慈:《论居住保障与财产限制——以日本房屋租赁法上的"正当事由制度"为例》,《政治与法律》2008 年第 2 期。

凌维慈:《规制抑或调控:我国房地产市场的国家干预》,《华东政法大学学报》2017 年第 1 期。

凌艳传、林平:《试论契约自由原则》,《学术探索》2001 年第 6 期。

刘春梅:《群租法律问题研究》,《东方企业文化》2012 年第 3 期。

刘飞宇、黄若谷:《上海市城市房屋群租治理事件的法律分析》,《法治论丛》(上海政法学院学报)2008 年第 1 期。

刘双良:《农民工城市住房保障问题分析与对策研究》,《经济与管理研究》2010 年第 1 期。

刘颖:《英国对消费者电子资金划拨不公平合同条款的管制》,《商业研究》2002 年第 24 期。

刘祖云、毛小平:《中国城市住房分层:基于 2010 年广州市千户问卷调查》《中国社会科学》2012年第2期。

马俊驹、陈本寒：《罗马法契约自由思想的形成及对后世法律的影响》，《武汉大学学报》（哲学社会科学版）1995年第1期。

马俊驹、江海波：《论私人所有权自由与所有权社会化》，《法学》2004年第5期。

孟勤国、张淞纶：《英美法物上负担制度及其借鉴价值》，《环球法律评论》2009年第5期。

孟庆瑜、陈雪：《〈住房法〉立法问题研究——一种基于人权保障视野的整体性法律解决方案》，《河北大学学报》（哲学社会科学版）2012年第1期。

孟钟捷：《德国历史上的住房危机与住房政策（1918—1924）——兼论住房统制模式的有效性与有限性》，《华东师范大学学报》（哲学社会科学版）2011年第2期。

倪斐：《论经济法社会本位的生成——基于公私法域法律本位演变过程的历史分析》，《金陵法律评论》2013年秋季卷。

潘国媛：《国际技术转让合同中限制性条款的法律管制研究》，《山东农业管理干部学院学报》2007年第1期。

齐新宇、李杰群：《管制合同的法经济学研究与搁置成本处置——以电力行业为例》，《财经研究》2009年第6期。

秦国伟：《社会性弱势群体能力贫困及治理——基于阿玛蒂亚·森"可行能力"视角的分析》，《理论界》2010年第4期。

沈福俊：《城市群租者的居住权保护问题分析》，《行政法学研究》2011年第1期。

沈福俊：《论群租者居住权保护中的政府责任》，《上海财经大学学报》2011年第4期。

沈福俊：《政府应当如何面对"群租"》，《法治论丛》（上海政法学院学报）2008年第1期。

施继元、李涛、李婧骅：《国外住房租赁管理经验及对我国的启示》，《软科学》2013年第1期。

石春玲：《"群租"的私法关系与私法保护》，《法治论丛》2008年第1期。

史以贤：《论业主自治对专有权的限制》，《上海房地》2014年第

3 期。

舒国滢：《权利的法哲学思考》，《政法论坛》1995 年第 3 期。

宋安成：《"群租"写进业主规约的相关问题——从上海市房地局下发完善业主规约增补规范租赁行为的通知谈起》，《中国房地产》2007 年第 12 期。

宋华琳：《论政府规制与侵权法的交错——以药品规制为例证》，《比较法研究》2008 年第 2 期。

宋丽敏：《住房租赁合同的社会控制研究——兼与许德风博士商榷》，《东方法学》2011 年第 4 期。

宋亚辉：《环境管制标准在侵权法上的效力解释》，《法学研究》2013 年第 3 期。

苏号朋：《论契约自由兴起的历史背景及其价值》，《法律科学》1999 年第 5 期。

孙丹：《发展住房租赁市场的国际比较与政策建议》，《金融与经济》2011 年第 8 期。

孙莉：《德治与法治正当性分析——兼及中国与东南亚文化传统之检省》，《中国社会科学》2002 年第 6 期。

孙笑侠：《契约下的行政——从行政合同本质到现代行政法功能的再解释》，《比较法研究》1997 年第 3 期。

孙笑侠、郭春镇：《法律父爱主义在中国的适用》，《中国社会科学》2006 年第 1 期。

孙学致：《私法内的管制——〈劳动合同法〉规范结构的初步整理》，《当代法学》2008 年第 4 期。

孙远太：《从福利到权利：住房保障制度的结构化逻辑》，《河南大学学报》（社会科学版）2011 年第 3 期。

谭禹、辛章平：《住房合作社在住房保障中的作用》，《城市发展研究》2010 年第 6 期。

唐忠民、王继春：《论公民基本权利限制的基本原则》，《西南大学学报》（人文社会科学版）2007 年第 2 期。

童伟：《城市化进程中城乡住房保障服务均等化研究——以北京为例》，《中央财经大学学报》2012 年第 12 期。

屠振宇：《"群租"整治令与宪法隐私权》，《山东社会科学》2008 年第 4 期。

王利明：《论买卖不破租赁》，《中州学刊》2013 年第 9 期。

王思锋：《财产征收的理论反思与制度重构——以不动产准征收为视角》，《法学杂志》2014 年第 10 期。

王笑严：《构建我国多层次住房保障法律体系》，《当代法学》2012 年第 3 期。

王新荣：《企业对劳动合同期限的选择及法律管制的效率》，《中国人民大学学报》2009 年第 4 期。

王轶：《论倡导性规范——以合同法为背景的分析》，《清华法学》2007 年第 1 期。

吴元元：《法律父爱主义与侵权法之失》，《华东政法大学学报》2010 年第 3 期。

吴志宇：《论我国住房置业担保制度的重构——以中低收入者的住房保障为基点》，《中州学刊》2010 年第 4 期。

肖卫：《居住权的法理及我国物权法的立法态度》，《求索》2006 年第 4 期。

解亘：《论管制规范在侵权行为法上的意义》，《中国法学》2009 年第 4 期。

谢哲胜：《契约自治与管制》，《河南省政法管理干部学院学报》2006 年第 4 期。

徐步林：《契约自由与限制》，《河南工程学院学报》（社会科学版）2011 年第 3 期。

徐崇利：《试论涉外经济合同管制立法的适用问题》，《比较法研究》1993 年第 4 期。

徐光耀、王巍：《经济法是社会本位之法》，《宁夏大学学报》（人文社会科学版）2003 年第 5 期。

徐洪军、薛东琦：《私法公法化视野下的公权干预私权》，《长春理工大学学报》（社会科学版）2008 年第 2 期。

徐迅雷：《禁止"群租"，强权的杰作》，《浙江人大》2007 年第 10 期。

许德风：《住房租赁合同的社会控制》，《中国社会科学》2009 年第 3 期。

许浩：《关于京沪租房新规的合法性探析》，《理论月刊》2012 年第 3 期。

薛克鹏：《论经济法的社会本位理念及其实现》，《现代法学》2006 年第 6 期。

晏芳：《以实质公平理念规制契约自由——以格式合同为例证》，《西南政法大学学报》2014 年第 4 期。

杨璐：《浅析中国居民收入差距的现状和原因》，《中外企业家》2015 年第 12 期。

杨荣：《工业革命对美国城市化的影响》，《安庆师范学院学报》（社会科学版）2002 年第 3 期。

姚新华：《契约自由论》，《比较法研究》1997 年第 1 期。

叶知年：《对不动产先买权若干问题探讨》，《福州大学学报》（社会科学版）1998 年第 3 期。

尤俊意：《论法理学和法哲学的关系——广狭义法理学论》，《政治与法律》2008 年第 7 期。

俞江：《"契约"与"合同"之辩——以清代契约文书为出发点》，《中国社会科学》2003 年第 6 期。

余南平、凌维慈：《试论住房权保障——从我国当前的住宅问题出发》，《社会科学战线》2008 年第 3 期。

张江涛、尹中立：《"存租"：韩国独特的住房租赁方式》，《中国党政干部论坛》2011 年第 11 期。

张江涛、尹中立：《奇特的韩国住房租赁市场》，《城市开发》2010 年第 24 期。

张清：《住房保障如何可能研究纲要》，《北方法学》2010 年第 4 期。

张群：《住房制度改革 30 年：从法律史角度的考虑》，《法商研究》2009 年第 1 期。

张群：《民国时期房租管制立法考略——从住宅权的角度》，《政法论坛》2008 年第 2 期。

张馨、黄德林：《按键合同的公平性及其管理机制》，《行政与法》（吉林省行政学院学报）2004 年第 11 期。

张雪莲：《住房权宪法保护之模式分析》，《学术界》2008 年第 6 期。

张延群：《德国公租房政策对我国的启示》，《中国经贸导刊》2011 年第 14 期。

赵梅：《美国反文化运动探源》，《美国研究》2000 年第 1 期。

赵晓耕：《台湾四十年的土地立法》（五），《中国土地》1995 年第 11 期。

赵晏苑：《试论涉外经济合同管制立法的适用问题》，《经济视角》2009 年第 3 期。

郑成良：《法律、契约与市场》，《吉林大学社会科学学报》1994 年第 4 期。

郑莹、于骁骁：《廉租房制度的检讨与矫正——以辽宁省为例》，《学术论坛》2012 年第 2 期。

郑宇劼、张欢欢：《发达国家居民住房租赁市场的经验及借鉴——以德国、日本、美国为例》，《开放导报》2012 年第 2 期。

郑玉双：《自我损害行为的惩罚——给予法律家长主义的辩护与实践》，《法制与社会发展》2016 年第 3 期。

郑云瑞：《西方契约理论的起源》，《比较法研究》1997 年第 3 期。

中国人民银行天津分行课题组：《天津市住房租赁抽样调查情况分析报告》，《华北金融》2006 年第 2 期。

钟瑞栋：《民法中的强制性规范——"公法"与"私法"的接轨规范配置问题》，《法律科学》（西北政法大学学报）2009 年第 2 期。

周珺：《论保障性住房租赁合同的特殊性》，《甘肃社会科学》2016 年第 5 期。

周珺：《承租人优先购买权否定论》，《政法论丛》2014 年第 6 期。

周珺：《论"买卖不破租赁"规则的适用对象》，《青海社会科学》2013 年第 3 期。

周珺：《抵押权实现过程中承租人的保护——美国法的新近发展及其借鉴意义》，《甘肃社会科学》2013 年第 3 期。

周珺：《我国住房租赁法立法宗旨的选择——美、德两国立法例的启示》，《江西社会科学》2013 年第 4 期。

周珺：《住房租赁法中的正当理由规则及其借鉴意义》，《湖北社会科学》2013 年第 1 期。

周珺：《美国租金管制政策的流变及对我国的启示》，《学术论坛》2012 年第 8 期。

周珺：《论我国出租人留置权制度的存废》，《政治与法律》2012年第8期。

周珺：《优先承租权的立法定位及其法律规制》，《湖北社会科学》2012年第7期。

周珺、饶青：《论可居住性默示担保规则及其启示》，《求索》2011年第7期。

周珺：《美国住宅租赁法的转型及对我国的启示》，《河北法学》2011年第4期。

周珺：《押金之返还与承租人之保护——以美国法为中心》，《武汉大学学报》（哲学社会科学版）2011年第2期。

朱德文、徐成文：《城市新就业职工住房保障问题实证研究——基于合肥市新就业职工的调查》，《城市社会》2012年第1期。

朱福惠、李燕：《论公民住房权的宪法保障》，《暨南学报》（哲学社会科学版）2009年第2期。

四 英文文献

Anthony T. Kronman, "Paternalism and the Law of Contracts", *The Yale Law Journal*, Vol. 9, No. 5, April 1983.

Barbara Alexander & William Apgar & Kermit Baker, *America's Rental Housing: TheKey to a Balanced National Policy*, Joint Center for Housing Studies of Harvard University, 2008.

Byrne & G. A. & K. Day & J. Stockard, *Taking Stock of Public Housing*, Paper Presented to the Public Housing Authority Directors Association, September 16, 2003.

David L. Shapir, "Courts, Legislature, and Paternalism", *Virginia Law Review*, Vol. 74, 1988.

Galster G., "Comparing Demand side and Supply-side Housing Policies: Market and Spatial Perspectives", *Housing Studies*, December 2006.

Gerald Dworkin, "Paternalism", *The Monist*, Vol. 56, No. 1, January 1972.

Goodman J., *Advisors H. Housing Affordability in the United States: Trends, Interpretation, and Outlook*, A report prepared for the Millennial Housing Comminission, November 21, 2001.

John Hospers,"Libertarianism and Legal Paternalism", *The Journal of Libertarian Studies*, Vol. 4, No. 3, Summer 1980.

Laferrere & Anne & David Le Blanc, "How do housing allowances affect rents? An empirical analysis of the Frenc case", *Journal of Housing Economics*, 13 (1), March 2004.

Margaret Jane Radin, "Property and Personhood", 34 *Stan. L. Rev.* 957, 1982.

Michael E. Stone, "What Is Housing Affordability?" *The Case for the Residual Income Housing Policy Debate*, Vol. 17 (1), 2006.

Nick Gallent & Alan Mace & Mark Tewdwr-Jones, "Delivering Affordable Housing through Planning: Explaining Variable Policy Usage across Rural England and Wales", *Planning Practice & Research*, 117 (4), 2002.

Phang S. Y., *The Creation and Economic Regulation of Housing Markets: Singaporee's Experience and Implications for Korea*: Seoul, Korea: Paper presented for Korea Development Institute Conference on "Residential Welfare and Housing Policies", 2005.

Popkin & S. J. & M. K. Cunningham & M. Burt, "Public housing transformation and the hard to house", *Housing Policy Debate*, Vol. 16, Issue1, 2005.

［英］玛格丽特·威尔基、戈弗雷·科尔:《不动产租赁法》(第四版)(影印本),法律出版社2003年版。

后　记

　　在本书即将付梓之际，党的十九大胜利召开。习近平总书记在十九大报告中所说的"房子是用来住的，不是用来炒的"一时间成为网络热语，被大家争相引用。而他在其后又说的"加快建立多主体供给、多渠道保障、租购并举的住房制度，让全体人民住有所居"这段话更是第一次用"租购并举"取代了2016年6月以来政府不断提倡的"购租并举"的调控方针，[①] 加之今夏开始一些城市正在试点的"租购同权"等一系列改革措施，这似乎在预示着我国房地产市场将迎接一个"住房租赁"时代的到来。可以想见，住房租赁将成为今后一段时期国家进行房地产调控的重要手段，而相关住房租赁经济政策也必将发生大的变化。国家经济政策的展开离不开法律理论的跟进，相关的理论探讨呼之欲出，本书能够在这一节点踏上节奏，作一些力所能及的研究，笔者深感欣慰。

　　此书是在我博士毕业论文的基础上完成的。很惭愧，这也是我第一次参与和出书相关的工作，所以此前我对与出书相关的流程一无所知。前几天有过和编辑梁老师的一次长途通话，梁老师提醒我说"怎么也得有个后记吧，要不然这书看着怪怪的"，我才知道这个"后记"终究是躲不过去了。我一直有个奇怪的想法，总觉得"后记"就好比是在结婚典礼上向

[①] 这也是本书在"绪论"的开头即提到的：2016年6月3日，国务院办公厅发布《关于加快培育和发展住房租赁市场的若干意见》，全面部署加快培育和发展住房租赁市场工作。该意见明确"以建立购租并举的住房制度为主要方向，健全以市场配置为主，政府提供基本保障的住房租赁体系"和"支持住房租赁消费，促进住房租赁市场健康发展"的指导思想。由此可见，我国在当时房地产调控领域提出的是"购租并举"的调控策略。

诸位亲友坦白自己的恋爱经历,只有感情比较奔放、善于表达的人才能够做到自然而然地袒露心声,而对于感情比较内敛的我来说,做这种事情应该是不大擅长而且有点难为情的。因此,在我博士毕业论文的末尾,我只简简单单地用一篇"致谢"代替"后记",而即使在那篇"致谢"中,我的表达也是苍白的、程式化的,至少我没有做到我们通常写文章所要求的、最基本的"有理有据"和"摆事实讲道理"。在此,我首先要向对我博士毕业论文的完成给予无私帮助的诸位师友、同学和亲人表达深深的歉意。请接受我这份迟来的感谢!无论是过去、现在还是将来,对大家给予我的每一份帮助我都会永远铭记于心。

写作的过程是充满艰辛的,但我属于典型"好了伤疤忘了疼"的人,结稿之后很快就把这种被很多人形容为"抽筋剥骨"的痛给忘掉了,只是后来在论文答辩的前一天,因为要为答辩做准备而重读文字的时候,我哭了,我想起了写作当时的痛。但是,写作完成后那种凤凰涅槃后的重生我确是真真正正地体味到了:从小到大,我的求学、工作都是在家乡按部就班地延续着,我从未想过自己此生会和一个遥远的城市——南京结下一个缘分,南大的学习生活在我本来平淡无奇的生活轨迹上增加了一抹绚烂的色彩,我感觉自己有了一次重生的机会,又重回学生时代,内心竟然又涌动起难以言喻的青春激情,而这本书正是对我自己这段"青春岁月"最好的注脚。

就写作过程本身而言,我也面临很多问题需要突破。首先是研究视角问题。房屋租赁按照房屋本身的产权进行分类,有私有房屋租赁、公有房屋租赁;按照用途进行分类,有住房租赁和其他商业、生产、教育、医疗、办公等经营用房租赁;按照所处地域进行分类,有城市房屋租赁和农村房屋租赁……在对诸多租赁类型抽丝剥茧,厘清其特点以及它们之间的关系之后,本书最终选取城市住房租赁这一领域进行研究。其次是理论贯穿问题。中国人素有"宁买房不租房"的传统观念,民间比较排斥租赁房屋居住,因此之前这种社会现象既不集中也不突出,我国法律中对这一现象也少有专门研究。而如何能找出一个贯穿全篇的法律理论并确定选题也是困扰了我好久的问题。在研读大量文献并对其进行分析比较之后,本书最终选取住房租赁契约管制作为切入点,并以此贯穿全文。最后是写作过程中面临的一些技术性问题。这中间包括在行文过程中要不断地对已有框架进行修正,在搜集资料过程中要对到手的大量中外文献进行筛选和整理，在写作中如何高效使用办公软件……总之，整个写作过程让我深刻体会到这真是一项系统工程，而我则在进行这项工程所获得的操控感中感受到了自信与激情。那段日子，在南大图书馆里，每个不曾相识的人都是我潜在的老师，彼此专业上的差异并不能成为我向他们讨教时难以逾越的鸿沟……于是，那段写作的日子成为到目前为止我职业生涯中收获最多的时光，也就是在那段"炼狱"般的日子里，我痛并快乐着！

在这里，我要感谢所有为本书的写作和出版给予极大关怀和帮助的人：

首先感谢我的导师金俭教授！能够成为金老师的学生是我今生幸事。金老师对我和煦温暖的贴心爱护以前、现在和今后都是不断激励我进步的力量，她对房地产法学高屋建瓴的全局把握更是给了我无数珍贵的启发，而她关于房地产领域极具前瞻性的眼光是无人能及的。犹记得2013年春天那个洒满阳光的中午，我到金老师的办公室去找她为我申报项目的申请表签字。金老师如约在办公室里等我，她一边为我签字，一边说："我想了想，房屋租赁以后会成为我国房地产调控的热点，你去做房屋租赁吧。"于是，就有了我之后在房屋租赁领域的跋涉和探索。我很庆幸在我研究的过程中少了许多试错的过程。最近一段时间，不断有朋友通过各种方式向我表示祝贺，说我的研究有远见。这份赞美应该属于金老师！非常感谢恩师在本书选题、大纲确定、资料搜集和具体写作中倾注的大量心血！恩师严谨求实的治学作风、广博精深的学术视野和孜孜不倦的工作态度犹如我职业生涯中的春风化雨，将永远伴随着我。

感谢和我一起在南大读书的张建军、田海、涂慧、尉琳、杨丽珍教授等几位同事！远离家乡、南下求学的我们几个人常常聚在一起，他们给予我学习、生活中太多帮助，人在异乡、孤寂想家的日子也变得不那么难捱了。感谢我的室友程子薇、陈琛！和她们在专业和生活上的交流，使我受益良多。感谢我的同门王思锋、张先贵、朱颂、尚清锋、李袆恒、苏欣等同学！相同专业领域内的交流，更容易迸发出睿智的火花。感谢我的博士同学们！我很骄傲是这么一个团结、祥和的集体中的一员，也很幸运能遇到这么多可爱又可亲的同学。感谢马辉同学！他扎实的学术功底和敏捷的理论思维给我很多启发。感谢李谒霏大哥！他深厚的国文基础、谦逊严谨的处世态度展现出台湾人文的一个侧面，而对我在专业领域内的求助，他总是热情和耐心地帮我解决。感谢所有给予我鼓励和帮助的朋友们！你们的关心和激励使我不能也不敢懈怠。

感谢西北大学法学院刘丹冰院长、胡征俊书记、曾加副院长、成剑副院长和各位同事，以及南京大学法学院各位老师对本书写作、出版的关心和帮助！

感谢我的母校兼我的工作单位——西北大学，她见证了我的成长，我也见证了她的变迁。感谢西北大学学术著作出版基金资助出版本书。感谢西北大学哲学社会科学繁荣发展计划优秀科研团队建设项目"'一带一路'的制度文明与经贸法律研究"的资助。感谢西北大学社科处吴振磊处长、张彤等各位老师的帮助。

感谢中国社会科学出版社梁剑琴老师及诸位编辑的辛苦工作！他们表现出的极高的人文及专业素养不断刷新我对我国人文社会科学领域顶尖出版社的认知。

感谢我的爱人李书东、我的儿子李明轩！人到中年、异乡求学与其说是我一个人努力的结果，不如说是我们三个人共同努力的功劳。当我在外面累了、倦了的时候，家永远是我最急迫回归、最渴望倚靠的港湾。

最后感谢南大，以她博大的胸怀接纳包容了我！因为有了她的滋养，才有了这本书。

戴炜

2017 年 11 月 27 日

落笔于西北大学桃园